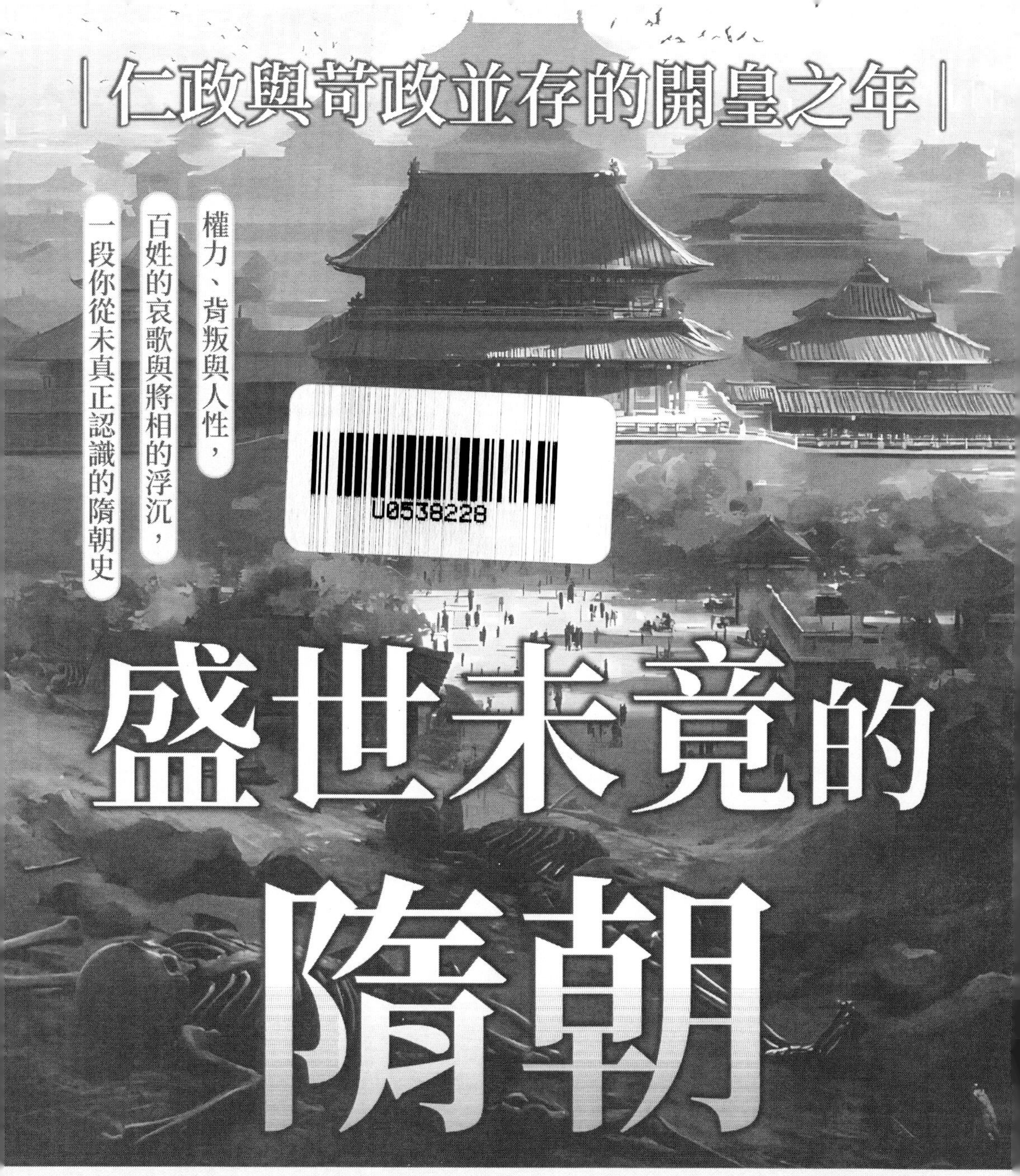

仁政與苛政並存的開皇之年

權力、背叛與人性，
百姓的哀歌與將相的浮沉，
一段你從未真正認識的隋朝史

盛世未竟的隋朝

邊疆戰事、內廷謀局
——從政治角力看興衰！

譚自安 著

在帝國崩裂之前，一場關於忠誠、野心與犧牲的歷史長劇

目錄

目錄

第一章　一詩動天下，大義公主殞命異域；關中饑荒，隋皇帝親率民逃荒

1

楊堅對兄弟、大臣們的心情很複雜，但他統治了十多年後，採取不添亂的政策，鼓勵農桑，再加上老百姓有了十多年的和平生活，大家都很珍惜來之不易的和平時光，都努力工作，糧食生產大為提高。

有一天，相關部門的負責人上奏：「府藏皆滿，無所容，積於廊廡。」就是說，現在倉庫的容積都已經裝滿了，財物多得沒有地方存放，只好堆積在庫外的廂房裡。

楊堅一聽，有點不相信，說：「你沒有看錯吧？朕這幾年來，既薄賦於民，又經常大量賞賜功臣，還常常擔心財物不夠用。你怎麼說府庫不夠存放呢？」

答：「這是由於每年的收入都多於支出的緣故。」

楊堅非常開心，下令修建左藏院以存放那些裝不下的財物。他的心情一爽，稍作思考，就理解到，原

來輕稅賦不但能強民，也能富國。與其橫徵暴斂，不如藏富於民，於是下令：「糧食布帛等物，寧可積蓄在民間，也不要儲藏到府庫。今年，河北、河東地區的田租可減徵三分之一，軍人應該繳納的份額也可減徵一半。全國各地成丁應該繳納的全部免徵。」

這幾年來，大多數時候都沒有戰亂，人口增加得比較快，僅首都及三河（河北、河南、河東）一帶就出現了地少人多的局面——那時的生產工具和生產技術都還很落後，糧食產量不高，多出幾個人，就會陷於糧食短缺的狀態，於是，楊堅又向全國各地派出使節，重新調整分配天下的田地，地少人多的鄉，每個成年人只能分到二十畝地，老年和未成年人分到的田地就更少了。在農村待過的人都知道，一個人種幾十畝田地，是非常辛苦的，估計整年都沒有一整天的休息時間，但當時的生產力就是這個情況，你不種這麼多的田地，就不夠交租和餬口。很多人都想穿越回到古代——當然，你穿越回去當了皇公大臣、公子皇孫，那會是幸福得不得了，如果不幸投胎到鄉間農家，那就苦不堪言了，而且就全國人口來說，達官貴人畢竟是萬裡挑一，如果你在現在的社會連國考都落榜，你想想你在古代成為王公大臣的機率有多少？而且，這個時間是史上有名的開皇之治，也算是歷史上的一個盛世之一了。在一個盛世裡，尚且如此，如果碰上亂世，你就只能在那裡淚眼汪汪看著滿目瘡痍的世界，到處是白骨露於野、千里無雞鳴。

言歸正傳。儘管後來楊廣開始基礎建設，弄得民貧國乏，民怨載道，成為大隋覆亡的重大因素之一。其實楊堅也有這方面的愛好，楊廣只是把這個傳統發揚光大而已。當年，楊堅才得天下，戰亂還在進行，他就不顧一切地從零開始，修建一個都城，這是需要多大的勇氣才敢做的。現在他看到大隋有這麼多的錢財，府庫都沒辦法裝了，他還能勤儉持家才是怪事。

開皇十三年，楊堅又下令在岐州的北面修建仁壽宮。這一次，他派楊素當工程總指揮。楊素打仗是一把好手，但建築方面卻完全沒有經驗，他又請宇文愷來當他的總工程師，當年高熲當工程總指揮時，實際工作都交由總工程師去處理，自己只把大關，簽簽字就完事，但楊素不是這個風格。仁壽宮也像大興城一樣，是在一個全新的地方修建的，需要平山填谷，工程難度很大，而楊堅歷來又沒耐性，要求在短時間內完成——大興城那樣的規模，不用一年就可以建成，現在一個仁壽宮哪能花多少時間？楊素把他指揮打仗的風格也帶到了工地，每天都要求大家搶時間、抓進度，如果發現誰有消極怠工的跡象，他就毫不留情。大家知道，填山平谷，現在有大型機械設備，做起來都還很危險，那時全部靠人力，其危險指數很高。而楊素只抓進度，從不講什麼安全第一，於是，大量的民工都在工地上死去——而且很多人是疲勞而死的。他們氣絕倒地時手裡都還拿著工具。楊素為了趕時間，也不讓其他工友去處理一下死者的屍體，直接就下令用土石蓋上去。一場工地下來，死者數以萬計，而這些成千上萬的屍體，在楊素他們的眼裡，根本不是生命，他們的眼裡只有楊堅的喜好——只要楊堅高興，他們就可以飛黃騰達，犧牲再多無辜的生命，在他們看來也是值得的。這個堆積著如山死屍的宮殿，取名仁壽宮，實在是莫大的諷刺。

而當楊堅進入這個富麗堂皇的大殿時，天朝大國皇帝的氣魄瞬間澎湃心頭，更是沒有想到自己的腳下，埋著一大堆白骨。

楊堅覺得自己有宇文愷這個工程師真好，有楊素這個工地負責人更好，他想再接再厲，又建造一個明堂。明堂就是正殿，皇帝與大臣們朝會的地方。之所以叫明堂，並不是這個地方要求採光最好，到處明亮，其真正的意義是「明堂者，所以明諸侯尊卑也」。據說，周武王死後，因為成王還沒有成年，周公踐天子之位以治天下，就在明堂朝見諸侯、制禮樂、頒度量，而天下大服。據記載，當年周公在明堂辦公的場面是：天子負斧扆（即背對著畫有斧頭的屏風），南向而立——這裡的天子即指周公，他代理天子之職，三公則站中階之前，北面東上。諸侯之位，則在阼階之東——阼階即東面的臺階，當時是迎接客人的地方，諸侯來是客，所以站在這裡。諸伯之國，則在東門之外，西面北上；諸子之國，則在門東，北面東上，諸男之國，則在門之西，北面東上。以此類推，地位越小的就離得越遠。把等級分得非常清楚，又頗有萬國來朝之氣勢，顯得十分威嚴莊重。周公在這裡發號施令，統攝國政。明堂就成為皇帝布政之宮，是最莊嚴神聖的所在，必須做好啊。楊堅已經跟禮部尚書牛弘等人商議妥當，然後叫天才建築師宇文愷設計好模型。宇文愷用木材做成了模型，據說這個模型「重簷復廟，五房四達，丈尺規矩，比有準憑」，是第一個按實際比例縮小的建築模型。楊堅一看，大是「異之」，然後越看越覺得可愛，馬上叫相關部門在安業裡那裡，規劃好地皮。這個地皮當然在長安城的南郭內。原來明堂不光有「明諸侯尊卑」之意，而按五行學說要求，明堂就是在南方。古代的殿堂分為五個部分，以應五行：東方曰青陽、南方曰明堂、西方曰總章、北方曰玄堂、中央曰太廟。修建明堂是有講究的，一定要修有八窗四達。八窗四達是有說法的：即窗通八卦之氣。位於國都的南方，每面有三室，共十二室，代表十二個月。諸侯在孟春之月到明堂朝天子，以受十二月之政——其實就是一年之計在於春而已。朝廷把這些整年的規畫都放在太廟裡，每月取出一個規畫來實施。如果是對閏月，就闔門而居之——這個月就放公休假，不用上班工作了。很多人看到這些內容，頭都昏了，但古代就是這麼複雜，生在古代，生活雖然很簡單，但很多事情卻複雜得要命，以至很多人需要用半輩子的功夫來研究這些東西。

楊堅把這一切都做好之後，每天都看著宇文愷做的明堂模型，恨不得去哪裡學個縮小功，自己縮著身子到模型裡觀光體驗一番。他按捺不住自己激動的心情，在土地都規劃好之後，大概是想在大臣們面前得瑟一番，就把這個模型拿到朝堂上，請大家敞開心扉討論一下，有什麼意見儘管說。他這麼讓大家「儘管」，是因為他太自信了，他以為只要大家看到這個模型，一定會先目瞪口呆一番，然後用盡力氣讚美，最後都舉雙手贊成。

大臣們看到這個模型之後，果然每個人都說嘆為觀止啊、簡直鬼斧神工啊。大力讚美之後，接著就討論，該不該開工建設。討論模式一啟動，馬上就分成兩派，一派贊成一派反對。贊成派的意見當然跟楊堅保持意見一致：堂堂大隋，一統天下，結束了三百多年的分裂局面，功蓋千秋，以後萬國來朝，當然得有個明堂啊。否則天天在這個朝堂下，沒有一點天朝上國的排場，終究會被人看低。如果有了這個明堂，四夷來賓，進入明堂，感受到大國威嚴，內心世界才徹底臣服，所以無論如何也要修建，即使賣掉內褲也在所不惜，何況現在財政每年有結餘，府庫都裝不完，還必須減稅才能解決這個問題。建！必須建！

反對派則認為，剛修完仁壽殿，已經耗資巨大，傜役繁重，如果接著又修明堂，只怕老百姓受不了。老百姓一受不了，結果如何，你是知道的。至於什麼萬國來朝、氣象萬千、彰顯大國氣象，只不過是形象工程，只要我們官員觀念端正，全心全意為人民謀幸福、聚精會神建設國家，權為民所用、利為民所謀，國強民富，萬國同樣來朝。我們統一南陳，靠的是綜合國力、將士用命，而不是靠哪個形象工程把他們降服。相反，當時陳叔寶修建的三閣，氣象遠比我們首都的任何宮殿輝煌——即使是當時長安城裡的所有建築都加起來，都沒有陳叔寶三閣的雄偉壯麗，令人嘆為觀止。然而，擁有地球最雄偉壯麗宮殿的陳叔寶亡國了。陳叔寶亡國之後，我們大隋為了懲前毖後，攻下建康，就將三閣視為禍國殃民的徵象而一舉夷平。三閣倒下的煙塵還沒有落定，我們便又大興土木，這臉打得也太響了吧？這些人都是儒生，學問大、傻氣重、膽也小，之前被楊堅那個廷杖一嚇，大氣不敢出，現在看到皇上滿臉笑容地要求大家有話儘管說，務必要把心裡話說得清楚、完全都不要保留，馬上就遵旨行事，把自己的意見全部毫無保留地公開出來，而且每個人引經據典，直把贊成派駁得無話可說。

最後，楊堅也無話可說，建明堂之事，就這樣在大家的討論中不了了之，只剩下那個模型放在那裡，讓楊堅天天欣賞。欣賞得讓楊堅心裡滿是鬱悶。

這個鬱悶才還沒有平息，突厥那邊又出了麻煩。

2

這個麻煩來自於那個曾被楊堅稱讚為「深明大義」的大義公主。

當年大義公主為了國家，說服突厥可汗向大隋稱臣，讓大隋北方邊境創造了一段可貴的和平時期，使楊堅得以集中全力南下滅陳，統一全國。楊堅滅陳之後，在繳獲的戰利品裡選了陳叔寶的一面屏風，送給大義公主。楊堅的這個動作，本來是為了表彰一下大義公主，以示恩惠，讓大義公主更加大義下去。

但他沒有想到，大義公主不但是個才華橫溢的才女，更是前朝北周的公主。她跟很多才女一樣，一向多愁善感，容易睹物思情。她看到這個陳叔寶曾經的御用屏風，而今被千里迢迢從溫潤的南方，送到寒風凜冽的北寒之地，雖然華貴依舊，但也跟陳叔寶一樣，流落他鄉，滿臉風塵、氣質不再。這個情緒一來，她自然而然就想到了自己的過往。她又何嘗不是如此？北周亡國，她遠嫁突厥，跟那個屏風一樣成為前朝遺物。這麼一想，一股憂鬱的心情油然而生，於是提起筆，在屏風上寫了一首詩。先是寫了南陳的滅亡，最後書寫自己這一生的遭遇，充滿了不平而哀怨之情：

盛衰等朝暮，世道若浮萍。
榮華實難守，池臺終自平。
富貴今何在？空事寫丹青。
杯酒恆無樂，絃歌詎有聲！
余本皇家子，漂流入虜廷。
一朝睹成敗，懷抱忽縱橫。
古來共如此，非我獨申名。
唯有明君曲，偏傷遠嫁情。

詩的前半部寫的是南陳亡國之事，首先指出人世間的一切都像早上的露水一樣短暫、像浮萍一樣漂忽不定。這兩句概括性非常強的詩句，是對歷史和人生的總結。作者經歷經亡國之痛，再加上自身獨特的遭遇，使得她對世道的變化、命運興衰榮辱的轉換有著常人難以想像的體會，其心情之沉重、感受之深刻、對世道的感悟，在這兩句詩中得到了淋漓盡致的展現。接下來兩句直言榮華富貴是守不住的，是遲早要毀滅的，那些曾經輝煌燦爛、雄偉壯麗的皇宮不是換了主人，就是被夷為平地，淪為廢墟。這是世道變遷的趨勢和結局。第三聯講的就是這塊屏風，屏風上畫著很多象徵富貴的畫，但現在那些富貴又何在？陳叔寶窮奢極欲的昨天已經一去不復返，其生活的影子徒然成為屏風上的繪畫作品，被送到了這個極寒之地，在悽風中生硬地豎立著。大義公主看著這個屏風，她想像著陳叔寶的昨天和今天，其實也是在為自己無限傷神。「杯酒恆無樂，絃歌詎有聲」，是說他們如今雖然還有酒喝、還有肉吃，表面的生活仍然很富足，但哪裡還有往日的歡樂和情趣？哪裡還有心思去欣賞優美的歌曲？〈玉樹後庭花〉即使在他們眼前循環播放無數遍，他們還能有當時的心情嗎？是啊，身為亡國的公主，她同樣是如此，有酒不復樂，不再有絃歌之聲。

以上八句也就是全詩的上半段，緊扣屏風寫南陳亡國之事——當然這是表面的意思，深層次的意思則是在感慨北周之亡。

接下來筆鋒一轉，「余本皇家子，飄流入虜庭」，說她自己本來也是皇家之女，最後卻成為和親政策的犧牲品，被迫嫁給突厥的可汗。這兩句寫出了其個人命運急遽的變化。你想想，她本來在長安城中，是皇家之女，榮華富貴自不必說，每日對酒而歌，何等暢快。再加上她是當時有名的才女，結交的朋友圈都是才高八斗的雅士，常常跟長安城中的名士們或遊園賞景、或登高詠秋、或詩酒高會，當時就是打死她也不會想到，她居然會出塞遠嫁。但世事就是如此無常，當政治需要的時候，你就是皇家子女，又能怎麼樣？你只好被強迫告別過往的優雅生活，飄流入虜庭。一個才華橫溢的美女，自此置身於陌生的人群和異域的文化之中，飽受著無邊無際的孤獨。如果北周還沒有滅亡，她的內心深處還有所寄託，還可以勉強承受。但她才到虜庭不久，她的母國就被宣布滅亡，她的精神世界就全面崩塌了。儘管後來楊堅給了她一個大義公主的稱號，但這個稱號對她的精神又有什麼實質性的補償？她仍然是一個流落虜庭的中原女子，仍然是一個政治的犧牲品，只是表面的身分置換了一下。楊堅現在向她表示恩惠時，會很莊重地稱她為大義公主，只要楊堅哪天不需要她了，就會對他毫不留情。而突厥可汗又何嘗不是這樣？身為政治的犧牲品，她的命運就在雙方的較量中或沉或浮，完全身不由已，完全掌控在那雙看不見的叫「政治」的手中。

一朝睹成敗，懷抱忽縱橫。這裡的懷抱並不是我們平常的懷抱，而是指內心。指她忽然看到南陳的敗亡，就不由自主地想到自己，內心萬分凌亂，無法平靜。古來共如此，非我獨申名。這是自我安慰的話，自古以來都是這樣的，人世間本來就是充滿了莫測的變化，所有的榮華富貴，都是難以地老天荒的，而且這個道理大家都懂，但又都無能為力、永遠避不開。既然如此，又何必多說——這是在自我排遣，排遣得無可奈何。情感的抒發似乎到此就該結束了。

但還有兩句：唯有明君曲，偏傷遠嫁情。明君就是那個著名的王昭君，是漢代以來和親犧牲品的代表性人物。王昭君也是個才藝出眾的美女，遠嫁匈奴之後，在茫茫草原上，南望故國，輕彈〈明君曲〉，抒發著無限的哀傷之情。現在，身為昭君的後來者，也只有〈明君曲〉才能表達她遠嫁異域的不幸。

從這首詩中，我們可以看得出，大義公主身為北周的皇家公主，此時她不但承受著北周的亡國之痛，還要孤獨地生活在異域，兩個不幸疊加在她的身上，使得她無比痛苦。

大義公主身為一代才女，久居異域，看到這個屏風，睹物思情，提筆來抒發一陣感慨，其實是人之常情。可是這事被楊堅聞知後，就不一樣了。楊堅看到這首詩，心裡果然大為生氣，對大義公主的態度就越來越冷淡。

大義公主冰雪聰明，馬上知道楊堅真的要拋棄她了。

不但大義公主知道，就是那個楊欽也知道了。

楊欽並不什麼著名的歷史人物，即使在當時也不是一個上得了檯面的強者，他只是一個北周的遺民，或者是大隋的一個流民，不服大隋的主管，從中原流落到突厥，總想找個機會搗亂一下大隋朝廷。他雖然沒有在高層混過，但政治敏感度很強，居然嗅出楊堅對大義公主的態度，馬上就理解到現在可以借大義公主作亂了。

當然，他也知道他這個草根的分量輕於鴻毛，是無法說動大義公主的。但這難不倒他。他馬上抬出一個人來，這個人叫劉昶。劉昶曾經是北周的駙馬。劉昶這時已經沒有什麼實力，而且劉昶現在離突厥也很遠，根本跟他沒有聯絡，但這已經不重要了。他現在只需要劉昶的名頭和身分，其他完全可以忽略。

他跑過去面見大義公主，對她說：「公主殿下，你還記得劉昶吧？」

「當然記得。他現在怎麼樣了？他應該比我快樂啊。」

楊欽搖搖頭說：「他現在完全不快樂。他說他天天受亡國之痛的折磨。他準備在中原作亂，推翻楊堅的統治。他想請公主配合他。」

當然如果是以前，大義公主是不會聽信這樣的話的。你想想，劉昶一個前朝駙馬，既無能力，又無勢力，當年三大總管作亂的時候，都沒看到他有什麼動作，現在楊堅一統天下，國運正處於強盛時期，劉昶敢出頭作亂嗎？他即使吃錯藥使得哪根神經突然亢奮，宣布作亂，到頭來仍然是那句話：泥鰍翻不起大浪。配合這樣的人作亂，只有把自己弄死。

大義公主這時對楊堅已經絕望，聽到楊欽的這些話，腦子已經沒有一點分辨的能力了，全盤相信了楊欽的話，馬上帶楊欽去見都藍可汗。都藍可汗也跟其他可汗一樣，頭腦一向簡單，看到大義公主都這樣說了，馬上就相信了。他在北方這裡已經老實了很多年，已經老實得有些不自在了，覺得自己已經丟掉了突厥善於作亂的光榮傳統，這時看到大義公主出來要求他在邊境作亂，全面恢復突厥的這個傳統精神，當然雙方贊成。他馬上不再履行蕃國的職責，不但不再按規定遣使納貢，反而不斷地在邊境挑起事端，製造流血衝突，讓楊堅很憤怒。

不過，楊堅雖然很生氣，但他仍然克制了自己的情緒，沒有暴跳如雷，發兵前去，先打一場再說，而是又派突厥通長孫晟出馬，再出使突厥，看個究竟。

長孫晟出使突厥，有個規定動作就是面見大義公主。兩人見面後，大義公主已經不像往常那樣，對長孫晟彬彬有禮了，言語間充滿了敵意。

這個見面會結束之後，大義公主又派跟她有一腿的胡人安遂迦前去跟楊欽見面，謀劃更大的事件。他們不斷地煽動都藍可汗——只有都藍可汗有作亂的能力。

長孫晟回到長安後，把這些情況都向楊堅匯報，楊堅大怒，原來是楊欽這小子在作怪，便又派長孫晟跑到突厥那裡，提出一個嚴正的要求：立刻遣返楊欽。

都藍不交，理由很簡單：「我已經派人搜查了，根本沒有這個人。有本事你去找來看看。」

長孫晟一看，你小子想跟我玩智力遊戲？哈哈，這可是你的弱點啊。他不動聲色，回到住處，拿出一堆閃閃發光的現金，請來幾個都藍手下的親信，說這些現金都是你們的，但你們必須找到那個楊欽。大家都知道，突厥這些達官貴人最愛的就是金錢，他們只認金錢，從不講政治。這幾個傢伙雖然長期擔任都藍可汗的親信，但現在他們覺得現金比可汗更親切，馬上說：「哈哈，是那個從中原來的楊欽？我們當然知道。昨天晚上還跟他喝酒呢。這小子酒量不錯。」

長孫晟按這幾個人的指點，在半夜裡突然出手，來到楊欽的住處，將他一把抓住，然後帶到都藍可汗面前，說：「可汗找不到楊欽，我們找到了。他就是楊欽。」

然後還把大義公主的種種行為以及跟安遂迦劈腿的事向都藍合盤托出，請都藍可汗看著辦。如果你愛戴綠帽子，我們當然沒意見。現在這事連我們大隋人都知道了，這個臉呢，也算是丟到國外了。

都藍雖然玩智商玩不過長孫晟，但他也是個要面子的人，出了這樣的事，哪還有臉繼續聽大義公主他們的話？他把安遂迦也抓起來，一起交給長孫晟。

長孫晟把這兩個傢伙帶回長安，楊堅非常開心，長孫晟這個外交家真是太出色了，只要他一出馬，就把突厥解決了沒得商量。

雖然把都藍打得疲軟了，但楊堅仍然不滿足。他現在太恨大義公主了，必須把這個公主解決。他現在把突厥作亂的所有責任都推到大義公主身上，卻完全沒有想到，大義公主只是寫了一首詩，而且也是題在那個屏風上，聊以抒發一下自己的情感，更沒有想到，堂堂一代才女，被遠嫁草原，跟著一群跑馬的漢子，逐水草而遷，一年到處風塵僕僕，堆積在心頭的沉鬱之氣該有多少？偶爾發洩一下，那是人之常情，身為負責任大國的領導人物，該安慰一下她才對啊。可是他卻對此大為生氣，直接把她劃為階級敵人，逼得她做出極端的反應。真正的禍根其實在他這裡。但他並沒有思及至此，只是把一切責任都推到大義公主那裡。他覺得，要是還留大義公主在那裡，就等於留下一個不安定的因素，就又叫長孫晟到突厥一趟，嚴正宣布：廢掉大義公主的稱號。也就是說，從今天起，大義公主將不再是大隋的公主了。她跟大隋皇室已經完全沒有關係了。並說服都藍可汗也廢掉她。

大義公主這個政治犧牲品，再次被犧牲了一次。她的政治資源已經被榨乾，被徹底拋棄了。當然，楊堅並沒有這樣就消停。他並不想僅僅廢掉大義公主的政治生命，而是想讓她的肉體消失，但他自己不好意思直接下令。

裴矩知道楊堅的想法，便上奏，請求把禍國殃民的廢公主清除，不要讓她繼續禍害大隋了。

楊堅非常開心：「你就去完成這個任務吧。」

剛好這時，突厥的另一個可汗突利可汗——他是處羅侯的兒子，名染干，也是大隋的老朋友了，目前勢力在北方——遣使到長安求婚。楊堅覺得這是個機會，馬上叫裴矩對他說：「你必須殺掉大義公主，我們才同意你的求婚。」

突利可汗急於娶到大隋公主，馬上就去找都藍，說：「老大啊。大義公主都已經跟那個安遂迦有一腿了，這樣的事大汗居然還能容忍？這個臉真是丟大了，大汗你可以丟得起，可是突厥人民丟不起啊。現在突厥人民都在說大汗的笑話。如果大汗不殺掉她，大家就會繼續看大汗的笑話。」

都藍本來就是個思考系統十分簡單的傢伙，覺得大義公主可愛時，什麼都聽她的。她說要跟大隋好，他馬上就跟大隋建立了良好的外交關係，而且還放下身段稱藩；大義公主說不要跟大隋好了，他馬上就派兵不斷地騷擾邊境，從沒有想到這麼做的後果是什麼。現在大義公主給他製造了個大頂的綠帽，他當然很生氣。本來他也只是生生氣，現在聽到突利可汗這麼一說，覺得這個大義公主真的該殺。

這時是開皇十三年的十二月。北方一如既往地寒風刺骨，冰天雪地裡的草都已經枯死，草原上的馬牛羊此時都瘦骨伶仃……狂風呼嘯的聲音，如雷如鼓，似要把天地颳得顛倒過來。

都藍可汗怒氣勃勃，在狂風大作聲中，迅速抽出寶劍，衝進牙帳。

大義公主正憂鬱地坐在那裡。當大帳之門一掀開，一股大風浩蕩湧進，她不由轉頭一看，見是丈夫夾帶著那股大風呼嘯而來。

他的手中提著寶劍，臉上殺氣沖天。

她知道，曾經十分恩愛的丈夫，現在要殺她了。

她一時之間，萬念俱灰。她在屏風詩裡以王昭君自況，可是她的命運比王昭君遠遠不如。同樣遠嫁漠北，王昭君可以唱著明君曲，看著天上的雁字，託聲向南，聊寄鄉思之情、感慨命運無常。她在這幾年裡，所受的苦，並不比王昭君少，而且也曾被楊堅利用，為突厥和大隋邊境的安定和諧盡了大力。只因寫了一首詩，就被楊堅恨之入骨，好像不殺掉她，這個世界就會完蛋一樣。她知道，她這個政治犧牲品，今天真的該犧牲了。她慘然一笑，臉上絲毫沒有現出一絲懼怕之意。當都藍的寶劍已經挺到她的面前時，寶劍的寒光已經在她的眼眸裡晃動時，她反而坦然了，一副安之若素的情態。

她曾經想深情地活著，但這個世界太薄情了。

都藍寶劍揮起的一剎那，他突然覺得大義公主此刻是一生中最為美麗的時候。他真的想住手，然而他的動作比他的意念還快……都藍殺了大義公主，突然又覺得若有所失，覺得自己的可賀敦只有大隋公主才配得上，於是，又請求楊堅再分配一個公主過來。

楊堅將此事朝議。

大臣們都認為，應該同意都藍的請求。

但長孫晟反對。他說：「我跟都藍打交道太多了，對他太了解了。這傢伙別的特點不突出，但就是反覆無常，從不講信用。現在他對我們服軟，絕對不是看在公主的面子上，而是因為突厥內部派系裂痕太深，跟幾個小可汗結的仇很深，這才不得不把我們當成靠山。可以說，這只是他的權宜之計。以後他終究會造我們的反——即使我們把公主嫁給他，雙方建立了婚姻關係，但他也不會將這個關係當一回事的。如果我們現在把公主嫁給他，他反而會借我們的威靈向其他幾個小可汗發號施令，逼迫那些可汗服從他的排程。如此一來，都藍可汗的勢力就會變得強大。他一變得強大，做的第一件事，就是反叛。到那時再制伏他就不容易了。都藍可汗在突厥內部的主要敵人是達頭可汗和突利可汗。突利可汗是處羅侯之子，對我們一向心悅誠服，而且兩代保持著這個立場。之前，突利可汗曾經派人前來求婚，我們不如答應他，然後招撫勸誘他率領部落向南遷移，染干兵少力弱，容易馴服，我們可以利用他抵禦都藍可汗以保衛北方邊疆。」

楊堅一聽，非常開心道：「好！」

長孫晟這一番話的確充滿了智慧。於是，又一個美女被當成政治犧牲品投放到一個陌生的異域，以國家利益的名義，光榮地把她犧牲掉、而且把這個政治犧牲品的作用利用到了巔峰，完全都不能浪費。

長孫晟又跑到突厥北部，向突利可汗報喜：恭喜可汗成為大隋皇帝的女婿了。

當然這個良緣並不是馬上可以結的，直到開皇十七年的八月，突利可汗才能前去迎接公主。楊堅在突利可汗來到長安時，還玩了個花招，說你既然是我們的駙馬爺了，從此我們就是一家人。你那個突厥的禮儀跟我們差別太大了，大家在一起，一點也不像一家人，所以你必須學一個我們的禮儀。突利可汗也跟其他可汗一樣，思考系統並不怎麼複雜，聽說要去學禮儀，心裡就很高興，學成了禮儀，以後我也是個文明人了。於是，他被安排到太常寺那裡，讓太常寺的幾個專家當他的禮儀教練，教他學習中國傳統婚制的「六禮」。六禮的主要內容包括：納采、問名、納吉、納徵、請期、親迎。你覺得複雜吧？複雜就對了，只有複雜才能浪費時間。楊堅利用這段時間，非常厚待突利可汗，讓突利可汗在長安過得舒服又風光。之後，楊堅把這個婚禮舉辦得非常隆重，還相繼派牛弘、蘇威、斛律孝光出使突厥。突利可汗的地位一下就突顯出來，這讓突利覺得自己很風光。

其實，這都是楊堅在下一盤大棋——一盤針對突厥的大棋，就是進一步離間突厥幾個部落和都藍之間的關係。他這麼做，就是讓都藍更加嫉妒突利，讓突利更加看不起都藍。

在突利可汗全身細胞都處於飄飄欲仙的狀態下，長孫晟又出馬了。他對突利說：「可汗既然已經跟成為大隋皇帝的女婿，跟大隋已經是一家。現在你在北方，離大隋太遠了，不如率部南下，更加靠近大隋，以後有什麼事，大家也好有個照應。否則這麼遠，想照應也來不及啊。」

突利可汗一聽，很有道理，馬上就帶著部眾南遷，移民到都斤山舊鎮那裡安營紮寨。楊堅非常開心，說好女婿啊，現在我們越來越近了，我這裡有什麼送給你更方便快捷了。不斷地派人拿著錢財送給突利可汗，讓突利可汗睡夢中都在發出甜蜜的大笑——人家是賠了夫人又折兵，我可是得了夫人又得金。

其實楊堅天天派人高調把這些金光閃閃的東西送給突利，完全都是做給都藍可汗看的，就是要不斷地刺激都藍可汗。幾下往來，都藍可汗果然勃然大怒，大吼道：「我是大可汗，現在反而不如突利這個小可汗，真是豈有此理。」

楊堅就是這樣豈有此理。要是講道理，還輪到他當大隋皇帝嗎？

都藍憤怒之後，宣布不再當大隋的分支機構，不再向大隋朝貢了。他不再把大隋當成宗主國之後，立刻發揚突厥擅長製造麻煩的傳統精神，不斷派武裝力量在邊境進行擄掠活動。可是，每次一出動，突利可汗就向楊堅發出雞毛信。因此每次他的部隊一殺過來，就殺進人家的埋伏圈，弄得他很鬱悶。

於是，突厥這邊的麻煩就大幅的減少了。

3

楊堅對大臣們極端懷疑，處理得也有些變態，但在治國時還是很寬鬆的。開皇十四年的春夏之交，他又下了一道詔書，禁止各級政府的放貸行為。之前，從中央到地方，各個部門都設定公廨錢。原來北朝的財政收入不高，稅制也不完善，政府為了取得辦公經費和給官員發薪資，就拿出一筆資金，投入商業活動、或放高利貸，以收取利息。工部尚書蘇孝慈認為：「官府放貸，是一件煩擾百姓、損敗風俗的事，請朝廷一定要禁止。」楊堅一看，這個太損害老百姓的利益了，更重要的是國庫有錢了，再利用權力來撈這個財，真的有點不要面子了，就於開皇十四年六月，下了一個詔書，堅決禁止各級政府的公廨錢：公卿以下比給職田，毋得治生，與民爭利。也就是說，以後各級官員都分給職分田，任何有職務的官吏都不得再經商放貸，與民爭利。

於是又有一個叫職分田的名目。

大家知道，北魏時期，有一段很長的時間，各級公務員是沒有薪資的。前期他們主要乘著戰爭一邊打仗一邊擄掠來維持生活，後來沒有戰爭了，只好靠腐敗，明搶的事都時有發生。到了太和九年（西元485年），北魏高層認為這樣也太不像話了，就決定分田給公務員，算是為人民服務的報酬。當然，不是平均分給每一個公務員的，而是按級別給田地，級別越高分到的田地就越多，這就是職分田的來由。這時，楊堅才把這個名稱定了下來。職分田最科學的解釋就是：按品級授予官吏作俸祿的公田。注意，是公田，是在任期間歸官員所有，離任之後，收歸國家。根據史書的記載，當時隋朝京官的職分田這樣分配的：一品五頃，每品以五十畝為差，至五品，則為三頃；六品二頃五十畝，其下以五十畝為差，至九品為一頃。外官也按這個標準執行。古代一頃為一百畝，一畝跟現在的畝也是不同的，從漢代到清初的一畝是這樣算的：五尺為步，二百四十方步為畝。即以五尺一步，二百四十方步為一畝，有人作過換算，隋代一畝等於現在的0.7187市畝。如此算來，一個縣長的待遇就是七十多畝田，縣長把這個田租給農民，然後收租，一年的租金就是他的年薪。當時的生產力還很低，這些田地的產量並不多，真的靠這些田租，也不會發很大的財。當然，大官大僚們並不僅僅靠這幾頃田。如果一品大官，就靠五頃，他能養那麼一個大家庭吃喝嗎？

除了職分田之外，還有永業田和公廨田等幾種。

永業田，也是北魏開始出現的。北魏時期頒了一個《均田令》，對永業田作了規定：諸桑田皆為世業，身終不還。因此又叫世業田，就是這個田一旦分給某個人，就是某個人的私有財產，即使某個人死了，田地仍然可以當作遺產由子孫繼承。楊堅現在又弄了個土改，再次分發了個均田令，規定每丁給永業田二十畝，為桑田，不用退還給國家。當然，二十畝是分配給普通老百姓的數量。後來，他為了鼓勵老百姓種田的積極性，又給出了一個政策：老百姓如果墾荒得來的田地，也算是永業田，擴大了永業田的範圍。官僚們的永業田，數量就巨大得多了。親王有一百頃，一品官員六十頃，以下遞減，到男爵、職事官從五品只有五頃。朝廷分給這些公卿的私有田產比職分田還要多得多。

再來說一說公廨田。永業田和職分田解決了公務員的薪資問題，公廨田則是用來解決各級政府部門的辦公經費問題。當然，也是按各官署的等級高低分別給予的。京城諸司的公廨田，以司農寺最高，給田二十六頃；內坊最低，只給二頃。諸州的公廨田，以大都督府為最高，給四十頃，互市監等最低，給二頃。公廨田也跟職分田一樣，官吏解職後，移交後任。

4

楊堅算起來，還是一個比較憫農的皇帝。開元十四年，關中出現了饑荒。他立刻派出巡察組到各地去察看老百姓的食物，看看他們在這樣的時期吃的都是什麼。

這些巡察員還是比較實事求是的，他們來到飢餓第一線，採集了當時飢民們的口糧，然後把標本拿回去，送給楊堅看。

楊堅一看，都是豆屑雜糠之類的東西。這些東西，就是牛嚥下去都還吃力，人是怎麼讓它們通過食道的？他一看，眼淚就流了出來，叫大臣們都來觀看，現在老百姓就靠這些來維持生命啊。然後他就在那裡進行了一次深刻的檢討，說自己無德無能，讓老百姓沒有飯吃。他當場給自己開出罰單，宣布自己不再飲酒吃肉。直到老百姓不再嚥下這些東西。他就這樣吃素吃了將近一年。到了八月，連長安城裡的糧食都開始短缺——長安作為當時全世界最大的城市，人口眾多，而關中的田地已經無法供應長安的口糧，長安的糧食基本上都靠各地運送過來補充。現在關中饑荒，長安那麼多人口，當然很快就陷入糧食短缺的狀態中。長安的糧食短缺到什麼地步？連皇宮的食物都供應不上來了。

楊堅一看，如果還在長安待著，只怕皇室成員都有人要餓死了。

於是他又做了一個決定，親自當帶頭大哥，率關中百姓向東，到洛陽地區度荒。

你想想，一群飢民浩浩蕩蕩地走在大路上，那是一個什麼樣的場景？

而且領頭的居然是現任皇帝。這樣的畫面，歷史上也是獨一無二吧？很多皇帝到了這個時候，最多下令各地運糧過來，然後自己帶著一批美女、親信跑到食物充裕的地方，繼續過著皇帝的幸福生活。至於老百姓，你們就自求多福吧。誰的生命堅挺能活下來，就感謝皇帝，誰要是死掉了，那是你的命運太差，須怪不得誰。而楊堅居然能在這個時候，率領著這些面黃肌瘦的飢民去覓食，與一群衣不蔽體的男女老少一路同行。往時皇帝出行，基本上都是執行交通管制，派兵清道的，但這時楊堅特地下令：不得驅趕老百姓。於是，在禁衛和儀仗隊伍中，老百姓們男男女女都參雜其中，跌跌撞撞地前進，號哭之聲不絕如縷。

楊堅坐在車裡，只要碰到扶老攜幼者，他就一定要下來，親自牽馬讓路，而且還好言慰勉一番，這才離去。如果到了艱險難行之處，發現有挑擔負重的難民，他就命令左右隨從，前去幫他們，一起走過險處。

你也許說他是在作秀，但試問歷史上有多少皇帝敢作這樣的秀？而且從長安一路到洛陽，這段路程實在是道阻且長，把這個秀一路做下來，也是苦不堪言的。

很多人看到楊堅這個情況，都有點奇怪，這樣一個長老形象，為什麼在朝廷上，對大臣們那麼嚴厲？其實這很好解釋。他知道，你只要對老百姓好了，他們就不會造你的反。他們即使飢餓到這個地步，都餓得排骨突出皮膚，仍然很老實地吃著粗糠艱難度日，不怨天不怨地不怨皇上，只怨自己命苦——如果他們真的把責任推給朝廷，這一路過來，楊堅死一萬次都不止了。縱觀從西晉到南北朝，各個政權換得比川劇裡的變臉還快，戰爭更是從來不停歇過，神州大地幾乎都處於戰爭狀態，人民流離失所，飢民如蟻，到處逃難，但真正把皇帝拉下馬的，並不是這些老百姓，都是那些手握大權的權臣啊。所以，楊堅對大臣們很提防，對這些老百姓倒是不用提防。

一直到閏十月，才到洛陽。

5

楊堅登上邙山。陳叔寶也作陪。

兩人在邙山上飲酒，他們在山上看著洛陽城，雖然初冬已至，但大家興致很高。陳叔寶放眼而去，只見晴空萬里、山河無限，又看看楊堅的心情很不錯，原來的愛好又發作——他原來最大的愛好就是在酒席上作詩。他乘興又賦詩一首：

日月光天德，山河壯帝居；
太平無以報，願上東封書。

這首詩的前兩句，實在是氣勢磅礴，讀來令人精神抖擻。如果不標作者姓名，誰也不會想到，這樣硬朗而豪邁的句子居然是由一個天天創作靡靡之音的亡國之君寫出來的。當然，陳叔寶寫這首詩是為了拍楊堅的馬屁，請他到泰山上封禪。他獻上這首詩之後，看到楊堅並沒有責罵他，馬上以為聖意可測了，立刻又把一個馬屁響亮地奉獻上去——上表請楊堅封禪。楊堅還是很冷靜的，你想想，現在關中飢民如蟻，到處是餓死者的白骨，國家的經濟處於崩潰的邊緣，這樣的政績也上泰山去封禪，自吹功績，那是欺老天無眼、欺百姓無眼，最後除了留下罵名之外，別無好處。他就下了個詔書，答覆陳叔寶。雖然表示堅決不採納陳叔寶的建議，但語氣還是很親切的。從他的這個語氣很和藹的詔書中，還是可以看得出，封禪對他是有很大的誘惑力，只是陳叔寶一個亡國之君上這個表，實在太不吉利，所以他堅決否決。過了幾天，他又請陳叔寶來喝酒，等陳叔寶喝夠之後，告辭而去，他看著陳叔寶的背景評論：「他的敗亡，就是因為喝酒作詩。如果他以作詩的功夫用在治國上，哪有今天這個模樣？當初賀若弼渡過長江拿下京口時，告急文書送到他那裡，他居然只管喝酒，根本不看告急文書。後來高熲進了建康，居然發現告急文書被扔在床下，還沒有開封。這是老天爺要讓他滅亡啊。以前，苻堅滅了別的國家，都優待尊重所滅國家的君主，想以此來博取好聲名，豈知這是在違抗天命。給上天滅掉的國君做官，這是在跟老天爺作對。所以我堅決不給陳叔寶官當。」

大家聽著他的話，再看他的臉，都是鄙夷的神態，也跟著很看不起陳叔寶，覺得這傢伙窮奢極欲導致國家滅亡，而成為亡國之君後，仍然沒有反思，繼續狂喝如故。這樣的人實在是人中的垃圾。他們覺得陳叔寶很蠢。其實陳叔寶並不蠢。他沒有反思，繼續喝酒，每天爛醉如泥，雖然楊堅看不起他，把他當人渣看，雖然活得沒有面子，但他是安全的。如果他認真反思，真的精神抖擻了，只怕不過幾天，楊堅就會弄個罪名把他做掉，哪能還活到今天，還能在邙山上寫下「日月光天德，山河壯帝居」這樣的句子？雖然酒色傷身，醉生夢死會使人折壽，但總比被楊堅大刀砍腦袋好。其實這就是他的聰明之處。有點像當年樂不思蜀的劉禪。

當楊堅在費驚天動地之力帶領大家度過難關時，齊州刺史盧賁卻把這個困難時期當成發財的機會。因為鬧了饑荒，米價暴漲，盧賁就關閉義倉，下令禁止賣糧。在市場上都沒有商品糧的時候，他自己卻做起了糧食生意，大發國難財。楊堅知道後，當然龍顏大怒，把盧賁削職為民。

不久，楊堅又念在盧賁當初的擁戴之功，又恢復他的官職，讓他繼續當一個州的刺史。對他說：「我剛當大司馬的時候，你對我無話不談，可謂推心置腹。我當左丞相時，你天天跟隨在我的身邊，更是無話不談，交情十分深厚，絕對可算是老朋友了。你如果老實地工作，全心全意為朝廷服務，你現在的地位跟高熲會不相上下。可是你卻辜負了我對你的期望，導致你被撤銷一切職務。但我仍然念你往日的交情，又讓你當一個州的首長，但你還是不思報效，硬是墮落到這個地步。我不忍心判你死刑，還讓你繼續當官，是我在枉法營私啊。不是你罪行很小。」盧賁這才知道，自己的生命真的就懸於一線了，急忙拜伏謝罪。

過了幾天，楊堅又跟盧賁見面，兩人又隨便聊了起來。盧賁腦袋實在有點不靈光，剛剛官復原職，馬上又忘了教訓，聊著聊著，又把自己的功勞擺來擺去，擺得楊堅的臉色已經很難看了。但他根本不理楊堅的臉色，越擺越起勁，擺到最後，居然埋怨自己得到的回報太少了。楊堅終於大怒，對群臣道：「我本來已經決定讓盧賁當一個州的刺史。但看他這個表現，是真的不宜重用了。」

太子楊勇對楊堅說：「盧賁是有佐命之功的，雖然秉性輕薄，行為也很狡詐，但念在以往的功勞上，也應該給他網開一面。」

楊堅道：「我這樣壓制他，就是為了保住他的性命。我當然知道，當初如果沒有劉昉、鄭譯、盧賁等人的力挺，我是不會有今天的。但這幾個人都是反覆無常之輩。當年他們當宇文贇的手下時，以無賴得幸，權傾朝野。後來，宇文贇病重，顏之儀請求讓宇文招輔政，而他們這幾個人公然造假，不惜偽造遺詔，讓我輔政。等我將要當政的時候，他們又想作亂，所以劉昉謀反、鄭譯也用巫術詛咒我。像盧賁這樣的人，欲望無比巨大，而且大到你永遠滿足不了。你任用他們時，他們就驕橫不法，為所欲為，不管天怒人怨；如果你不重用他們，他們就怨天尤人，惡毒攻擊你。現在他們這個下場，只能怪他們從不取信於人，須怪不得我拋棄他們。現在大家看到我這樣處理他們，都以為我對待功臣太刻薄，其實是誤解了我。」

剛剛恢復納言之職的蘇威說：「當年漢光武欲保全功臣，都免了他們的官職，然後用列侯之位讓他們入朝。我想，陛下也可以如此安頓他們吧。」

楊堅說：「好，就這麼辦。」

於是，盧賁就這樣被賦閒在家，不久就在鬱悶中死去。

楊廣看到楊勇在為盧賁求情，被楊堅數落了一通，心裡當然很高興。阿哥你看我表演一下。他這次不是自己一個人表演，而是串通了文武百官，聯名請求楊堅封禪，而且是「固請」，擺出你不封禪我們長跪不起的姿態。他們當然知道，楊堅已經否決過陳叔寶的建議，但他們知道，楊堅對封禪並不反感。即使他不同意，但內心一定會很高興。

楊堅在那裡假裝謙虛了一下，最後「拗」不過大家，但做出半推半就的姿態，既不答應接受這個固請，也不反對大家的正確意見，而是把牛弘叫來，給牛弘派個任務：制定祭祀天地的禮節和儀式。牛弘接到任務後，哪敢拖延，加班趕工，很快就做出方案，呈送給楊堅。

楊堅一看方案，只看得心潮澎湃，可是心潮澎湃之後，他又強行按下激動的心情，覺得目前這個情況，還真不宜辦封禪活動，那樣老天爺會有看法的。天下饑荒，是要下罪己詔的，哪能光明正大去封禪？於是，他盯著方案說：「茲事體大，朕何德以堪之。但當東巡，因致祭泰山耳。」封禪不能辦，祭一下泰山，也算過過癮。

開皇十四年十二月，楊堅啟駕東巡。

楊堅對封禪的請求還是保持了警惕性，但他對那些「大師」的糊弄就沒有免疫力了。這主要是他自己就非常喜歡研究這些預測學。

上儀同三司蕭吉也是這方面的好手。他看到皇上原來也喜歡這個，不由得靈機一動，何不利用自己的特長，糊弄一下皇上，只要皇上接受了糊弄，自己的好處就會滾滾而來，門板都檔不住。

出名要趁早，糊弄也要趁早。

蕭吉想到這一層，馬上就向楊堅上書，說：「甲寅、乙卯之年，乃天地陰陽之氣交合之時。今年就是甲寅之年，辛酉那天是冬至，來年就是乙卯年，而甲子那天是夏至。陛下知道，冬至過後陽氣就開始上升，那是祭天的大好日子，而那天剛好是陛下的本命日；夏至過後，陰氣開始上升，是祭地的最佳時刻，而那天就是皇后的本命日。陛下的恩德如山而澤被眾生；皇后之仁愛則如地之載養萬物。如此一來，天地兩儀的元氣一起都聚合在陛下和皇后的生辰日期上。實在國家之幸、萬民之福啊。」

楊堅一看，平時看蕭吉不怎麼樣，沒想到他原來在偷偷用功，鑽研這個學問，而且研究出成果來。為了表彰蕭吉的這個重大的科學研究成果，楊堅下令賜給蕭吉五百段。你知道，當年很多平陳將士，在前線拚死拚活，得到的賞賜也沒有這麼多，而蕭吉憑著幾句玄乎的話，就扛了五百段回家堆滿半個房間。他們這才知道，讀書還是有用的——當然不是讀所有的書都有用，關鍵是讀對書才有用。

員外散騎侍郎王劭看到蕭吉憑幾句話就騙了五百段，每天把幸福的笑容掛在那張讓人噁心的臉上，也嫉妒了。他知道，皇帝的腦子裡一旦有了這個念頭，就是最容易接受糊弄的時候。他沒有蕭吉那麼有學問，無法利用書本知識去糊弄楊堅。但同樣難不倒王侍郎。在一次公開場合，他對大家說：「我突然有個發現。」

你發現了什麼？

他大聲說：「我發現皇上有龍顏之相，而且他頭部那塊突起的肉，其形如角，實在是相貌奇異。」

大家都往楊堅的臉看過去，怎麼看也是人的臉，並沒有變成比馬臉還長的龍顏啊。可是誰敢說不像？劉邦也是龍顏龍準啊。於是，都一臉茫然地點點頭說，果然是龍顏之相啊。

王邵更加得意了，當場指著楊堅那塊突起的肉，說這就是龍角啊。當年劉邦雖然說是龍顏龍準，但他沒有龍角。我們皇上還有龍角。

楊堅一聽，不由得手摸那塊突起的肉——以前他總是為這塊突出的肉感到苦惱，本來長得很帥，硬是因為這塊肉，讓他頭部的美觀受到了破壞。沒想到，原來這是龍角。我是靠它才成為大隋天子啊。楊堅非常開心，馬上提拔王劭為著作郎，你有這樣的學問，不當著作郎真是浪費了。王劭一看，自己一番胡說八道，果然大獲成功。這個天下看來最好做的事業就是糊弄事業了，只要臉皮厚、膽子大，基本上都能成功。尤其是騙皇上，只要他認可了，即使這一幫聰明的臣下再怎麼一眼看穿，也不敢出來揭穿。王劭找到這條門路之後，就再接再厲，繼續糊弄。這一次，他沒有再從楊堅的身體上找素材了，而是做起文字工作，蒐集資料，進行加工修改，再上表楊堅，敘述當年楊堅受禪時，全國各地出現的種種祥瑞徵兆，說明楊堅的篡權是順天應人的。後來，他又覺得光這樣做，還很缺乏創意——畢竟這是很多人都做過的。於是，他又到處跑，說是到民間采風，其實是到某個地方躲起來。大家發現他失聯了很多天之後，突然拉著一大堆文件回到首都。一問，原來這段時間，他都在民間活動，採集到了大量的民間歌謠，這些歌謠只有一個主題，就是讚頌楊堅的受禪，說楊堅是全國人民的大救星，是上天派來造福大隋人民的。接著，他又到處蒐集那些讖緯圖書，拿著放大鏡在其中尋章摘句，還翻開佛經，摘錄其中的記載，然後來個偷梁換柱，採取各種歪曲附會的手法，編寫成了一部《皇隋錄感志》，奉獻給楊堅。你不要以為這部著作就那麼幾句，而是有三十卷之多，堪稱煌煌鉅著。

所有的人都知道，王劭的這個鉅著，除了馬屁通之外，狗屁不通，但楊堅現在需要的就是馬屁。他看到這個鉅著之後，開心得差點跳起以前學過的鮮卑舞，要求把這個鉅著出版發行，宣示天下，讓全體國民都知道，楊堅是天選之子，是上天派來統治你們的。不信，請認真讀這三十卷雄文。

王劭說，如果光這樣默讀，大家未必能認真領會其中的精髓，必須組織雄文朗誦團，到處朗誦。當時，各州每年都派使者到朝廷報告郡政及財經情況，漢代時稱上計使，現在稱朝集使。這些人報告之後，王劭就讓他們留下來，改變一下他們的職能，把他們組成雄文朗誦團。而且不是像學生那樣，拿起書本就狗啃骨頭地大聲讀著，而是要有儀式感：盥手焚香，然後才恭敬地拿起書本，做好姿勢，再放聲頌讀。而且一定要讀得「曲折有聲、有如歌詠」，弄得像大合唱一樣、場面十分壯觀。這個朗誦團每天讀得口乾舌燥一連讀了半個月，這才把雄文讀到最後一個字。這幫人打道回府之後，還覺得兩邊臉頰發麻、咬肌遲鈍。

楊堅每天聽著這些動人的讀唱之聲，心頭裝滿了幸福感。他的幸福感一增加，王劭受的賞賜就越來越多。王劭每天都能拿到楊堅賞賜他的錢財。當楊堅在那裡閉目享受著那無邊無際的幸福感時，王劭的心裡在哈哈大笑。其他大臣，除了嫉妒王劭之外，完全沒有辦法。所有的人都知道，王劭的這個糊弄，技術等級非常低，可是你就不敢做。在一個奇葩的社會裡，做很多事真的不需要太多技術，就在於你敢不敢去做。

王劭很爽，楊堅也很爽。

開皇十五年的正月，楊堅帶著這個很爽的心情，終於來到了齊州。

他在泰山上修起了祭壇，然後登上泰山，焚燒柴火以祭上天。楊堅這時雖然讓一群幫閒糊弄得心裡開心的不得了，覺得自己是劉邦以來最偉大的領袖，但他還是有點記性的，還記得現在是處於饑荒歲月，老百姓還在大量地飢餓而死。深信上天有眼的楊堅，知道老天爺是會把這個事看在眼裡的——他都天天看得見，憑什麼老天爺就看不見？因此，他在這次祭天中，並沒有像那些地方主管向他報告一樣，把政績誇得比天還大，說人民都生活在無比的幸福中，而是低著頭，自陳過失，說所有的旱災都是由於他失德而引起，是上天對他的警告，現在他在泰山之巔向老天爺請罪。雖然這次祭天，是在泰山舉行，但他也不敢把規模做大，而只限制在南郊大祀的規格上。

他再祭了一番青帝，然後大赦天下。

大赦天下之後，他又下了一首詔書：收天下兵器，敢私造者坐之。

他從關中一路向東，只要把目光投向車外，就能看到浩浩蕩蕩的飢民。如果哪一位頭上長角、身上長刺的傢伙突然血壓上漲，起來高呼一聲，那些本來沒有造反念頭的飢民，一定會跟風而起，那就有大麻煩了。為了杜絕這個麻煩，他決定把兵器全部收繳。其實他忘記了，當年秦始皇也曾經收繳過民間的兵器，可是後來秦朝仍然被乾淨俐落地推翻。收兵器，真不如收人心。

6

楊堅這次東巡，直到開皇十五年三月才回到長安。

楊堅回到長安，最掛念就是仁壽宮應該竣工了吧？去年的工程，又有楊素這樣凶神惡煞的總監工只抓進度、不管安全的傢伙督促，絕對不會拖延。

當楊堅去看仁壽宮時，天氣已經很熱了。

楊素還在工地上凶狠地當工頭。

饑荒仍然沒有結束，楊素的苦役也沒有結束。

很多被迫到這裡來工作的人都累死在路上，弄得大路上的屍體連成一片。楊素知道楊堅要來了，馬上清理大道上的屍體，然後一起燒掉，於是這些卑賤的肉體化為股股濃煙，全部消失。

楊堅很快就知道了這件事，對楊堅甚為生氣。

但他也只到生氣為止。

他來到仁壽宮之後，看到仁壽宮的雄偉壯麗遠遠超過他的想像，當場大怒吼：「楊素殫民力為離宮，為吾結怨天下。」

楊素聽到後，那張虎臉不由得一片蒼白，只怕楊堅接下來就會拿他是問，把那顆威風凜凜的腦袋砍掉。他摸著自己的腦袋，真的覺得有些隱隱生痛了——必須想辦法，躲過這一劫。但他想了很久，腦袋越來越脹，辦法想了一個又一個，但就是沒有一個好辦法。最後，他只想到了一個人。

這個人就是封德彝。封德彝目前在歷史舞臺上出場率並不高，但他的出身卻十分顯赫。他的爺爺就是北齊時期的四貴之一的封隆之，是標準的世家子弟。他的父親封子繡雖然沒有他爺爺那麼生猛，但也當過大隋的通州刺史。他可不是紈褲子弟，那顆腦袋非常聰明，還很小的時候，就表現得智識過人。後來，楊素見到他，覺得他真是個人才，就把他攬入自己麾下。楊素去平江南時，也把他帶去，讓他任行軍記室。有一次，他們泊於海上，楊素召封德彝來議事，封德彝不小心落下海裡，差點成為海鮮們的速食了，幸虧船上的眾人眼疾手快、辦事果斷，絲毫沒有猶豫，跳下水裡，將他救上來。他上來之後，吐了幾口鹹水，換上衣服，又去見楊素，一個字都沒有提到他剛剛落水、說這條命就差那一點點就完了事。過了很久，楊素才知道這件事，對他說：「你是不是落水了？」

然也！

怎麼從沒有聽你說過這事。

封德彝說：「這是私事，不需要掛在嘴邊啊。」

楊素一聽，覺得他跟人家真不一樣。馬上幫他介紹了個美女當妻子。這個美女就是楊素的堂妹。從此他成為楊素的親戚。當然，與其說是他巴上了楊素這個權傾朝野的權貴，倒不如說楊素把一個人才弄到手了。楊素是個很自負的傢伙，連蘇威都看不起，對其他大臣，更是不當一回事，朝廷上被他當場凌辱的同事，不計其數，但對封德彝卻非常賞識。楊素也跟很多人一樣，一旦賞識某個人，就喜歡叫他來聊天。他常常請這個堂妹夫來聊天，聊的內容都是宰相之務這些高級的議題。而且一聊就是一整天，封德彝聊得不知疲倦，他也聽得不知疲倦，聊天結束之後，他還撫摸著他的坐位說：「封郎當據吾此座。」當然，他也沒有讓封郎從基層做起、自己去奮鬥，而是在楊堅面前力薦封德彝。那時，楊素剛平定江南迴來，楊堅對他剛好是極端信任的時候，看到楊素這麼賣力地推薦一個年輕人，當然相信楊素的話，就讓他封德彝當了內史舍人。

楊素成為仁壽宮的指揮官之後，除了請楊素安排宇文愷給他當總工程師之外，就是奏請封德彝當他的工程監督。可以說，仁壽宮能提前竣工，封德彝的功勞是很多的。現在楊素看到楊堅憤怒，自己沒有辦法了，只好叫來堂妹夫，請他動一下腦筋，想個辦法來解決這個難題。好不容易做到內史令，是當朝的第二大臣，如果因為這個被降職，降了幾個級別，蘇威那傢伙可就頂過來了，以後再做到這個份上，就困難重重了。

封德彝一聽，說：「老兄根本不用擔心。只要等皇后來到，就什麼都不怕了。」

楊素一聽，雖然有點將信將疑，說不定皇后會罵得更凶啊。但現在也就只能這樣了。

楊素是一個執行力超強的人，理解到自己的命運只有皇后才能挽救了，便立即行動，跑到北門那裡拜見皇后，對獨孤皇后說：「堂堂大國帝王，修建一些行宮和別墅，那是理所應當的。現在天下太平，萬國來朝，大隋一派盛世景象，我們就修了這麼一座宮殿，哪裡算得上浪費呢？」皇后沒有表態，楊素便忐忑不安地告辭了。

第二天，楊堅把楊素召過去問話。楊素只好硬著頭皮進去。他進去之後，抬眼一看，有兩個人，一個是楊素，一個是獨孤皇后。

楊素看到楊堅正兩眼盯著他，臉上怒氣未消，心想，看來要完了。

沒想到，楊堅還沒有開口，獨孤皇后就先說了：「呵呵，楊素你是個很孝順的人，知道我們夫妻年紀大了，沒有娛樂的所在，這才將仁壽宮裝飾得如此華美壯麗，讓我已經昏花的老眼越看越喜歡。這就是你忠孝的實際表現啊。」也不等楊堅說什麼，當場就賞楊素錢一百萬、錦帛三千段，比那兩個利用迷信糊弄楊堅的傢伙得到的還多得多。

楊素一看，提到喉頭的那顆心臟這才重重地落回原地，讓他鬆了一大口氣。在這個官場上混，你混得對了，什麼都好，你要是混得稍有差池，就什麼都完蛋。

其實，獨孤皇后這麼對待楊素是有她的深意的，只是現在楊素不清楚而已。

當然，這事表面上是獨孤皇后救了楊素一把，但我想真正放過楊素的仍然是楊堅。

楊堅是一個很要面子的人，很怕後世對他的評價很負面。現在關中餓殍遍地，去年他還得帶著關中父老向東逃荒才勉強度過難關，直到現在，災情還沒有全面結束、人們的農事生活還沒有全面恢復，還到處有人挨餓，而他就在這個時候，修建了這個豪華得一塌糊塗的宮殿，人家會怎麼說他？他雖然不喜歡讀書做學問，但也知道秦朝的暴政之一，就是不計後果的大興土木。他想當的是劉邦，而不是秦始皇和秦二世。他進入仁壽宮之後，當眾大罵楊素，那是做給人家看的，說弄得這麼豪華根本不是他的意思，完全都是楊素自作主張。他只是想做個簡易的宅子而已。於是，所有的過錯，都推到楊素的頭上。可是只要稍用腦子一想，就知道他這個大罵，絕對是在推卸責任——首先，仁壽宮建築專案，不是別人的建議，完全都是由他拍板實施的。然後花掉這麼大的經費，如果沒有他的點頭，楊素能自作主張嗎？為什麼在饑荒嚴重的時候，他沒有下令暫停這麼專案的建設，把所有資源都投入到救災工作中，而到專案建設完成之後，才來這裡公開地大罵一通？

綜上所述，他就是為了推卸責任，人民要罵，就罵楊素吧，歷史要記載，就把這個黑鍋套到楊素頭上。黑鍋甩出去後，自己便迫不及待地帶著老婆爽歪歪地進去、毫無心理負擔地享受生活了。

楊素涉險過關，而他最看不起的蘇威又倒了一次霉。

蘇威也是個不記取教訓的人，剛剛被啟用不久，又在祭泰山的時候，犯了個不敬之罪，被楊素免掉職務，讓他又再次灰頭土臉。不過，沒有幾天，楊堅又讓他官復原職。畢竟現在朝廷中像蘇威這樣的人才，還是不可多得的。楊堅在恢復蘇威職務時，對大臣們說：「蘇威這個人，我還是十分了解的。很多人都說他假裝清廉，家裡金玉堆積如山，其實都是一派胡言。當然，他不是沒有缺點。他有缺點，而且缺點很明顯。他最大的缺點就是秉性殘暴，為人處事，很不合群，常常做出不合時宜的言行來。還有就是求名太甚，欲望太強，官僚主義嚴重，順從他的則皆大歡喜，不順他的就馬上惱羞成怒，要報復人家。這是很不好的。」蘇威的這個作風，在對付李德林時，表現得十分到位。從楊堅的這番評語上看，他對蘇威看得是很透的，同時也說明，李德林的獲罪被貶，其中發揮最大的作用的剛好是楊堅。楊堅只不過藉著蘇威他們的手，把越來越不可愛的李德林趕走而已。同時，他也看得出，蘇威性格有點極端，如果任其下去，膽子就會越來越大、手段就會越來越不計後果，因此就不斷地打他，磨掉他的稜角，然後再重用他。

當然，楊堅對於他絕對信得過的人，還是很放心的，比如韋世康。

韋世康出身於關右望族，他的老爸也是關西名士，但硬是隱居不士，魏周兩代朝廷都曾徵召他為官，而且前後徵了十次，都沒有動搖他當隱士的堅定信念。當時大家都稱他為逍遙公。韋世康卻沒有以老爸為榜樣，繼續去當隱士。他才十歲的時候，就被州府徵用為主簿——如果沒有兩把刷子，誰會讓一個十歲的小屁孩當辦公室大祕書？二十歲時，他就被封為漢安縣公，後來還娶了西魏皇帝元寶炬的女兒為妻，成為西魏的駙馬都尉——如果長得不帥、沒有水準，能成為皇帝的女婿嗎？北周代魏之後，他又置換身分成為北周的大臣，任過沔州、硤州刺史。後隨宇文邕滅齊，以功授任司州總管長史。韋世康的理政能力還是很強的。大家知道，很多地方強者都是長史在主持全面工作。韋世康當的這幾個州的長史，都是原北齊境內的轄區。當時，北齊剛剛被北周統一，還處於人心惶惶階段，韋世康發表寬和的政策，盡量安撫轄區內的人民，消除他們的恐懼，安心生活、安心勞動，社會秩序很快就恢復。轄區內的老百姓對他的口碑很好。

之後，朝廷徵調他回京，就任司會中大。也就是在這個時候，他成為楊堅的死黨。而也是這個時候，尉遲迥等三總管起兵反楊堅。

楊堅對韋世康說：「汾州、絳州原來是周齊的分界地，情況一向複雜。如果他們趁此機會作亂，也是很麻煩的。還是請你去一趟，好好鎮撫，不要讓那裡發生亂事。」

韋世康知道這個任務很重，因為當時三總管聯袂造反，已經讓楊堅有點措手不及、顧此失彼，如果這邊再出事，楊堅的事業真的要到頭了。因此他到任之後，並沒有添亂，而是憑著自己長期以來累積的威望去鎮守，居然就讓當地安寧整肅，什麼事也沒有發生，免除了楊堅的後顧之憂。因此，他雖然沒有戰功，但楊堅對他還是很感謝的。

楊堅對他更為信任的是，他的德望很高，能力很強，但內心完全沒有野心。他當刺史之後，寫了一封信給他的子女們和兄弟們，說：「我這幾年來，跟隨皇上，深受皇恩，多次被重用，幾次登臨三公之位，多次當方鎮之任，但我從沒有放鬆自己，從來不為酒色財三者迷惑，總是心存畏懼。畏懼天、神、你、我四者良知，堅決做到以不貪為寶、處財利不沾。現在雖然還沒有到柱杖之年，但壯年已經過去，眼睛已經老花，連小字都看不清了，病也很嚴重，不能像以前那麼可以快跑了。再加上母親年事已高，需要我冬夏冷熱的服侍和晨昏的問候。而我一樣都做不到，實在是不孝之至。我想奏請皇上，請求辭官回家，遵循養孝之禮。現在徵求一下你們的意見。」

兄弟們收到信後，馬上回覆，說只怕皇上未必批准你的請求。韋世康這才沒有辭職。

這事傳到楊堅的耳朵裡，他當然很高興，這樣的大臣才是信得過的大臣。

韋世康既然沒有辭職，就在那裡努力把工作做好。他在刺史任上幾年，每年的考核都是全國最優的，因此楊堅就提拔他為禮部尚書。之後，又轉任吏部尚書。這是組織部長的差事，位高權重，也是朝廷裡的肥缺之一。人家要是當了這個尚書，馬上就大發其財。可是韋世康上任之後，堅決杜絕人性請託，選拔幹部時，只看水準不看別的。讓大家對他又愛又恨，即使恨他的人，也不得不佩服他。之後，他又外任方鎮，先後任安州、信州總管。開皇十三年，楊堅召他回朝，再任吏部尚書。

此時，韋世康已經五十多歲了，他再度萌生退意，他對子弟們說：「古人說，功成身退。現在我年近六十，已經到了功成身退的時候了。所以，我想辭官回家，你們認為如何？」

他的兒子韋福嗣說：「父親大人修身養德，官位顯赫、名望遠颺，以前代聖賢為榜樣，我們唯有謹遵鈞命。」

韋世康看到兒子能領會自己的意思，心裡非常開心，於是就在侍宴時，對楊堅再拜，說：「下臣並無尺寸之功，卻深蒙陛下恩典，得以位居宰相之次。現在年歲已大，力不從心，無益於聖明之時，且恐死期不遠，無法完成職責，有傷陛下之明。懇請陛下恩賜下臣辭官，能避以讓賢能。」

楊堅當然不同意，說：「我正要更加重用你，哪能同意你的辭職？」

沒幾天，楊堅就拜韋世康為荊州總管。雖然也是總管，但現在的總管跟之前的總管不一樣了。以前有很多州都設總管，弄得到處是總管。楊堅因為經過三總管之亂，對總管們總是懷著極端的警惕，不斷地收回總管的大印。現在全國只設有四個大總管：并州總管、揚州總管、益州總管和荊州總管。除了荊州總管，另外三個州的總管分別由楊廣、楊俊、楊秀擔任，都是楊堅的兒子。由此可知，楊堅對韋世康的信任到什麼地步。讓一個內心世界都是疑心的皇帝放心，實在太不容易了。

第二章 忠臣被疑，令狐熙含恨辭世；冤案成獄，虞慶則得勝亦枉死

1

這幾年來，中原一帶很安靜，各族人民好不容易迎來一個沒有戰亂的年代，大家都很珍惜，基本上都能埋頭苦幹，過好自己的生活。但西南部卻不一樣，前一段嶺南弄了個不大不小的亂子，最後透過武力鎮壓外加統一政策，這才得以平息。現在嶺南消停了，但南寧州又冒出一些群體事件。這個南寧州不是現在廣西的南寧，而是雲南地區。之前稱為寧州，隋朝一統之後，改稱南寧州，寄託了楊堅美好的願——願彩雲之南，永遠安寧繁榮。

願望很美好，但現實卻是另一回事。很多事並不是以人的意志為轉移的，哪怕是擁有無上權力的皇帝的願望，也是如此。

當年梁睿進益州把王謙解決之後，順便把西南夷、獠等部落都平定了，但南寧州的羌族老大爨震和爨

翫仍然不服，他們認為，他們離朝廷很遠，朝廷哪捨得花精力來看管他們，為什麼要做望風臣服之蠢事？梁睿也看出這個苗頭，就上了一疏，說：「南寧州本來是漢時的牂柯，人口眾多，財富豐富。當年侯景之亂時，南梁的寧州刺史徐文盛響應蕭繹的召喚，赴荊州參與平亂。由於之後中原戰亂頻盈，自此朝廷再沒有精力顧及邊遠地區。徐文盛離開之後，當地的土著老大爨瓚乘機冒頭，得以竊據一方。南朝當時危急，哪還管得了他，只好遙授他刺史之職。他死之後，由他的兒子爨震承襲其位至今。由於長期脫離中央政府的領導，他現在囂張得要命，根本不遵守臣子的禮節，更沒有向朝廷繳納貢賦，完全都是獨立王國一個。為此，我請求率領平定巴、蜀地區的軍隊，前去平定南寧。」

其實，在梁睿上此疏時，爨氏勢力已經分為兩個部分，即東爨和西爨。東爨的老大就是爨震，西爨的老大叫爨翫。這對人雖然很囂張，但也知道自己的實力還很單薄，聽說朝廷要派梁睿前來進剿，馬上就掂量了一下，覺得王謙都不堪老梁一擊，他們這些孟獲的後代，估計也抵擋不住老梁的大軍，於是便主動出來，歸順了朝廷。朝廷當然也是本著多一事不如少一事的原則，接受了他們的請降，並任命爨翫為昆州刺史。

爨翫看到朝廷大軍已經敲鑼打鼓回去，那顆反心便又開始壯大，宣布不再當大隋朝廷的手下了。開皇十七年，楊堅只好派史萬歲出馬，去鎮壓爨翫。

爨翫名字的筆畫雖然複雜得要命，但他的戰鬥力卻非常弱。

史萬歲率兵從蜻蛉川進軍，到達南中地區。爨翫的部隊雖然老早就占據了險要之地，拚死固守，但仍然擋不住史萬歲的攻擊。史萬歲一路高歌猛進，勢如破竹，誰擋誰死。史萬歲很快就越過了當年諸葛南征時立的紀功碑，渡過西洱河，進入渠濫川，一路狂掃，轉戰千里，總共攻破三十多個部落，俘虜男女兩萬多人。

爨翫手下的夷人看到史萬歲太生猛了，比傳說中的諸葛亮還厲害，更比諸葛亮當年南征更深入。他們馬上理解到，如果不投降，史萬歲是不會收兵回去的，於是就紛紛出來投降，而且還獻出一顆直徑一寸長的大明珠。史萬歲非常開心，也學當年諸葛亮那樣，在那裡刻了一塊石碑，歌頌大隋的功德。之後，史萬歲向朝廷上書，請求帶爨翫入朝。楊堅同意這個請求。

爨翫怕入朝之後，就不能再回來了，因此很不願意，於是就拿出大量的金銀財寶，送給史萬歲。史萬歲看到那麼多閃閃發光的珠寶，整個人都激動得不得了，馬上答應了爨翫的要求，放過爨翫，自己班師回朝。至於理由，他可以有一萬條，而楊堅也不會追究下去——反正現在已經平定了南寧之亂。

2

南寧州之亂，暫告一個段落，桂州那邊的壯族老大李光仕又出來鬧事。

楊堅派王世積和周法尚合力進剿。

兩人得令之後，立刻進軍。周法尚從南嶺出兵，王世積則兵發嶺北。兩人已經商量好在尹州會師。可是人算不如天算，王世積經過急行軍，來到半路時，還沒有碰到友軍，就遇到瘴疫，大多數戰鬥人員都成了病夫，不能再前進了。他只好在衡州停了下來。

李光仕知道後非常開心，哈哈，真是天助我也。如果兩路前來夾擊，我真的有點恐懼。現在一路完蛋了，只有一路，老子又何所懼。

周法尚並不因為友軍不能前來了，就停止進軍，而是繼續揮軍東來。

李光仕看到周法尚的部隊來了，便立刻整軍出戰——他的意思是很明顯的，不等周法尚站穩腳跟就搶先出擊。他的想法沒有錯，但是他沒有想到周法尚是戰場老手，哪能讓他有機可乘？兩邊一交手，李光仕就被打了個大敗。李光仕這才知道，即使政府軍只來一支軍隊，他也打不贏。他帶著最後的精銳，逃到白石洞要固守。老子可以在這裡一萬年，你能在這裡陪一萬年嗎？

他的這個想法好像也不錯。是的，如果對方也是他這個水準，他的這個做法絕對成功。只是對方是周法尚而不是李光仕的兄弟。

周法尚也知道，白石洞不好硬攻。於是，他就不硬攻。但不硬攻並不表示他沒有作為。他在這次大戰中，抓獲了李光仕戰鬥人員所有的家口。他就從這些家屬身上做文章：誰出來投降就送還誰的老婆孩子。

李光仕的手下雖然都敬重他，但他們更在意自己的妻子和孩子。現在看到很多同袍一回去就可以和老婆孩子團圓，過上正常的家庭生活，就都不管李老大了，紛紛跑出白石洞，到政府軍那裡簽字領回自己的妻小，高興地回家去。

短短十幾天，李光仕身邊數千士兵都逃光了，曾經威風八面的李老大馬上成為光桿司令。他只好獨自一人逃竄，但在這樣的形勢下，他還能逃出周法尚的追殺嗎？他很快就被政府追上，然後斬首。

到了這時，楊堅派出的增援部隊才在何稠的帶領下來到桂州。何稠來了之後，展開政治攻勢，勸降了李光仕的另一個同黨莫崇等人，然後找了個當地的土著老大繼續當桂州的首長。

這幾年來，嶺南的這些少數民族多次作亂，雖然規模不大，平定也沒費多少氣力，每次一出兵就可以解決，但亂得太頻繁，也是很傷楊堅的腦筋。他想了很久，終於理解到，必須把一個很猛的強者去當那裡的老大，授予他很大的許可權，才能鎮得住。否則，在那些山高皇帝遠的地方做官，手裡沒有權力，什麼事都得先請求朝廷，等使者一來一往，什麼菜都涼了。於是，他下決心克服了疑心，破格設定了桂州總管。楊堅對總管這個職務，是很敏感的，只有絕對信任的人，他才會把這個大印交給你。你想想，韋世康都謙讓到那個地步，才被他任為總管。現在這個桂州總管，他當然要好好物色一下。

3

經過一番長考，他終於選定了令狐熙。

令狐熙也是名門之後，他的老爸是北周名將令狐整。他雖然生於大官僚的家庭，完全可以當一個花花公子，任性胡為，但他卻生性嚴謹，很有雅量。那張臉長期處於嚴肅的狀態，據說即使獨自在家，也是整天保持著那個神態。別的人都喜歡交朋友、組成幾個朋友圈，以後在官場上混，朋友多了路好走。可是他並不隨便跟人家交往，他的朋友圈中，只有當時最著名的名士。在人家把大量的時間都用在交朋友時，他的時間都被用來讀書。因此他是當時有名的大學問家，尤其精通《三禮》。當然，他並不是一心只赴在書本上，當一個書呆子，而是安排了很多時間練習騎馬射箭，是真正的文武雙全人才。

他還是個出名的孝子。他母親去世時，他回去守喪。守孝期間，時刻都以淚洗面，悲不自勝。他的父親一看，再這麼悲傷下去，只怕這個兒子會悲傷得死去，就對他說：「真正的孝道，在於安定親人的心。在道義上不應該絕子絕孫，這就是所謂的不孝有三，無後為大。現在我還活著，你又獨自一人，還沒有娶妻生子，如果再這樣悲傷下去，我真的很擔憂我沒有後代啊。」

令狐熙這才吃了些稀粥。

母喪滿後，他又出來工作，任小駕部。可是沒有幾天，他的父親又逝世了。他又不得不再回家守父喪。連遭父母之喪，對於令狐熙這樣的人來說，完全可以用「五雷轟頂」這四個字來形容了。

他悲傷到什麼程度？身體幾乎都垮下來，不柱拐杖就站不起來。有時他放聲大哭，聽到他哭聲的人，都會跟著一起哭。

他守孝期還沒有滿，就發生了河陰之戰。北周朝廷下令他戴孝從軍出征。

戰鬥結束後，他被任為方下大夫。之後宇文邕再次出兵，發動滅齊之戰，令狐熙則以留守京城之功，升任儀同，聲譽也開始高漲。

楊堅稱帝後，令狐熙身為關隴集團的成員也受到楊堅的器重。楊堅在剛剛即位時，曾經讓他暫代過納言之職，由此可見楊堅對他的信任。之後，他隨元諧進擊吐谷渾，因功升上開府。

後來，楊堅為了培養自己的兒子，封楊秀為蜀王，主政蜀地。當時楊秀還是十歲左右的小屁孩，當然是無法管好「天下未亂已先亂」的蜀地，所以楊堅就幫楊秀組建了一個輔佐的團隊。這個團隊的任務除了全面處理蜀中的事務外，還負責輔導楊秀，把他變成一個品學兼優、一個有抱負的青年。所以，楊堅在挑選這個團隊的班長時是很用心的。他經過一番考核，決定任令狐熙為益州總管長史。只是後來出於其他原因，令狐熙還沒有到任，他又改派令狐熙為滄州刺史，去獨當一面。

華山以東地區，本來是北齊的地盤，還保留了很多北齊時代的弊端。其中最大的弊端就是戶口名簿上的資料都假的。戶口名簿上雖然很名有姓，但人卻不知跑哪裡去了，根本無法管理。

令狐熙到任後，大力規勸他們各自回鄉，生活會越來越美好。沒多久，回歸原籍的就有一萬多戶。曾經混亂的社會，很快就恢復了秩序，進入了一個安定團結的大好局面。社會一穩定，各項事業當然會取得巨大的成就。於是，他在當刺史期間，被評為全國的模範刺史。

開皇四年，楊堅到洛陽視察，令狐熙過來朝見皇帝。滄州百姓以為他就要被朝廷調走，便都跑到路邊痛哭，說要是令狐刺史走了，以後誰管他們啊。天下能再有令狐大人這麼好的刺史嗎？

沒幾天，令狐熙又回來了，滄州百姓都喜出望外，自發跑到路邊，亂哄哄地迎接他們敬愛的刺史。這個迎接隊伍雖然很亂，看上去完全沒有秩序，各種歡呼聲胡亂發出，各種歡快的動作亂舞，看過去真的不成體統。但令狐熙卻感動得熱淚盈眶。這是民眾對他的認可和讚賞啊。比之官方組織的歡迎場面，這個場面就顯得凌亂不堪了。可是他喜歡這個凌亂的場面，他喜歡聽這些凌亂而狂野的歡呼。

這之後，據說滄州地界裡出現了白烏、白鹿、嘉麥等祥瑞之物，還有人說，甘露也降臨到他們家門前的柳樹上。我想，這應該是滄州百姓為了讚美他們的刺史而編造出來的，這樣的編造是善意的編造。他們太愛他們的刺史了，他們沒有什麼東西送給他們的刺史，就編造這些東西來送給他們的刺史。雖然這些事情都是子虛烏有，但他們內心的情感是實在的——只要你真心為百姓辦事，老百姓是不會忘記你的，老百姓的內心是會感激你的。

到了開皇八年，令狐熙轉任河北道臺度支尚書。在他離開滄州時，滄州百姓就集資，立了一塊石碑，以歌頌他的功德。

行臺廢置後，他被授并州總管司馬，沒幾天任長史。如果光從他從官的履歷來看，這一段時期，他的進步並不大——本來，他就是無庸置疑的益州總管的長史，可是過了這麼多年後，才成為并州的長史。但在這幾年中，他累積了很多執政的經驗，也得到朝廷和老百姓的高度認可——這個資本是巨大的。

之後，他又兼任吏部尚書，很快就成為五部尚書中最為能幹的一個尚書。楊堅對他就更加器重了。

楊堅很迷信佛教，他當政之後，就解除了宇文邕的禁佛令，因此他對商人很沒有好感，曾經下令，商人不能出仕，把商人打成異類。楊堅祭泰山還京、路過汴州時，有個驚人的發現：汴州真富。因為汴州的交通十分發達，東西往來的商人就多，於是商業也非常發達，放在今天，絕對是個經濟特區。本來這是個好事情，可是楊堅卻很恨。他認為，這些商人都是奸詐小人，透過卑鄙的商業手段，搜刮民間財富，萬分可惡。這樣的富庶，他看不下去，必須大加整頓，把這些奸商全部擺平。他把這個任務又交給了令狐熙，任令狐熙為汴州刺史。

我不知道令狐熙之前對商人的態度如何。他在滄州任上似乎沒有禁過商，想來他應該知道商業對民生的重要性。可是現在楊堅討厭商人，必須處理商人。他雖然被多次榮膺「人民的好刺史稱號」，其實在他內心處更是「楊堅的好刺史」，楊堅叫他做什麼，他堅決做什麼，至於老百姓的福祉，只能排在第二位了。

令狐熙是個有實力的人，而且是個雷厲風行的人。他到任之後，立刻發表一系列政策，禁止遊食，打擊工商。他做得很絕。把街道所有經商的門面，通通堵塞。汴州的商業命脈就是水路，他知道那些散居在河上的船，基本上都是商船。於是，就下令把那些船都歸籠成群，由政府統一管理，天天察看，不能發現船裡有商品。那些出去經商、僑居他鄉的人，都命令他們歸本務農。在這個嚴厲的政策下，汴州全部恢復了原來的小農經濟，一下回到解放前了，曾經濃厚的商業氛圍，一去不復返。皇帝一人的好惡，改變了一個社會風氣。令狐熙的這個做法，當時的朝廷給予了非常高的評價，稱之為「良政」。但這個政策究竟「良」在何處，想必令狐熙自己都不敢說。

楊堅更是龍顏大悅，對大家說：「鄴城是天下最難治理的地方，現在令狐熙一抓就大治，民風馬上純樸。」然後傳令，要求隔壁的相州刺史豆盧通，馬上帶隊到汴州取經，把令狐熙的做法搬回去，不折不扣地實行。當年，楊堅在年終考評的時候，又讓令狐熙的政績為天下第一。當然，這個政績絕對跟經濟指標無關，而是跟領會楊堅聖意的程度有關。他獎賞令狐熙布帛三百匹，而且還詔告天下、讓大家都知道。他這麼大肆宣傳令狐熙，其實就是表彰令狐熙的忠心。他一直以來，最盼望的是忠心耿耿的大臣。而在他看來，滿朝中，能貼上這四個字的大臣，好像沒有多少。他天天睜著那雙充滿疑慮的眼睛看人，當然看誰都不純潔。

但他很看好令狐熙的水準，更看好令狐熙的忠誠度。於是，在決定桂州總管人選時，他敲定了令狐熙。新設立的桂州總管共轄十七州，他把這十七州的軍事權都交給令狐熙，許以便宜從事，而且可以任免刺史以下的各級官員。這個許可權比其他四個州總管的許可權大了一圈。

令狐熙沒有讓楊堅失望。

很多人以為，令狐熙這個總管之後，一定會滿臉肅殺地展開一輪嚴打運動。因為他們看到令狐熙接受任務時，就是滿臉肅殺的，依照他們的經驗，帶著這種臉色上任的，基本上可以跟屠夫畫上等號。他們認為，那些少數民族也太可惡了，老是作亂，皇上一定已經不耐煩了，要將他們斬盡殺絕了——朝廷中的這些大臣，每個人遵紀守法，除了貪點小汙，說幾句真心話，皇上都還以謀反之罪開鍘，那些人屢屢舉兵，是真正的造反，皇上能放得過他們？皇上為了把他們殺盡，這才派令狐熙這樣的狠角色去。也只有這樣的狠角色去，才能把他們消滅乾淨，讓嶺南長治久安。

其實，他們的這個想法太直觀。令狐熙的面孔是天然的嚴肅，並沒有受到情緒的支配。如果回顧一下他當滄州刺史的經歷，你就會發現，他的治州政策從來不嚴苛。否則，如何當選「人民的好刺史」。

令狐熙端著那張肅殺的面孔來到了桂州。桂州人民很快發現，這個面孔很可怕的總管，制定的政策卻很人性化，每個條款，都能讓人接受，而且對人從不嚴厲，講過的話一向算數，從不輕易咆哮：軍法從事。那些老大跟他打過交道之後，就把剛見面的擔心全部清除。

他們馬上就把令狐熙和以前的總管比較，都說：「以前的總管，動不動就以兵力威脅我們，動不動就說發大兵把我們剿死。現在的令狐總管，對我們可是赤誠相待，既沒有威脅過我們，更沒有糊弄過我們。我們真的沒理由跟他過不去啊。」於是，大家都紛紛過來，向他表忠。令狐熙用事實告訴我們，只要你以誠待人，人家也會以誠相待。

由於之前這一帶情況被複雜化，不但政令不暢，而且州縣之間的交通也梗阻，很多朝廷命官都無法到任，那些刺史、縣長都不得不集中在總管府辦公。令狐熙把這些部落老大全部擺平之後，這個現狀馬上就得以改變。令狐熙把這些刺史和縣令都派到他們的轄區，然後為他們修建城邑，開設學校——只有讓他們受到良好的教育，這個地區才會長治久安。這些做法一展開，當地的老百姓不管是漢人還是夷人，對令狐熙都很感激。

不過，還是有人不聽話。

這個人叫甯猛力。他宣稱他跟陳叔寶的生日完全一致，而面孔比陳叔寶更有貴相。你是知道的，那時這樣的宣稱是很有號召力的。很多人聽到他的宣稱後，都願意跟他在一起，以便以後共享富貴。早在南陳時期，他就帶著這些做著共享富貴夢想的人，占據南海，弄了一個獨立王國。滅掉南陳後，楊堅沒有對他採取軍事行動，而是安撫他，想利用他的影響力，保一方平安，就任命他為安州刺史。但他並沒有領會楊堅的用心，以為自己的生辰八字好，楊堅也不敢對他怎麼樣，再加上安州險阻，朝廷的部隊未必能跑過來，因此又不把朝廷當一回事，從來不到總管府述職匯報過工作，弄得之前的那些總管只知道這個世界真的有這麼一個囂張的傢伙，卻從沒見過他一面，不知道那個相貌究竟尊貴到什麼程度。

令狐熙當然不會讓安州成為法外之地。他在協調完那些歸順州縣之後，便給甯猛力寫了一封信，說你這樣做是不對的。你既然是朝廷任命的刺史，就應當按規定向主管的上級主管匯報工作，現在你卻完全不把上級政府放在眼裡，這是公然藐視朝廷的行為。希望你能了解錯誤，並把錯誤改正過來。人孰無過，知錯能改，善莫大焉。只要把錯誤改正了，你就是一個好同袍、一個好刺史。我仍然願意跟你結為最好的朋友。我想你收了我的信後，你一定會清楚我的意思。

甯猛力反覆讀了令狐熙的信，反覆考慮，猶豫了很久，沒有答覆。

不久，他的母親生了病，令狐熙知道後，馬上派人送藥給他。他看到令狐熙送來的藥，內心著實感動，再加上他也知道令狐熙真的很厲害，別看他寫來的信語句很溫暖，但他真的動手做，也很毒辣的。現在人家都對你這樣了，你要是還硬要反抗下去，就不厚道了。於是，他帶著全州的官員來到總管府，請求拜見令狐大人，說以後一定改邪歸正，努力做朝廷的好官，堅決杜絕為非作歹的行為。

令狐熙就這樣，在桂州總管的任上，連做了幾年。後來，覺得年紀大了，真的不宜在這種邊遠的地方待下去，就上表請辭，說年紀已經很大（時年六十一歲，遠超當時的平均壽命歲數），又患有消渴症（即糖尿病）。桂州總管府，事務多，又是邊關重地，他實在有點力不從心了，請求避位讓賢。但楊堅不准，派人到皇家藥房裡抓了一把藥送給他。

令狐熙沒有辦法，誰叫他是皇帝的好刺史？既然當了皇帝的好刺史，就得繼續當皇帝的好總管。他接到詔書和那把藥之後，就派交州的老大李佛子入朝，向皇帝匯報工作。這本來是好事一件，讓皇帝和大臣們實在地看到百越民族已經歸化朝廷，目前嶺表各族人民團結一心，共建美好家園。但他卻忽略了李佛子的背景。李佛子是李賁的部將，當年曾經跟李賁一起反南梁，後來被陳霸先擊敗。李佛子則跟李天寶率三萬人出逃九真，被陳霸先一路追擊。最後他們投奔了哀牢（據說是傣族人建立的第一個政權）。李賁死後，李佛子繼續跟李天寶革命，在桃郎城塞立國。幾年後，李天寶也死了，李佛子就成了最高領導者，把峰州（今越南境內）當成首都，所以後來越南人稱李佛子為後李南帝。李佛子後來又兼併了另一個勢力趙光復，實力就更加雄厚了。只要用心去想一下就知道，這樣的人心裡最堅強的就是那塊反骨，是不會輕易臣服於他人的。他們在實力未濟之時，完全可以放下姿態，在表面上服從朝廷的旨意，心裡時刻都裝著造反的念頭。有著這樣念頭的李佛子，願意入朝嗎？他不想入朝，因此就推託說還沒有做好準備，到仲冬時節再開路吧。令狐熙這幾年來，以誠待人，對這些老大都充滿了信任，看到李佛子的請求，也以為他真的沒有做好準備，就答應了他。

沒想到，李佛子的這個想法，當地很多人都懂。令狐熙雖然以誠待人，盡量與人為善，但在官場上混，總會有得罪人的地方——即使你不得罪人，但政績一上來，也會有人嫉妒。現在全國只有五個總管，外姓總管只有兩名，你想一想就知道，多少人在看他時，眼睛是紅通通的？這些紅眼睛從不捨得往底層看一看，而是集中全部精力盯著令狐熙這樣的能吏，而且盯得一刻也不放鬆，一旦抓到把柄，立刻把你搞垮——消滅一個競爭對手好一個。當令狐熙還以為李佛子沒有上路是因為還沒有做好準備時，那些人就已經知道李佛子不上路是想造反。他們馬上向楊堅檢舉。當然他們只檢舉李佛子要造反，仍然不關令狐熙的事。可是他們告發的重點不是李佛子，而是皇帝的好總管令狐熙，說令狐熙接受了李佛子的賄賂，這才放過李佛子，讓他不按時入朝。

這個告發雖然沒有太嚴重，按照楊堅對令狐熙的信任程度來說，根本沒有什麼殺傷力。可是楊堅不是別的老大，一看到造反兩個字，神經就高度緊張。他本來就不輕易讓誰當總管，好不容易讓令狐熙當桂州總管。做這個決定之時，眉頭擰得幾乎都絞到一起了，最後再三權衡，覺得只有這樣才能控制住桂州。儘管他對令狐熙高度信任，但他內心世界對總管這兩個字始終保持著極端的警惕性。這時他聽到這個告發後，第一時間就是疑心大起。但又想到令狐熙的人品的確不錯，是值得信任的，就將信將疑，不知道該怎麼辦才好。

沒過多久，李佛子真的造反了，消息傳到長安。楊堅馬上認定令狐熙是真的受了賄賂。他二話不說，馬上派使者到桂州，把曾經是皇帝的好總管令狐熙抓起來，押送京師。

令狐熙萬萬沒有想到，自己一輩子對楊堅萬分忠誠，但到頭來，仍然是這個下場。這位皇帝的好總管雖然在對待治下百姓很寬鬆，但內心卻十分剛烈，跟那張嚴肅的臉保持一致性。前幾年，他帶著楊堅無限的信任和期望，從長安一路而來，一臉的堅毅，現在桂州被他整治得一片和諧之後，他卻被人家押解而回。同一條路線同一個人，一來一往，差別何其大哉。他本來身體就不好，年紀又已經很大，這時一下被推進這樣的深淵，他真的承受不了了。到了永州，這位人民的好刺史、皇帝的好總管就與世長辭了。

此時，楊堅對他已經不是懷疑了，而是把他認定為助李佛子造反的壞總管了。得知他在永州掛掉之後，仍然怒氣未消，覺得無法親自處理他，實在太便宜了這個壞總管，下令沒收他的家產。

4

處理了令狐熙，但還沒有處理李佛子。

楊堅問誰可以平定李佛子之亂？

楊素推薦了劉方。

雖然之前的情節中沒有說到劉方，但劉方也是個大隋朝廷的資深人士。劉方的名字很像漢人，其實他是標準的匈奴人。他同樣是官N代。他的老爸叫劉豐，曾當過東魏的殷州刺史。宇文邕滅北齊之後，他跟北齊很多官員一樣，成為北周的公務員，然後又成為楊堅的下屬，他成為楊堅的下屬後，曾經參與過平定尉遲迥之亂。楊堅沒有打過開國之戰，平定三總管之戰就等同於他的開國之戰，參與過這場大戰的人，基本上都可以算是開國功臣。劉方因此了享受了開國功臣的待遇，被授開府儀同三司，封陰縣公。開皇初年，他曾從軍出征突厥，大破沙缽略可汗於白道，得以進位大將軍、甘瓜二州刺史。雖然不怎麼出名，但楊素知道他還是很厲害的。

楊堅馬上任命劉方為交州道行軍總管，率二十七營大軍前去圍剿李佛子。劉方是戰場老手，之所以深得楊素的看好，就是因為他治軍嚴整，很合楊素的胃口。他到任之後，軍隊果然號令嚴明，軍容整齊，誰違抗軍令就砍誰的腦袋，從沒有猶豫過。但他有一點跟楊素是不同的。楊素對待下屬只有嚴苛，從來沒有別的臉色，而劉方對違反紀律的很人嚴厲，但對普通士兵卻很和藹可親，哪個士兵患病了，他知道後，一定會親自跑過去看望，雖然沒有像吳起那樣親手為其治療、用嘴巴幫人家吸出膿來，但一番好言勸慰總說得人家心裡暖呼呼的。士兵們都願意為他效勞。他帶著大軍南下，到尹州時，他的長史敬德亮就得了重病，不能繼續前行了。他把敬長史安排在別館，然後到那裡跟他道別。他看到敬長史的病已經很重，躺在床上呼吸微弱，氣息如絲，看起來真的不久於人世了，他就在床前流淚不止。其他人看到這個情狀，都是感動不已，說他們真的遇上了傳說中的良將。

他繼續前進，很快就進至都隆嶺。李佛子在這裡部署了兩千守軍。這兩千人看到朝廷大軍打到，當然不會放下武器投降，而是據險而守。劉方派宋纂和何光等人出擊。這兩千俚兵雖然勇敢，但畢竟戰鬥經驗不足，打的基本上是蠻戰，結果被政府軍一舉擊破。劉方揮兵繼續挺進，直逼李佛子的大營。他派人去見李佛子，對他威脅恐嚇，如果你現在投降，萬事大吉，如果不降，你到大營門口看看，你看到過如此軍容整齊的威武之師嗎？你是這支軍隊的對手嗎？

李佛子有著豐富的造反經驗，同時也有著豐富的被打敗的經驗，當年他當李賁的下屬時，被陳霸先打得滿場跑，不管跑到哪裡，都逃不過人家的追擊，後來，他靠投降才活到今天。他本來以為，他在這個地方，離長安很遠，自己弄個獨王國，楊堅一定管不到。沒想到，楊堅把採取柔性政策的令狐熙調走了，派了這個面目和藹但手腕強硬如鐵的劉方前來，不處理他是絕對不回去的。自己已先敗了一場，現在軍心已經處於動盪不安的狀態，真的不好再打下去了。於是，他低垂著腦袋，走出軍營，向劉方投降。劉方把他捆起來，送到長安，但把那些核心成員全部斬首。

楊堅一審李佛子，你究竟給令狐熙多少錢？

李佛子說，我一分錢沒有給令狐大人。

楊堅這才知道，真的冤枉了令狐熙。本來這個冤案是不會造成的，但因為他疑心太重，對總管的權力太過敏感，一聽到人家的告發，就寧可信其有不可信其無，然後就是寧願錯殺一千，不能漏網一人。

而且楊堅很快就知道令狐熙的柔性政策是很有效的。被令狐熙成功懷柔的甯猛力就表現得很好。開皇十三年初，何稠準備返回京師時，已經覺悟了的甯猛力也請求隨何稠入朝。當時甯猛力已經病得很嚴重了，從欽州到長安要走很遠的路，需要走好長一段時間。而且嶺南與長安的水土不一樣，以甯猛力現在的身體條件，未必吃得消。何稠就叫甯猛力先返回欽州，然後跟他相約：八九月間，可到京師相會。何稠回到長安，向楊堅奏明情況。楊堅聽了之後，龍顏十分不悅，嶺南人十分的狡猾，你小子又被他糊弄了。但也不好說什麼。

八九月已經過去了，甯猛力果然沒現身長安。到了十月分，傳來甯猛力已經病逝的消息。

楊堅對何稠說：「你怕甯猛力死去，就沒有叫他過來。現在他不過來也死掉了。你是朝廷官員，做事一定要把政治擺第一。你不把政治擺第一，就辦不成事。」當你聽到這話時，你就知道，在一個皇帝的眼裡，在所謂的「政治」面前，生命算個屁。

何稠說：「何稠跟我有過約定，如果他真的出現意外不能前來長安，他一定會叫他的兒子過來。越人並不像我們想像的那樣，他們並不狡猾，而是性格直爽，說過的話，絕對不食言。」

甯猛力在臨終前，果然對他的兒子甯長真說：「我跟朝廷大使有過約定，一定要入朝，我們不能失信。你把我安葬完畢之後，就應當立即上路，刻不容緩。」

甯長真繼任欽州刺史之後，馬上扛起包袱來到長安。

楊堅一看，十分高興，大聲說：「何稠在蠻、夷族人的心中，擁有的信譽，竟然達到這個地步。原來我以為他不會看重政治。現在看來，他才真的看重政治。」他在這裡大肆地誇讚了何稠一番，其實這些鋪陳都是令狐熙做出來的。只是他把令狐熙弄死了，不好意思再提而已。

5

由於嚴重的疑心作怪，楊堅對官員的信任度非常差，他總覺得官員們都在敷衍自己，以致辦事效率都很低下。於是，在開皇十七年三月，發表了個政策：各級主管部門給屬官定罪，如果按律應該從輕發落、但犯罪情節又比較嚴重的，允許在法律規定之外，酌情處以杖刑。於是，只在朝堂上有的杖刑，現在擴大到各級官府的衙門。大家知道，官員在處罰人的事上，做得十分到位。只要你給他權力，他就能把人處罰得求生不能求死不得，不把對方整得服服貼貼，絕不罷休。這個政策一頒布，各級部門的官員馬上就堅決貫徹實行，相互找碴，恨不得天天抓人來辦公大廳痛打一番才過癮。很多人別的政績找不到一點，就只好藉助這個政策，發揮雞蛋裡挑骨頭的精神，把殘暴當作自己的能事。最後，官場上竟然進行殘暴競賽，看誰對犯罪分子更殘暴一點。

有人報告說，現在小偷越來越多了，大家就是整治不了。楊堅馬上下令，凡是偷竊一錢以上的，通通棄市。讓小偷們知道，你們的命就是一錢不值。大家一看，這個政策真的太好了，小偷就是該死。於是，有三個人偷了一個瓜，當場人贓俱獲。相關部門二話不說，直接拉去砍了。一個南瓜換了三個人的腦袋瓜。

如此一來，小偷們真的都不敢再用腦袋瓜賭南瓜、用性命賭一錢了，弄得社會治安還真的好了一陣子，但這個安定的背後是天下人心惶惶，怕哪天一不小心觸犯了哪條法規，就會被處死——你想想，偷一個南瓜都被砍腦袋，而且砍了三顆，不小心觸犯的其他事還少嗎？

全國人民都活在一種高壓的社會氛圍中。最後有人忍無可忍了，組團出來，劫持了那些執法人員，對他們說：「我們不是小偷、也不是搶劫犯，只是為了被冤枉性命的那些老百姓而來的。現在只要你們做一件事，把我們的意思奏明皇上：自古以來制定的法律，都沒有偷一錢而判死刑這樣的條款。你們如果不把這個話傳到皇上那裡，我們會再來找你們的。那時，後果如何，你們懂的。」

楊堅聽到之後，也不敢再實施下去了。要是再強硬下去，只怕以後人家就不止劫持那幾個基層執法人員了，而是把造反的矛頭指向他了。於是，宣布叫停這個惡法。楊堅本來對老百姓還是很寬鬆的。可能因為年紀大了，在朝堂上玩酷刑久了，自然而然地把酷刑擴大化，最終擴大到全國範圍。這時聽到這些匯報，也知道自己錯了。

楊堅可以廢除這些嚴刑，但對朝廷的杖刑他還是堅決不廢除。他仍然保持著原來的風格，一發怒就想殺人。開皇十七年的六月，他的心情很鬱悶，鬱悶得無處發洩，就決定在這個月殺人。而且是在朝堂上杖殺。

太理少卿趙綽認為萬萬不可，兩人就在朝堂上爭論起來。

趙綽說：「現在是盛夏季節，是萬物生長的季節，是不能在這個季節殺人的。」

楊堅說：「六月雖然是萬物生長的季節，但你應該知道，六月上天也會有雷霆震怒發生。我現在也是效法上天的做法，有何不可？」

他說完之後，不再給趙綽發言的機會，當場下令把人杖擊致死。

大理掌固來曠看到楊堅喜歡酷刑，誰也勸不了，就迎合楊堅的胃口，上書說現在大理寺執法的官吏對囚犯的量刑定罪太被寬鬆了。對犯罪分子的寬容就是對人民的犯罪。

楊堅非常開心，真是知音啊，開始杖刑到這個時候，杖死了這麼多人，今天才有一個理解自己的人。他馬上大力表揚來曠，稱來曠是一個忠直的大臣，是大臣中的楷模，特地批准他每天早晨站在五品官員的行列中參見。

來曠看到只要迎合上級的意圖，好處比什麼都來得快，必須繼續發揚。他知道趙綽曾經跟楊堅頂嘴過，楊堅一定很生趙綽的氣。何不趁此機會，再打趙綽一番，順便巴結一下楊堅，就上書告發趙綽違法釋放囚徒，是故意跟皇上作對的。他以為，只要他這個告發送上去，楊堅一定會跟他想像那樣不分青紅皂白，把趙綽定罪，然後自己就有了提拔的空間。

可是還是發生了意外。

楊堅這次心情不錯，接到來曠的告發之後，覺得定罪總得以事實為依據吧？就派了個專案組去調查，結果根本查不出趙綽有濫免囚徒的行為。楊堅這才知道，來曠原來是個狗屁的忠直之臣，是專門糊弄自己、陷害他人的。楊堅本來對犯罪分子就很生氣，一天到晚總想抓幾個來到朝堂上杖擊至死，現在你來曠自己送上門來，為什麼還對你客氣？於是下令將奸邪小人來曠斬首。

其他大臣一看，覺得來曠真是該死——人家三個人偷個南瓜都還被砍腦袋，你誣陷大臣、糊弄皇帝還能逃脫死罪？而且跟這樣的小人同朝混飯吃，說不定哪也會被陷害一番，身家性命都沒了。

但趙綽卻不同意，他不同意的原因是量刑過重了，說一個告發行為，是不宜處死的，這是法律規定的。不是說以事實為依據、以法律為準繩嗎？

楊堅大怒，你這個書呆子，人家都把你陷害得差點被砍了腦袋，你居然還在這裡為人家苦苦哀求？老子長這麼大，鬍子都白了，第一次發現有你這個奇葩。他一氣之下，也不跟趙綽辯論，直接就拂袖而去。

大家一看，都以為趙綽該停止了，你這麼為來曠「求情」，已經太對得起來曠了，也顯示了你高尚的品德了。但趙綽就是趙綽，他仍然沒有放棄，繼續追上去，對守衛說：「我還有別的事要奏聞。這個事跟來曠沒有關係。」

楊堅一聽，便宣他進來：「你還有什麼事，快說。」

趙綽再拜道：「陛下，我犯了三項死罪，特來向陛下報告。」

楊堅一愣，他當了十七年的皇帝，外加又當了幾年的權臣，還從來沒見自求死罪的，而且一來就有三項死罪，簡直是罪大惡極了，看來這小子是吃錯藥了，病得不輕——先是為陷害他的人求情，現在又前來胡說八道。不過，且看他如何胡說八道，便道：「你說說看，哪三項死罪？」

趙綽道：「我身為大理寺少卿，沒有能力管制約束住掌固來曠，先讓他矇蔽陛下，然後又讓他出來誣告大臣，使他觸犯天刑，這是第一；囚犯罪不當死，而我身為司法人員，卻不能以死相爭，讓法律得不到有效執行，這是第二；我本來沒有別的事，卻以妄言求見陛下，是欺君之罪，這是第三項死罪。」

楊堅一聽，對趙綽也不由得佩服，於是那張緊繃的臉這才緩和下來。剛好獨孤皇后也在現場，沒等楊堅發話，就揮揮手，下令賞趙綽兩金盃酒。趙綽喝完之後，那兩隻金盃也當成獎品賜給他了。於是，來曠才免了一死，流放到廣州。他原來是想弄趙綽一番，然後自己上位，沒想到這一番操作下來，不但沒有把趙綽怎麼樣，自己的腦袋差點落下來，讓他深刻地領會到「聖意難測」這四個字的內在含意，如果不是趙綽死命求情，現在他那顆腦袋已經在地面上滾了幾圈。當他身帶木枷被人押解著南去的時候，想著這些事時，心情又是如何波瀾起伏的。

於是，趙綽又成為大隋的好法官。

故事繼續。

還記得南陳第一猛將蕭摩訶吧？

他當年因為陳叔寶跟他的漂亮夫人有一腿，就在戰場上消極怠工，致使十萬南陳主力不戰而潰，自己成為戰俘後也投降了。他投降之後，也沒有再被楊堅重用，只老實地過著已經沒有引起別人注意的生活。

一代猛將甘於平淡，可是他的兒子蕭世略卻不甘於寂寞——當然你不甘寂寞，完全可以去做別的事，天下熱鬧的事多得很，他偏偏不去做，硬是在江南一帶跟人家展開造反活動。

蕭世略這時還不滿二十歲，花花公子一個，能做出什麼事來？朝廷地方官得知後，派幾個士兵過去，就把叛逆青年蕭世略捉拿歸案。按照當時的法律，身為蕭世略的老爸，蕭摩訶也應該受到株連被法辦。

大家以為，一向執法嚴厲，恨不得每天都抓到不法份子來砍頭的楊堅，這次一定會把蕭摩訶父子兩人同時砍掉，以解心頭之恨。於是，大家都靜靜地等著楊堅的判決。

沒想到，這次楊堅卻突然發起善心來，說：「蕭世略還沒有滿二十歲，什麼都不懂，別人看到他是名將之子，這才把他拉下水的，實屬為人所逼、誤入賊船而已。可以不用追究，更不要追究蕭摩訶之罪。」下令赦免了蕭摩訶。

可是趙綽又出來爭辯，造反之罪是大罪，哪能這麼輕易就放過？偷南瓜都殺頭，造反而無罪，真是豈有此理，以後你讓我們這些司法人員如何執法？

兩人在朝堂上又辯論了一場，不管楊堅怎麼說，都無法說服趙綽。最後，楊堅就不說話，想等下班趙綽離開後再下特赦令，就對趙綽說：「午飯時間到了，你先回去吃飯吧。下午再討論。」

但趙綽卻不從，大聲說：「我呈奏的案件，還沒有判決，我不能退下。」

楊堅只好宣布：「請大理寺的主管法官為朕特赦蕭摩訶。」命令近臣去把蕭摩訶釋放了。從楊堅的這個行動看，他對沒有權的人還是很寬大的，在處理的時候，也很冷靜，絲毫沒有被情緒所左右。

楊堅對蕭摩訶很寬大，寬大得所有的人都為之錯愕，但他對刑部侍郎辛亶一點也不寬大。辛亶真的沒有犯什麼過錯，只是因為有點迷信，聽人家說穿紅色褲子，就可以官運亨通、青雲直上，就做了一條紅褲子穿起來，到處走動。你想想，一個大男人穿著一條紅通通的大褲子在大街上走著，會是什麼樣的畫面？大家一定都覺得十分好奇，一好奇就會到處談論，最後談論到連楊堅都知道了。

人家只是當笑話來傳播，但楊堅聽到了，想到的就不一樣了。大家知道，楊堅雖然不愛學習，但對民間的這些小迷信卻很有研究，覺得這個辛亶穿著個大紅褲子到處走動，絕對不是在玩行為藝術，更不會是急於成名、弄個奇裝異服來吸引大家注意、當網紅的，而是另有圖謀。他這麼一想，立刻想到「厭蠱」兩個字。通常這個活動，都是別有用心的人為了把皇帝弄死才舉行的。

楊堅一想到這裡，心頭先是一陣寒噤，接著就怒火沖天，居然敢這樣玩老子，不殺你你還以為老子不知道你的陰謀。於是下令把利用迷信謀反的辛亶拉下去斬首，看看那條紅褲子能不能保佑他。

別人當然不會說什麼，反正大刀砍不到自己的脖子上，砍誰都無所謂。

可是趙綽在接到楊堅的判決書時，馬上就說：「法不當死，臣不敢奉詔。」楊堅大怒，這小子他媽的究竟是吃了什麼藥，每天都在跟老子作對，我說殺誰，他一定不讓我殺誰，我想放誰，他又堅決不放。這不是唱反調是什麼？指著趙綽大喝：「你不捨辛亶的性命，難道就捨得自己的命了？看來你是想用自己的命換辛亶的命了。好啊，朕成全你。來人，把趙綽拉下去砍了。」

趙綽的嘴仍然強硬地回答：「陛下寧殺臣，不可殺辛！」

幾個殺手過來，把趙綽帶到朝堂——現在這個地方已經兼有刑場的功能了，解開他的衣服，準備動手咔嚓。大家一看，這次趙綽死定了——雖然大家都同情他，但這是他咎由自取，也怪不得誰，何況大家都天天在領教楊堅的脾氣，哪個又敢為他求情？當然還是有不少人覺得可惜了：老趙要是死了，以後沒人再跟皇上唱反調，上朝又少了一點樂趣。

沒想到，那幾個劊子手的大刀還沒有舉起來，楊堅又派人前來，問趙綽：「你現在知道跟朕唱反調的後果了吧？」

趙綽一聽，仍然堅持唱反調不動搖：「執法一心，不敢惜死。」

楊堅只氣得差點在朝堂上大暴粗口，又拂衣而起，大步進入後宮。過了很長時間，他的氣又消了，派人傳出命令，釋放趙綽。

第二天，他又向趙綽道歉，而且還對他好言相勸，再賞他布帛三百段，說他真是大隋的好法官。

大家一看，都覺得驚奇不已，這個皇上的內心世界究竟是怎麼想的，誰都摸不清楚啊。

不少現代人都拿到過假鈔，然後都罵這些印假鈔者人心不古，其實假鈔這個行業，古已有之，絕對算得上歷史悠久。在隋朝的時候就已經很氾濫了。你想想，楊堅連偷一個南瓜都要砍腦袋，他能容忍假鈔在世面上流通嗎？他發表一個很嚴厲的法律條款，嚴禁民間使用假錢——抓不到鑄造假錢的人，就處罰使用的假錢的人。

剛好有兩個不知好歹的傢伙滿懷發財的夢想，拿著幾個假錢來到官府相關部門，兌換官府的真錢，當場被抓住了，並報告給朝廷。楊堅立刻下令，他們斬首。

趙綽又出班進諫，說：「這兩個傢伙犯的罪應該處以杖刑。處死他們，是沒有法依據的。」

楊堅狠狠地瞪了趙綽一眼，喝道：「不關你的事，少來多嘴。」

趙綽又抗聲叫道：「怎麼不關我的事？陛下讓我執掌司法部門，現在陛下不以法律依據而胡亂殺非罪之人，怎麼不關我的事？」

楊堅冷冷一笑，道：「撼大木，不動者當退。」這話用現在的話來說是，搖動大樹的時候，如果大樹不動，就應該知難而退，不要再死命地搖下去了。意思就是說，你一個小小臣子，跟我不是一個等級的，你能爭得過我嗎？做人要有自知之明，要量力而行。

趙綽卻偏不量力而行，硬是把大樹搖到底，對楊堅說：「臣望感天心，何論動木。」我希望自己的一片忠心，能感動到上天，何況搖動樹木。

楊堅道：「難道天子之威，你也敢挫折嗎？」

這話已經說得十分嚴重了，大家以為，趙綽也該給楊堅一個面子了。可趙綽就是趙綽，他聽了這話之後，雖然沒有再回話，但他再拜楊堅之後，又向前靠近楊堅幾步，表示自己絕對不退縮。

楊堅指著這個大隋第一逆臣，破口大罵，喝令他快快退下。但趙綽就是直挺挺地跪在那裡，任憑楊堅怎麼大罵，噴薄而出的口水濺滿他的臉。

楊堅拿他也沒有辦法，便又像以前一樣，退回後宮。後來，別人又上奏切諫，楊堅這才放了那個造假錢的人。這兩個傢伙絕對沒有想到，為了他們能活命，趙綽被罵得狗血淋頭。

楊堅雖然天天被趙綽反對，但他也知道趙綽的反對是在堅持真理，而不是為了私心，朝廷的確需要這樣的耿直的大臣，因此在趙綽沒有跟他唱反調的時候，他還是很喜歡趙綽的。有事沒事時，他經常宣趙綽到宮中談話，有時獨孤皇后跟他坐在一起，他同樣招呼趙綽就坐，然後跟他談論朝政得失。兩人不吵架時，談得還是很投機的。楊堅一旦覺得趙綽的話大得我心後，就賞給趙綽很多東西。趙綽前後所得布帛財物多達上萬。由此可知，楊堅用人還是很精準的。

6

趙綽多次拚了老命，救了很多人，但並沒有讓楊堅的觀念從根本導正。而且隨著年紀的增大，楊堅變得更加喜怒無常，用法更加嚴厲苛刻。他那雙眼睛一天到晚都在盯著群臣，看誰犯了什麼條例。有一次，當值御史在正月初一的大朝會時，彈劾衣冠佩劍不整齊的武官，請求楊堅對這些不注重儀表的傢伙治罪。楊堅一看，這有什麼好處分的？你這個御史不做好自己的本職工作，不去監督那些腐敗分子，卻專盯著這些芝麻綠豆小事，留你何用？下令把這個彈劾人家儀表不整的御史拉下去砍了。諫議大夫毛思祖在場，覺得這樣處理當值御史實在太過分了，自己是諫議大夫，理應出來說幾句話，於是就勸了一下。可是他的話還沒有劃上句號，楊堅連他也一起斬首了。

大家都看得渾身顫抖個不停。

不久，楊堅又發現相關部門徵收麥桿不力、武庫署的院子長了荒草，左右近臣出差時，收受地方官吏送給他們馬鞭、鸚鵡等東西，便下令把這些人通通抓起來，全部斬首，而且他還親臨監斬。到了這個時候，誰都不敢靠近他一點。

不過，他對楊素還是很親近的。楊素這個人有個特點，就是感情用事，辦事從來不講公平二字，看誰不順眼就想害人一番。他跟鴻臚寺少卿陳延的關係一向不好，總想著如何整一整老陳，讓他知道自己的厲害。有一次，他經過專門接待蕃幫來客的飯店，發現庭院中有馬屎，還發現幾個飯店服務生在氈毯上賭博，極其敗壞天朝上國的光輝形象，把我們文明古國的臉丟到國外了。而主管這個飯店的就是陳延。楊素馬上就向楊堅檢舉。

楊堅是很要面子的人，聽到楊素的報告後，當然怒火萬丈，下令把鴻臚寺主客令以及參加賭博的人全部杖殺——那幾個賭博的服務生做夢都沒有想到，他們這次賭博是在賭自己最寶貴的生命。而身為主管部門的負責人，陳延也被拉到朝堂，接受杖刑，被打得氣息奄奄，離死只差一根毫毛。

接著楊堅又發現了一個大犯罪集團。他派遣親衛大都督屈突通到隴西檢查和審計太僕寺掌管的馬場。審計的結果，發現各牧場隱匿下來沒有登記在冊的馬共兩萬匹。楊堅知道後，真是怒不可遏，人家偷一個南瓜都要被斬首，你們居然公然貪汙兩萬匹馬，而且集體作案，攻守同盟，真是不殺不足以平民憤，不殺你們那三個偷南瓜的服嗎？他直接下令，把太僕慕容悉達以及牧場各級監官一千五百人全部斬首。

屈突通一看，這個殺人規模也太嚇人了吧，謊報一點馬匹，就殺這麼多人，實在是無理已極，便進諫：「人的生命是最寶貴的，陛下怎麼能因為一群畜牧的緣故而殺一千多人？身為陛下的臣子，我真的不願意陛下這麼做。甘願以死相爭。」

楊堅氣沖沖地大罵屈突通，可是屈突通仍然沒有退讓，繼續頓首道：「臣願意用分內該死的這條性命向陛下換取那一千條生命。」

楊堅看到屈突通這麼倔強，覺得自己真的有點過分了，態度就放軟下來，說：「朕之不明，以至於此，賴有卿忠言耳。」居然大肆地表揚了一下屈突通，那一千人也都被免了死罪。之後，他提拔屈突通為左武候將軍。

還記得那個劉昶吧？

對，就是以前楊欽拿來當招牌去動員糊弄大義公主的劉昶。

劉昶這時仍然活得很好，而且還是上柱國。他早年跟楊堅有舊，因此楊堅對他不錯，也非常信任他——否則憑楊堅的那個疑心，他不被劃入大義公主謀反集團的黑名單才怪。他是老滑頭了，在楊堅差不多把全朝廷的人都懷疑完了，還是信任他，說明他平時一定小心翼翼，絕對不做不清不楚的事。可是他的兒子劉居士就不一樣了。他憑著自己是劉昶的兒子，沒有好好地學老爸的為人處世，卻喜歡仗劍天涯、到處橫行，對朝廷法度從來不遵守，多次犯了大罪。楊堅硬是看在他老爸的面子上，放過他很多次。如此一來，他以為他很有特權，就更加放肆胡來、越來越是驕橫。他驕橫到什麼地步？居然把一群公卿大臣子弟中長得肌肉發達的人抓到自己的家中，先用車輪套到他們的脖子上，然後掄起木棒亂打，到差不多被打死的地步還能不屈服求饒的人，他就送一個壯士的光榮稱號給對方，然後跟他結為生死之交。他手下有三百多條好漢，一天沒事做，就跑到交通要道上，對過路行人拳腳交加，把人家打得半死之後，還搶走人家的錢財，成為大家都痛恨的惡勢力。由於他們手段殘忍野蠻，又有劉昶這層關係，即使是朝廷公卿大臣、甚至后妃公主，也不敢和他們計較，一看到他們的身影，就都遠遠避開。

終於有人忍無可忍，向楊堅告發了他們，說劉居士他們圖謀不軌。

楊堅雖然跟劉昶的交情很好，但也不能容忍劉居士如此為非作歹，為非作歹到連公主都怕的地步，再玩下去，他還在這些黑社會分子的眼裡嗎？他馬上把劉居士他們抓起來，全部斬首。這一次，沒有誰來為劉居士講一句求情的話。

楊堅在執法時，不光對大臣們嚴厲，就是對自己的兒子，也不怎麼寬鬆。

他一共生了五個兒子，這五個兒子都是獨孤皇后生的。目前楊勇和楊廣是他的主要幫手，這對兄弟目前都在暗中較勁。而第三個兒子楊俊目前沒有什麼事做。這個帥哥還小的時候，非常單純純樸，只一心一意地信仰佛教，沒事做時，就研究佛學，而且深深地沉迷其中，真的視富貴如浮雲，多次請求出家當和尚。楊堅雖然也很信佛教，但他絕對不會讓自己的兒子去當個光頭和尚，因此每次楊俊的請求，都被他果斷地否決。楊俊當不成和尚，只好老實地服從老爸的安排，去當了并州的總管。他獻身佛教的偉大理想落空之後，心態就發生了根本的變化：你既然不讓我去當和尚，不讓我過那青燈古佛的生活，我就只好當花花公子了。於是就放手過起奢華的生活來，而且越來越膽大，不把制度規矩放在眼裡，大規模地修建和裝飾自己王府的宮殿。隨著享樂主義一放開，這個曾經的佛教徒，變得十分好色。本來身為皇子，他好色一點，也沒有什麼，更不會出什麼事。偏偏他有個生性嫉妒的王妃。這個王妃姓崔，看到他天天跟別的女人在一起，自己月貌花容卻被晾在一邊，就惱火了，既然你不把我當王妃，我也不你當人了。都說無毒不丈夫，其實美女一狠毒，也是不亞於丈夫的。她一氣之下，就在楊俊喜歡吃的瓜裡下毒。楊俊當然沒有防備，如崔美女所願中了毒。不知崔氏是不想毒死楊俊，還是沒有下毒的經驗，楊俊中毒之後，並沒有七竅流血身亡，而只是得了病。

楊堅得知楊俊身體有病，就召楊俊回京，把他狠狠地責罵了一頓，然後宣布，由於楊俊太過奢縱，已經不宜為官，把他所有的本兼各職全部免掉，讓他以秦王的身分回到家裡當失業人士。楊堅很快就查知，他寶貝兒子本來吃喝嫖賭還很生龍活虎的身體，現在突然疲軟下來，成為一個走路都歪歪斜斜的病夫，是因為崔氏下毒導致的。他恨得把那幾顆僅剩的大牙都要咬斷了。如果是別人，他會立刻用全世界最殘忍的方法，把這個嫉妒心強到必須要殺人來宣洩的美女除掉。可是這畢竟是皇家的醜事，不宜大聲宣揚。他只好強壓肝火，下令廢掉她王妃之位，然後賜死家中——敢毒死皇子，就是在找死。

後來，左武衛將軍劉升對楊堅說：「秦王並沒有別的過錯，只不過生活奢侈一點，浪費國家的錢財修建點宮殿，並沒有給國家造成很大的損失，陛下的處罰真的有點太重了。還是原諒他一下吧。」

這話明顯是在為楊堅製造一個臺階，讓他順梯而下，好免了楊俊之罪。

可是楊堅卻沒有順梯而下，道：「法不可違。」

楊素又道：「秦王的那些過錯，不應該處罰得這麼重。請陛下再考慮一下。」

楊堅道：「我難道只是五個兒子的父親、不是兆民之父？如果按照你們的說法，為什麼不特地制定一套專門用於皇帝兒子的法令？以前周公執政，都還誅殺管叔、蔡叔。我雖然比周公差得遠，但也不能徇私枉法。」最終沒有聽這兩個人的意見。

7

桂州之亂，讓皇帝的好總管令狐鬱悶而終，讓另一個大老也倒大楣。

這個大老就是虞慶則。虞慶則是大隋開皇時代四貴之一，雖然這四貴比北齊時代的四貴囂張程度有所降低，但在當時也是權傾一時的風雲人物，非其他人可以比得上的。即使蘇威因個性老被楊堅打壓，但每次都是一倒即起，很快就官復原職，誰也搶不到他的位子。而虞慶則的水準比高熲和蘇威要低很多，但他保持低調，只在那裡悶聲發大財。他很想把這個維持現狀到自然死亡的那一天。

可是楊堅卻不同意。

當令狐熙被打倒帶走之後，桂州又出了一個造反人物李世賢。

消息傳到長安，楊堅立刻召集眾將，商討如何討伐李世賢。可能很多人看到令狐熙到了桂州之後，根本沒費什麼功夫，就把一幫俚人全面擺平，當了個全國獨一無二的總管，如果他稍加小心，這個總管現在仍然威風凜凜，都覺得這個權力太容易撈到手了，因此都向楊堅請戰。可是楊堅通通不准。他不准這些之後，就把頭轉向虞慶則，說「你居宰相之職，受封上柱國、魯國公，現在國家出了叛賊，大家都紛紛請戰，你卻在這裡無動於衷，根本沒有領兵出戰的意思，這是為什麼？難道你只想當一個領乾薪的國家高級主管？」

所有的人都沒有想到楊堅突然向虞慶則這麼劈頭一問。

虞慶則更沒有想到，他真的有五雷轟頂之感，急切之間，只好跪下叩頭請罪。大家都看到他的拜伏在地的身體瑟瑟發抖，甚至能聽到他發抖的聲音。

楊堅馬上任命虞慶則為桂州道行軍總管，率兵前去平叛。

開皇十七年秋天，虞慶則不得不率軍出發。

虞慶則之前在對突厥時戰績並不理想，但其軍事能力還是不差的，去平定一個冒然舉兵的李世賢，那是小菜一碟——如果太難，就不會有那麼多的人請戰了。虞慶則如果就隨便帶幾個人過去，也不會發生什麼意外。可是他也有個任人唯親的習慣，出發時硬是任命自己的內弟趙仕柱當自己的長史——也就是他的第一副手，主持總管府的日常工作。這看起來沒有什麼錯——至少對他而言，用自己人總比用別人好，讓自己的內弟撈一下戰功，何樂而不為。他只想到用自己人比較放心，沒想到卻給自己挖了個坑，而且是個大坑，大得足以讓他丟掉那條富貴已極的生命。

趙仕柱的人品絕對很卑劣，雖然靠姐夫上位，官越當越大，財富越來越多，生活越來越幸福，可是他對這個姐夫不但沒有絲毫感恩之心，反而乘姐夫不在的時候，勾引了姐夫那個美麗可愛的小妾。虞慶則雖然大權在握，但絕對沒有想到，自己的小舅子居然讓自己戴了頂綠帽。

趙仕柱絕對是個做地下工作者的人才。就在南征途中，一邊幫姐夫當長史，出點子、做協調，一邊還乘著姐夫不注意，跟姐夫的小三見縫插針，偷情偷得不亦樂乎，一路下來，居然沒有被虞慶則發現。雖然虞慶則沒有發現他們的姦情，但趙仕住還是擔心會被發現的。如果這個姦情被發現，按虞慶則的性格，他能讓你繼續活在這個世界上嗎？而且他知道，這個活動天天就在虞慶則的眼前展開，總有一天會被虞慶則抓個正著。當然，在虞慶則還沒有發現時就收手，也許不會被虞慶則發現。但這樣的事能收手嗎？再說，即使收手不再玩了，誰敢保證以後不被虞慶則知道？那時他知道了，後果同樣嚴重。為了永保安全，只有把這個姐夫解決了。

當然，憑他現在一個總管府的基層員工，根本沒有實力處理虞慶則。但他有他的辦法。他沒有實力處理虞慶則，他知道楊堅有這個實力。他很想誣告一下虞慶則，讓楊堅把虞慶則辦了。可是他也知道，虞慶則是楊堅的親信之一，如果你的誣告缺乏實際的證據——甚至是基本的邏輯，最後掉腦袋的就是他這個誣告者。所以，他就沒有直接到楊堅那裡告發，而是製造謠言，說虞慶則不願去打仗，態度十分消極。這個謠言很快就傳進楊堅的耳朵裡。這個雖然是謠言，但很符合楊堅對目前虞慶則的看法。楊堅聽到這些傳言之後，當然很生氣：我一直以來對你虞慶則都是以心腹相待，你接受突厥的賄賂，我沒有怪你，你見死不救打了敗仗，我仍然提拔你，讓你成為本朝的四貴，位及人臣、富可敵國。但你卻完全也不想為我出力。於是，他對虞慶則的禮遇就越來越輕薄了，給虞慶則詔書裡的言辭已經沒有往日的熱情。

趙仕柱這一招歪打正著，大見成效。

趙仕柱是虞慶則的長史，每天幫虞慶則處理這些文件，準確地掌握了楊堅對虞慶則的態度。楊堅對虞慶則的好感已經打了對折，接下來就是蒐集一些似是而非的證據。趙仕柱雖然沒有在最高層混，但對楊堅的性格還是很了解的——楊堅身為當時知名度最高的公眾人物，其性格和作為，幾乎全國人都知道。雖然全國人民沒有誰見過楊堅的面目，但對他多疑的性格都很了解，而趙仕柱在官場混，哪能不知道楊堅的這個心態？令狐熙什麼事都沒有犯，人家一個莫須有的誣告，就讓楊堅對令狐熙的無限信任瞬間化為烏有，最後派人把令狐熙抓起來，使得這個平定嶺南的大功勛，鬱悶而死。趙仕柱把這些因素串連起來一思考，就知道自己真的要成功了。現在就等虞慶則的那些似是而非的動作了。

虞慶則對此當然完全都不清楚。他很快就打敗了李世賢，然後班師回朝。

他已經取得了戰爭的勝利，出色地完成了楊堅交給他的任務。他在心裡想，以前打了敗仗、接收了賄賂，都還得到提拔，現在得勝回朝，賞賜一定不小，哈哈，想不到臨近晚年，還有戰功。本來他並不想要這個戰功，可是皇上硬塞到他的手中，他想擋都擋不住。虞慶則一路上都是滿心歡喜，內心世界都是他回朝之後受楊堅獎賞的歡慶場面。

虞慶則一得意，一路當然就指點江山。

這天，他來到潭州臨桂嶺。他登上高處，迎著初冬蕭瑟的寒風，仍然滿臉春色，捋著那把花白的鬍鬚，面對山川形勢，進行了一番評論：「此誠險固，加以足糧，若守得其人，攻不可拔。」他這個時候，完全都是就事論事，表現一下自己的軍事水準、給身邊的部下傳授一下軍事知識。可是趙仕柱聽在耳裡，卻如獲至寶——老子等的就是你這樣的話。

趙仕柱拿到這個「證據」之後，正想找機會去向楊堅告發。沒想到，虞慶則卻派趙仕柱先回去向楊堅秉報公事，說自己已經班師回來，特地向皇上報告。

趙仕柱非常開心，哈哈，親愛的姐夫大人，謝謝你助了我一臂之力。否則我還真難以面見皇帝呢。

他來到長安後，馬上去見楊堅。

楊堅聽說是虞慶則派來的使者，馬上就召見了趙仕柱。

趙仕柱在匯報完之後，偷看楊堅的神態，果然看到楊堅對虞慶則已經沒有多少好感了。他知道誣告時機已到。於是，就果斷地把自己掌握的那些「資訊」向楊堅合盤托出，說虞慶則班師之後，據功自傲，異志外露，一路都在留心山川形勢，盤算著攻守之道。

楊堅一聽，二話不說，直接下令抓捕謀反分子虞慶則，讓專案組展開調查。專案組幾根本不花多少時間，就證據確鑿，鐵證如山。虞慶則有口莫辯，最後被處死。整個案件辦得行雲流水，沒有半點波折。

虞慶則萬萬想不到，他竟然死於小舅子之手，他更沒有想到，自己之前做了很多不法之事都沒有被皇帝處分，打了敗仗，仍然被提拔，現在打了個勝仗，平定了桂州，反而被套了個謀反之罪，然後腦袋落地。

這是什麼世道啊。

是的，這是個豈有此理的世道。如果不是個豈有此理的世道，他打敗仗還不被問責嗎？他接受賄賂得全國人民都知道了還能被提拔嗎？這個世道就是楊堅支配的世道，楊堅對他有好感時，不管他觸犯了什麼王法，都可以既往不咎，而楊堅對他心存疑慮時，他立再大的功勞，他也必須死。

楊堅的懷疑，都建立在對方的功勞上，而不是對方的違法亂紀上。當虞慶則跟高熲蘇威他們成為四貴、權傾朝野時，雖然全國人民對他們都有意見，但楊堅對他們仍然深信不疑，仍然讓他們繼續富貴下去，從來不理全國人民的感受。但是當他們的「權」和「貴」到一定的地步時，楊堅的注意力就會被牽動過來，然後疑慮不斷加深，最後深到不能自拔的地步，於是，就否極泰來了。

所有的人都知道，雖然表面上虞慶則是被他的小舅子害死的，但實質是楊堅把他解決的，或者說是虞慶則自己把自己害死的。這在當初虞慶則與楊素的爭功已經可見端倪。

開皇九年，平陳之後，楊堅到晉王楊廣府上設宴招待群臣。

酒宴宣布開始之後，高熲按慣例，首先率群臣為楊堅舉杯慶祝，高放頌詞，把滅陳之功歸於皇上。楊堅照例笑納之後，評論幾個大功臣：「高熲平定江南，虞慶則降服突厥，功勞是最大的。」

楊素立即附合：「不管平定江南，還是降服突厥，都是皇上威德所致的結果。」

如果虞慶則馬上舉杯同意楊素的話，這個宴會就是個完美的慶功大會。可是虞慶則聽了楊素的話，就覺得楊素這小子原來不服自己的功勞，哪裡忍得住，便站起來說：「之前楊素出兵武牢、硤石，如果不是皇帝的天威，根本沒有克敵之可能。」

楊素當然不服，兩人一來一往馬上就槓上了，你揭我的不堪，我翻你的短處。兩人一番爭論，弄得好戲連臺，參加宴會的大小臣子，無不大開眼界：原來這兩個大功臣一爭起來，跟街道上的潑婦完全有得一比。在一邊的御史更是看不下去了，馬上要求彈劾這兩人。楊堅當然很生氣，這本來是一個勝利的宴會、慶祝的宴會，同時也是個團結的宴會。可是當大家進入高潮的時候，卻成了一個爭功的大會。只是當時他的心情還算不錯，還沒有變態到後來那樣，因此就對御史說：「今日計功為樂，宜不須劾。」今天是個慶功的大會，不宜啟動彈劾過程。如果到了這個時候，虞慶則趁機住嘴，收住性格，楊堅對他的好感雖然稍有減弱，但也不至變壞下去。

當大家喝夠了到觀看宴射時，虞慶則居然對楊堅說：「臣子蒙皇上賜酒，讓我們大家一起歡樂，可是御史在側，我們怕酒後失態會被彈劾，所以都高興不起來。」大家一聽，都不由得一愣，這傢伙自恃功大，不想接受監督了。

但楊堅仍然採納了他建議，為御史賜了一些酒食，你們到別的地方吃喝吧，今天不需要你監督宴會了。你想想，御史們能不恨虞慶則嗎？他們一定都在暗中緊握拳頭、準備一堆大石頭，只要有人告發虞慶則，就立刻做成鐵案，等虞慶則落井後，那堆大石頭就全部轟然落下——否則虞慶則案也不會辦得這麼快。

虞慶則看到御史打包酒菜，悻悻而去，在心裡哈哈大笑。他只看到御史們無可奈何的背影，卻完全沒有看到他們咬牙切齒的內心世界。他在御史們都走了之後，舉杯為皇帝祝酒。楊堅當時也表現得十分的歡樂，對飲了一杯酒之後，對大家說：「飲此酒，願我與諸公等子孫常如今日，世守富貴。」乾完這杯酒之後，我願跟各位以及子孫們，都像今天這樣，永享富貴。這話說得十分誠懇，讓在場的人都覺得十分暖心。虞慶則覺得更暖心了。而比這個更暖心的事接著來：楊堅當場改封他為右衛大將軍，不久再遷右武侯大將軍。

其實，這個宴會已經在楊堅心裡留下了一塊若有似無的陰影。楊堅沒有察覺，虞慶則更沒有察覺。他以為楊堅對他們四貴的好感會永遠保持下去，只要他們沒有組織或參與謀反之事，楊堅都不會對他們怎麼樣。

然而他過高地估計了楊堅對他們四貴的信任度。

其實楊堅對四貴已經高度警惕了。開皇十二年，楊堅決定敲打一下這個集團，他是拿蘇威來敲打的。當時蘇威被何妥告發，楊堅馬上叫楊秀和虞慶則負責查辦這個案件。蘇威和虞慶則雖然被合稱四貴，但這四貴並沒有組成一個團體，平時也沒有什麼特殊的交情，只是因為他們都處於權力的核心，深得皇帝的信任，是朝廷中四個最有權勢的大老，才被組合在一起而已。虞慶則對皇帝的忠心是絕對的，看到楊堅把這個任務交給自己，馬上就猜到楊堅的想法：一定要辦蘇威。因此，他以最快的速度，把蘇威的證據都交給了楊堅，致使蘇威丟了所有的職務。虞慶則為楊堅辦了蘇威，很是高興，覺得自己又立了個功勞。如果他的腦袋稍微有點清醒，他就應該理解到，蘇威那點錯誤就是任用幾個人，然後被打成朋黨，最後被處分。這其實是在警告四貴，你們如果不收斂，朕就會處理你們。虞慶則卻沒有這個覺悟。而他更沒有想到的是，他一辦蘇威，便又得罪了蘇威勢力，到他出事時，蘇威只有對他落井下石，絕對不會幫他說一句話。

到了這個時候，虞慶則得罪了御史臺那些人，又得罪了蘇威集團，然後楊堅對他的好感已經不再。

於是，當趙仕柱誣陷他時，這麼多個勢力來個牆倒眾人推，他就只有死了。否則以趙仕柱那樣的人物，能這麼輕易地把一個權傾朝野的大功臣嗎？不信，他誣告一下高熲看看。他只不過是在楊堅需要有人告發一下虞慶則的時候，告發上去了。於是，他成功了，而楊堅也成功了。

8

虞慶則死得很冤枉，那個吐谷渾的新任老大慕容世伏則死得很窩囊。

慕容世伏雖然是慕容呂誇的兒子，但他完全沒有傳承呂誇那個囂張的基因，一直表現得很懦弱。他當了吐谷渾的老大之後，就想把大隋當成靠山。他繼承汗位後，楊堅當然也想靠政治手段來籠絡他——當時的政治手段就是老套的和親政策。楊堅把光化公主嫁給了慕容世伏。慕容世伏得到這個公主後，心裡好喜歡——他和另外兩個前太子哥哥一心一意要攀上大隋，可是硬是不被楊堅接納，現在楊堅能把公主嫁給他，對於他來說，簡直是吐谷渾外交活動的重大勝利。他為了表示自己對大隋的無限忠誠，就上表請求以後稱公主為天后。

慕容世伏顯然對中原政治沒有作過研究，你的老婆稱為天后，那楊堅的老婆該稱什麼？你的老婆一成為天后，你就是天了。你成天老爺了，楊堅這個天子往哪裡擺？楊堅馬上就否決了這個請求，慕容世伏就有點想不通了。真是文化不一樣，溝通就困難。

慕容世伏很鬱悶，但更鬱悶的事還在後面。

吐谷渾這幾年來，為中原王朝製造麻煩的規模並不大，楊堅也很少把他們放在眼裡，但由於呂誇的政策一向不明朗，為人又狠毒，連自己立的繼承人都殺了幾個，內部的混亂可想而知。這樣的國內局勢，需要一個鐵腕人物才能控制局面。可是慕容世伏那雙手柔弱得要命，面對越來越亂的局勢，只是在那裡著急，然後就沒有辦法，然後局勢就更加失控，然後就國內大亂，再然後叛亂分子殺進宮裡，把還在著急的慕容世伏殺掉了。

叛軍又立他的弟弟慕容世允為老大。

慕容世允也知道，雖然哥哥很懦弱，但哥哥的對外政策絕對沒有錯。於是馬上派使者來到長安，把吐谷渾發生動亂的始末，向楊堅匯報，並請求依照吐谷渾的風俗，讓他娶嫂子光化化主為妻。楊堅當然答應。

第三章 鐵騎北征，黃沙破突厥；功高震主，高熲遭貶逐

1

吐谷渾那邊雖然很亂，但也只是亂了他們自己，對中原王朝毫無影響。可是高麗那邊又突然作亂。高麗這幾年來，由於跟中原王朝離得很遠，再加上中原王朝各種事務也繁忙，很少管到那裡。楊堅沒有精力把目光投向半島，但半島首領高湯卻時刻都關注著中原的局勢。當他知道南陳被滅之後，也跟那個呂誇一樣大懼——而且他懼怕的程度完全不比呂誇低，因為現在大隋在中原地區已經沒有什麼敵對勢力了，他們無事可做，把矛頭指向半島的機率非常大。呂誇大懼之後，逃得很遠。高湯的半島太窄，再逃就得逃到海上去當海盜了。所以他只有備戰，大力訓練軍隊，聚積糧草，如果大隋部隊前來，就拚死一戰了。

楊堅知道半島這些情況後，果然替高湯發了一個問責文件，責其「雖稱藩屬，誠節未盡」。你們對我們稱藩只是做表面文章，從來沒有履行一個藩國應有的職責和義務。

高湯看到這幾句話時，冷汗已經溼透內衣。楊堅筆鋒又一轉，說：「你們半島那裡，雖然地方狹窄，人口稀少，但終究是要人治理的，如果把你廢除，我又得找人去那裡當老大、安撫老百姓。所以只要你能洗心革面，不要再有其他複雜的想法，遵守朝廷的規章制度，仍然是朕的良臣。朕何必再派人呢？最後，還得跟你把話說透，請問一下，遼河的寬度能跟長江比嗎？你們高麗民兵的數量和戰鬥力比南陳還多還生猛嗎？我如果沒有包容的心態、愛惜天下百姓的胸懷，老早就會派一位大將，率軍前去向你興師問罪，把你解決掉。但現在不厭其煩地跟你說這些，只是希望你能改過自新。」

高湯看到後面，雖然語氣已經有所緩和，但仍然充滿了威脅。他知道，如果不放軟態度，楊堅一生氣，真的會打他。所以就準備好好寫個檢討書，去向楊堅認罪。

可是他還沒有把檢討書寫好，就突然生了一場大病，而且這場大病直接就要了他的性命。他的兒子高元繼位。楊堅就派使者過去，授予高元上開府儀同三司，承襲遼東公的爵位。高元看到天朝使者來了，就順便向朝廷奉表謝恩，並請求授予王爵。楊堅看到這小子好像很老實，就同意了他的請求。

高元也只是貌似老實而已，他看到自己請求封王，楊堅立刻就答應了，就天真地認為，楊堅其實是不敢派兵前來打他們的。之前對老爸說的那番話，就是恐嚇一下老實人。老爸是老實人，老實人是永遠吃虧的。我可不是老實人。他當拿到王爵之後，就率一萬人馬出發，侵犯遼西地區。當時的營州總管叫韋沖，也是個經驗豐富的老將，曾經參與過平定南寧州叛亂之戰。他對高元老早就有所提防，看到高元提兵前來，當然不會示弱，率自己的部隊對高元來個迎隊痛擊，一戰就把高元打退。

楊堅一看，這個高元原來是玩他的，騙了個王爵之後，再反過來打他，不教訓他一番，大隋的隋，就成了「隨隨便便」的「隨」了。

開皇十八年的二月，楊堅派他的小兒子楊涼和王世積併為行軍元帥，帶三十萬水陸伐高麗，而且還讓高熲為楊秀的長史，再派周羅睺為水軍總管。這次出兵的規模僅次於滅陳的規模，而給的人選也是目前的最高配置——把楊堅最信任的高熲都派出來了。而王世積也是戰場老將，曾經跟韋孝寬打過尉遲迥，完全可以掛上大隋老一輩革命家的牌子。後來又參與滅陳之戰，在長江上大破陳軍，使得一大片南陳太守向他投降，因此被任為荊州總管。後來，奉命去平李光仕之亂。南征北戰，立有大功。但他絕對沒有像賀若弼那樣，到處跟人家爭功。他看楊堅的面目看得很清楚，理解到如果在功勞上不知進退，只有死路一條。當他看到那麼多功臣都被楊堅以這樣那樣的名目定罪時，馬上就天天喝酒自樂，即使上朝，也絕不跟人家談論政事。楊堅看到他喝得這麼猛，幾乎全天候都處於大醉的狀態，以為他得了什麼酒病，就把他叫到宮內，叫御醫幫他治療。他知道，如果被在宮內治療一段時間，說不定會說出什麼話來，那可就大禍臨頭了。幾天之後，他就宣布「酒疾」痊癒，這才得以回到家裡。

楊堅對這樣的人是很信任的，所以願意把三十萬部隊交給他，而且還讓高熲監軍。

大家看到這個陣容和出兵規模，這是要滅掉高麗的架勢。

楊堅的確是想狠狠地打擊高麗的囂張，同時也鍛鍊一下他這個最小的兒子。別的將領他都不放心，就只好培養自己的兒子了。

包括楊堅在內都以為，三十萬大軍一出，高麗那群民兵就只有等天朝上國大軍的群毆、然後舉手投降了。沒想到，進軍高麗並沒有大家想像的那麼順利。楊堅二月下令出征，大軍出發之後，六月才出關外。

六月底，楊堅才下詔廢除高元的官爵。

楊諒帶著大軍挺進臨渝關。

此時離敵人已經不遠了。

一眾將士行軍了這麼多天，原本以為可以打一仗了——他們都希望一仗就把高元打垮，然後班師回朝，否則打到冬天，關外奇寒，他們真是受不了。

沒想到，他們的願望很良好，但現實不是以他們的意志為轉移的。

他們還沒有看到敵人的影子，卻碰上了連日暴雨。當年司馬懿征遼東，也曾碰到暴雨，差點弄得一敗塗地，但他硬是撐了過來，最後取得全勝。而楊諒的能力差司馬懿就不只一個等級了。連日暴雨之後，地面都是淹過膝蓋的泥水，大家的臉色就一片愁苦，楊諒的愁苦之色比別人更濃厚。大家在泥濘的地面上生活了幾天之後，更大的困難又出現了——糧草不繼。還沒有完，大水之後，通常都會出現次生災害，而最常見的次生災害就是疾病，而且疫情來得非常快，很多人上午還生龍活虎，下午就躺在床上無力地呻吟。大家記得王世積上次去打李光仕的事吧？他因為碰上瘴疫，戰鬥力喪失，最後沒有到達指定地點；這一次跟楊諒出來，又碰上疫情。南方的瘴疫和北方的疫情，都讓他碰對了。

陸上軍隊的營房都差不多變成了病房，而水軍的境況更差。

周羅睺率領水軍從東萊出海，以半島的平壤城為目標前進，由於對海上的天氣沒有足夠的了解，在半路上也碰到了颱風，很多船隻都被大風掀翻，沉到海底。

不管是楊諒還是周羅睺都知道，他們的行動只能到此為止了，如果還繼續前進，恐怕還沒有碰上一個敵人，就被自然災害弄得全軍盡沒、無人生還了。

於是，他們都撤軍而回。而此時，已經是九月分，軍中「死者十之八九」，去的時候浩浩蕩蕩，回來的時候，七零八落，而儀仗兵器還沒有使用過一次。

雖然隋朝大軍鬱悶而還，但高元看到楊堅果真派這麼多軍隊前來打他，也知道楊堅真的有處理他的決心了。這次是自然災害救了他，下次還會有自然災害嗎？自然災害雖然可惡，但也不是經常有的，於是趕快派使者到長安向楊堅謝罪，而且把姿態放到最低的地步，自稱「遼東糞土臣元」。楊堅看到高元這麼怕了，也就宣布罷兵，待之如初——也是不得已而為之。

正在這時，半島上的另一個老大——半島下半部首領百濟國王余昌又派人來到長安，說他可以為天朝當嚮導，帶領天朝大軍去討伐高麗。

楊堅的三十萬大軍，剛剛打了水漂，哪能再打？所以他斷然拒絕了余昌的請求，當然他是有很高級的理由的：高麗服罪，朕已赦之，不可致伐。

於是，百濟老大就完蛋了。當他的使者在長安受到楊堅的隆重的接待回國之後，高元就知道了這回事。高元當然暴跳如雷，老子連楊堅都敢叫板，還怕你這小子不成？於是，就出兵猛打了百濟一番，搶走了大量財物。余昌這才知道，沒事找事，最後是要還的。

2

余昌很倒楣，但那個史萬歲更倒楣。

他前幾年帶兵去平定了南寧州，本來他完成任務之後，準備把叛亂頭目爨翫帶回長安入朝。可是爨翫心裡有鬼，不想去長安，用了一大堆金銀財寶送給史萬歲。史萬歲看到那堆財寶之後，膽子馬上就大了，就放過爨翫，自己回到長安，找了個理由把這事搪塞過去。沒想到，他可以搪塞得了楊堅，卻管不了爨翫。

爨翫腦中那塊反骨很堅強，在政府軍離開之後，馬上又進行準備工作，沒過一年時間，就又高調冒頭，宣布造反。這時，史萬歲的那筆受賄金額還沒有花了一丁點。

爨翫造反之後，主管西南局的楊秀就向楊堅控告史萬歲接受了爨翫的錢財，放過爨翫，這才導致今天這個樣子。

楊堅把史萬歲叫來，向他問責。史萬歲當然不願認領這個罪名，在朝堂上百般為自己辯護。楊堅大怒，下令「斬之」。

高熲和元旻急忙過來求情：「史萬歲雖然犯了錯誤，但他智勇過人，深得將士們的擁戴。將士們也很樂於聽他指揮，是不可多得的軍事人才。即使古之名將，也未必能超過他。」

楊堅看到幾個人同時為史萬歲求情，想了想，就消了心頭的一些氣，只將史萬歲革職為民。史萬歲貪了爨翫一筆錢，丟了自己的職務，得不償失。但他在貪的時候，總以為能僥幸過關——這是所有貪官的心理，不獨史萬歲一人如此。

3

在楊堅處理很多強者時，身為楊堅的第一大臣，高熲很少出面求情。他最知道這些開國皇帝的心思，所以通常在楊堅做這些事的時候，基本上都沒有他的事，但這次他出面為史萬歲求情，救了史萬歲一命。可以說，如果沒有高熲的出面，楊堅是不會原諒史萬歲的，高熲在楊堅心目中的地位，可見一斑。

高熲能在楊堅心目中占有這樣的地位，那是因為看穿了皇帝的想法，說話小心，辦事謹慎，絕對不能讓狂妄之心外露，讓楊堅徹底放心。可是在這樣的政治生態下，你再怎麼謹慎，都有不小心的時候。況且大隋這幾年來，雖然是楊堅在臺前處理軍政大事，但獨孤皇后卻在幕後深度參與。高熲對楊堅性格愛好十分了解，讓楊堅對他很放心，放心到人家控告高熲造反、楊堅不但不信，反而把控告的人砍了，後來就再也沒有誰敢誣告高熲了。可是，高熲卻失去獨孤皇后的信任。本來，高熲的老爸因為在獨孤信那裡當過差，還被賜姓獨孤過，以致楊堅稱高熲時，往往稱獨孤公而不叫高某，他跟獨孤家的交情應該十分深厚。以前獨孤皇后對高熲也很當自己人看，可是獨孤皇后也跟楊堅一樣，年紀一大，性格就有些變態。而這些變態是漸變的，很多人沒有看出來，高熲也沒有看出來。

直到這時，高熲在楊堅和獨孤皇后的心目中，仍然是大隋第一大臣，重大的事交給他辦，他們都放心。

高熲在滅陳之後，很多年沒有領兵去打仗了，直到前一陣子輔佐楊諒去征高麗，才恢復了一下軍事生活。

到了第二年（開皇十九年）的二月，突厥那邊又有事——他們沒有事才怪。因為現在長孫晟就長期在突利可汗的部落裡當突利可汗的顧問。長孫晟在這裡長駐，可不是為了突厥內部的安定團結，而是專門做分裂突厥的工作。突利可汗現在已經完全成為大隋在突厥的前哨，不管都藍那邊有什麼小動作，突利可汗馬上就告訴長孫晟，然後長孫晟就用雞毛信飛報楊堅。這時，突利可汗又看到都藍可汗大力製造攻城器具。他在其他方面，腦袋並不靈光，但做間諜卻很稱職，他有了這個發現之後，立刻告訴長孫晟：都藍可汗在製造攻城武器，請朝廷要萬分警惕。據可靠情報，他們這次的目標是大同城。

楊堅接報一看，都藍雖然之前多次出兵侵犯，但大多都是展開一場擄掠活動，很少進攻城池，這次出來，首戰居然是大同城，看來這個鬱悶無比的都藍可汗真的要做一大票了。不由得冷冷一笑，你那個實力本來就那麼一點，現在被突利耗掉一點，還被達頭可汗牽制一部分，居然還來做大票的？你想做大票的，那就陪你弄大一點，滿足一下你的欲望，也剛好再培養一下小皇子楊諒。

楊堅馬上任命楊諒為元帥，同時還命令高熲出馬，率軍出朔州道，另一個猛人楊素也出靈道，燕榮從幽州道出，數路並進，都掄起大刀砍向都藍。當然，他附加了個命令，以上所有的將領都歸楊諒控制。但楊諒並沒有隨軍出征，只是掛個招牌，撈個政治資本——打勝仗了，歸功於他，打敗仗了，責任當然由這幾個大將扛著。

都藍可汗聽說之後，也是大吃一驚，自己還在這裡打造攻城器具，前期工作還處於緊張的籌備階段，敵人就打上來了，而且還是這麼多數軍隊，是這麼多年來，陣容最強大、勢力最生猛的一次。他這幾年來，多次派兵去搶大隋的邊民城鎮，可是每次人家都做好準備，自己才一冒頭就被迎頭痛擊，而且不管自己打向哪個地方，對方都能事先做好準備——對方怎麼就能這麼會算？既算準自己什麼時候出發，又能算準自己打向哪個地方。他的腦袋再不靈光，也理解到並不是敵人掐算得精準，而是敵人的間諜厲害。他稍用腦袋想一想，就知道這個間諜不是別人，而是突利可汗那小子。這小子先是娶了對方的公主，然後對方不斷地送給他財物——以前自己當大隋的女婿時，可是沒有拿到這麼多的財物啊。大隋也不是一個大方的朝廷，能無緣無故地送你美女再送你金錢嗎？有了這麼一個間諜在突厥，自己睡覺時半夜翻幾個身對方都能掌握啊。

都藍可汗這麼一分析，便做了個決定，不去打大同，而是去打突利可汗。他以前做事雖然不怎麼有策略，但這一次他也講究了一次策略了。他知道如果自己一個人打突利，雖然也可以取得最後的勝利，但會花很多時間。那時，隋兵已經攻上來，對自己來個前後夾擊，那是吃不消的。因此必須聯合達頭可汗一起，共同打擊突厥。達頭可汗一直是突利可汗的盟友，跟都藍可汗為敵的歷史比突利可汗更悠久。但他這幾年來，一直當大隋的跟班，但也沒有拿到多少利益，這個跟班好像也是白跟了。他看到突利可汗為大隋做的事並不比自己多，可是拿的卻是自己的無數倍，心裡也已經嚴重不平衡，覺得這個班跟錯了。

就是在這樣的情況下，都藍可汗派人前來跟達頭可汗洽談，兩下一拍即合。兩人在短時間內就達成共識，宣布突利可汗是吃裡扒外的突厥內奸、是全體突厥人民敗類，必須幾個部落共誅之。兩人馬上派兵攻打突利可汗。

突利可汗這幾年靠當大隋的間諜，生活過得爽歪歪，又仗著有大隋當靠山，誰也不用怕，每天的工作就是死盯著都藍可汗，看他是不是又要到大隋的邊境做擄掠活動了。如果得到情報，立刻派人通知長孫晟，然後就等著大批錢物從長安發貨過來。工作簡單又刺激，生活豐富又多彩。他自以為有大隋作大靠山，草原上誰都不敢對他怎麼樣。因此沒有做好備戰工作。這時突然被兩個大部落夾擊，哪能打得過人家？

他在長城下被那兩個無比憤怒的部落一番猛打，直被打得滿地找牙，最後不但沒有扭轉敗局，連自己的兄弟子姪都被人家殺絕。他也倉皇衝出重圍，渡過黃河，向尉州逃去。他一路狂逃之時，跟他殺出重圍的部下又都搞不清楚方向，四處逃散。跑了一夜之後，只剩下他和長孫晟等五騎在狂奔。天亮時，他們再跑了一百多里，一路又收得那些迷路的零散士兵幾百騎，隊伍才開始有點規模。

當然這個規模，如果再碰上都藍的大軍，打起來還不夠塞他們的牙縫。在這些人的觀念裡，想活命，只有去投靠大隋。大隋不是我們的靠山嗎？可是突利又覺得這不是最好的選擇。他也是在這個江湖上混大的，而不是被嚇著長大的。知道如果現在去投奔大隋，身邊就只有這幾百狼狽不堪的騎兵，什麼資本都沒，到了大隋那裡，只能算是普通的投降人士，想再過上好生活是不可能了。不如去投奔達頭可汗。因為達頭這次雖然也來打他，但兩人之前還是同志加兄弟的盟友，並沒有什麼嫌隙，他沒有必要對自己趕盡殺絕。在突厥這塊土地上，一向沒有永遠的敵人，也沒有永遠的朋友——前幾天，達頭可汗不一直是都藍可汗最大的敵人嗎？現在他們不是又站在一起了？

突利可汗跟幾個重要的部下在一個祕密的角落商議，那幾個人也是不願離開帳蓬去住土木結構豪宅的突厥人士，聽到突利可汗這麼一說，當然都舉手贊同。

他們的祕密會議雖然是躲著長孫晟開的，但長孫晟是什麼人？他來到突厥，就是要全天候監控突利的。現在突利背著他開這個祕密會議——而且是在逃跑當中開的，他哪能不知道？他知道這個事後，臉上一點表情也沒有，只是暗中派了一個心腹，跑到附近的伏遠鎮，命令那裡的哨兵們放起烽火來。

突利可汗這時已經成為驚弓之鳥，正準備下令去投奔達頭可汗，突然看到四個烽火臺上濃煙滾滾。他是在邊關長大的，對烽火臺最是熟悉不過，現在看到四個烽火臺同時舉火，不由得大驚失色，忙問長孫晟，怎麼突然這麼多烽火？

長孫晟老早在等他這一問，道：「想必可汗已經知道，烽火臺通常都在高處，能望得很遠，他們望到敵人後，就會舉火。如果發現敵軍來得少，就舉兩處烽火；來得多就舉三處烽火；只有敵人大軍壓境才舉起四處烽火。現在是四處烽火，敵人一定是又多又逼近了。」突利聽到之後，不由得大駭，對他的部眾說：「追兵已經來到，我們還是先進城躲一躲吧。」

他們就這樣進了伏遠鎮。

到了這裡，就沒有他們說話的份了。

長孫晟臉上掛著詭異的笑容，叫突利的手下暫時留在這裡，然後帶著突利可汗乘著驛馬入朝。突利可汗這才知道，又中長孫晟的陰謀了——他長期以來就在長孫晟的陰謀裡生活，只是他不知道而已，硬是把這個生活過得一天比一天幸福。

突利到了長安之後，並沒有他預料的那樣，楊堅只把他當普通的降人，而是待他甚厚。當然楊堅更感謝長孫晟。如果長孫晟不舉四個烽火，突利回去投奔達頭可汗，突厥便又會團結一致，這幾年來對突厥做的統一、分裂工作的所有投入和成果，都毀於一旦。如果突厥再次團結，北部邊境就永無寧日。長孫晟這個貢獻實在巨大無比。於是，他提拔長孫晟為左勳衛驃騎將軍，主要任務是監控突厥。

此時，都藍也派使者來到長安，控告突利可汗，說突利可汗進行分裂突厥的活動。楊堅就讓突利可汗跟都藍可汗的使者當庭辯論。突利這次被打得全面破產，不但憤怒已極，而且在表面上的確沒有理虧，因此在辯論中，說得理直氣壯，把對方駁得無話可說、無理可講。

楊堅看到突利這麼一理直氣壯，跟都藍的裂痕只有更深了，心裡十分高興，給他的待遇就更高了。

都藍的確不會處理人際間的關係，不但跟幾個可汗沒有打好關係，就是跟自己的兄弟郁速六也鬧成了敵我關係。郁速六覺得這個哥哥太可恨了，居然連妻子也棄之不顧，他學習突利好榜樣，也獨自跑到長安，當大隋公民。楊堅當然很高興，把郁速六大肆地表揚了一番，然後叫突利代他去看望郁速六，並送給對方很多財物。

都藍雖然取得了突襲突利部落的巨大的勝利，但仍然得面對高熲等大隋主力的軍事行動。

在都藍還在歡慶全殲突利的偉大勝利的時候，高熲的大軍已大舉殺來，他的先鋒上柱國趙仲卿帶著三千人，來到族蠡山，與突厥的部隊撞了個滿懷，雙方也不打話，馬上開打，一連交戰七天。最後突厥兵抵敵不住，被趙仲卿大破，不得不逃跑。

趙仲卿當然沒有放過他，繼續追擊，追到乞伏泊時，突厥兵忍無可忍，轉身交戰，結果又被打敗，而且敗得更加難看，被俘虜一千多人，雜畜萬計。而趙仲卿部只有三千人，太不給人家面子了。

突厥憤怒了，你們勝利也要照顧一下人家的面子啊。他們一怒之下，組織大量部隊前來，拚死也要把這三千隋兵殲滅。

趙仲卿看到敵兵大至，哪敢硬碰硬？當然更不能逃跑。他知道，如果他一啟動逃跑模式，就會被人家追著打。說不定還會影響到主力部隊的情緒，那就真的不妙了。因此他只有叫大家鼓起勇氣，跟他們糾纏下去，只要咬牙撐住，高熲大人率的主力就會殺到。那時，我們眼前的突厥人就是我們砧板上的魚肉，紅燒水煮清燉乾炒，隨我們的便。他將三千人聚集，列為方陣。敵人四面圍攻，他就四面拒戰，跟突厥大軍苦戰五天五夜，而突厥大軍居然沒有能夠消滅他。

到了第六天，累得要吐血的趙仲卿和他的戰士們終於聽到外圍的喊殺聲沖天響起。

他含淚地告訴他的戰士們，高大人的大軍來了。我們有救了。

突厥兵連戰五日，並沒有把趙仲卿打垮，也已經很累了，這時突然看到高熲的主力從草原的天邊席捲而來，聲勢浩大，不由得驚呆了。高熲縱兵狂奔而來，與趙仲卿合擊突厥兵，把他們殺得大敗虧輸。突厥兵只好跑路。高熲奮追，跨過白道，一路緊咬，一直翻過秦山七百里，把這支突厥兵打得花缺月殘，這才收兵而回。

楊素那一路與達頭可汗碰了個正著。

楊素手下的將領對突厥的戰法還是很了解的。他們認為突厥的騎兵能夠在戰場上往來衝殺，十分生猛，因此都建議列好戰陣，採用戰車和步騎交叉配合的陣法跟他們作戰，並在營外設定鹿角，而騎兵在最裡面，讓他們討不到便宜。

楊素一聽，說：「這個陣法是自我保全而無法打敗敵人的陣法。我們這次出征，並不是在戰場上自保，而是要在戰場上打敗敵人。」他當場把這些陳舊的戰術全部否決，下令擺開騎兵的戰陣，決心跟敵人硬碰硬，他就不信中原的騎兵比突厥的差。

達頭可汗本來對隋兵還有點沒把握——畢竟按照他跟隋兵的交戰經驗看，他們的勝率實在太低了，現在看到楊素居然弄這個戰術，要跟他拚騎兵，不由得非常開心：「真乃天助我也。」哈哈，你們自動棄其所長，用其所短來跟我玩，打敗了也怪不得我啊。都說中原的將領每個人狡猾，人人能在戰場上運用孫子兵法，陰謀玩得很熟練，原來也有蠢人。

他怕楊素突然變得聰明，又恢復原來的戰陣，他就沒有便宜可占了，便下馬仰天而拜，求老天爺別讓楊素改變主意，然後帶十萬精騎隆重前進。

此時，周羅睺也在陣前，他看到突厥兵大步而來，看上去信心滿滿，士氣高昂，便對楊素道：「老大，現在敵人陣形未整，何不讓我率兵先衝擊他們？」

楊素大聲說好！

周羅睺馬上率精騎殺出，迎戰隆重而來的達頭突厥兵。

周羅睺的武力本來就高，而且又是個不怕死的男人，所帶的騎兵又都是敢死隊成員，跟敵人交火之後，都是不顧生死的拚殺。突厥兵以為中原人騎在馬上都不穩，哪能一邊跑馬一邊揮刀殺敵——揮刀自宮還差不多，所以心裡都很放鬆。沒想到，周羅睺的騎兵也能騎馬衝殺，揮舞的大刀，同樣在陽光下閃閃發亮，喊殺的聲音同樣響徹雲霄，不由得驚呆了。周羅睺帶頭殺進敵群，其他騎兵也緊緊跟進，瞬間就殺出一道破口，縱深殺去。

楊素一見，下令全軍繼之，擴大戰果。

此時，突厥軍已經被周羅睺的部隊打得陣腳大亂，再經楊素大軍一撲，立刻陷於被動挨打的局面，就連指揮系統都亂成一團，不知向誰釋出命令。結果，達頭可汗也在混戰被砍成重傷，提前落荒而逃。隋軍放手大砍大殺，殲敵不可勝計，戰場上都是突厥士兵屍體，剩下的殘兵都紛紛逃竄。隋兵遠遠地還聽到他們集體痛哭的聲音。

這一次戰役，是多年以來，對突厥取得最大的戰果，朝廷兩大紅人高熲和楊素再一次大顯身手，讓大家看到，他們成為皇帝面前的紅人並不是靠他們長得帥，而是靠他們的本事。

4

如果是在別的時候，他們班師回朝，一定會得到大把賞賜。

可是現在楊堅已經沒有賞賜功臣的熱情了。

他現在只想著如何讓這些功臣全部消失。

他努力睜著那雙充滿疑慮的眼睛，盯著功臣們的一舉一動，以便能抓到他們的某些蛛絲馬跡，然後一舉清除。

這時他又抓到王世積的把柄了。

王世積一向很小心，但他小心不等於他的親信也小心。

他有個親信叫皇甫孝諧。皇甫孝諧犯了事，被人家追捕時，居然把老主管當成保護傘，逃到王世積那裡求保護。

王世積看到皇甫孝諧突然從自己的親信變成罪犯，嚇得大驚，急叫門僮關上大門，門外的那個傢伙我不認識，別讓他進來。他以為他不認皇甫孝諧、與這個親信劃清界限，他就安全了。可是仍然不安全。

皇甫孝諧看到這個老主管這麼絕情，自己跟了他這麼久，苦勞功勞都有一大堆，現在自己犯點錯，他不但沒有出言相救，反而如此對待他。你先不仁，別怪老子不義。

皇甫孝諧被抓獲歸案之後，發配桂州。他到了貶所，做的第一件事，就是上書告發王世積：「王世積曾經請來一個道人，問道人，其相貴否？道人回答：大人將為國主，不過還是先到涼州。王世積的親戚都恭喜他說，河西是天下精兵處，可圖大事。王世積則說，涼州土曠人稀，非用武之國。我知道的就只有這些了。」現在王世積剛好任涼州總管。

這就是楊素最需要的抹黑資料，現在皇甫孝諧主動送上，他真想幫皇甫孝諧寫一封誠摯的感謝信。他根本不用再花費什麼功夫去調查取證，直接把皇甫孝諧的告發信拿出來當證據，然後就下令把有「為國主」的遠大理想的王世積「誅之」。

可憐王世積一生謹慎，除帶兵去戰場立功之外，從來沒有其他想法，連人家談政事時，都遠遠繞開，結果仍然被楊堅一刀咔嚓，死得比竇娥還冤。

大家都知道王世積的為人，都知道他就算是天下人都造反了，王世積仍然不會造反。但他仍然被砍了，而砍他的那個證據，實在比莫須有還要莫須有。

大家看到楊堅已經敏感到這個地步，完全變成一個猜忌狂了，都不寒而慄。

5

楊堅又是堅定的迷信人士，對那些迷信的人更為敏感。

延州刺史獨孤陀有個婢女叫徐阿尼，也是個迷信大師。她原來是獨孤陀外家的婢女，而獨孤陀外祖母是個貓鬼大師。她也從獨孤陀那裡學到了這一手，會貓鬼之術。這些信貓鬼的人對天上那麼多神仙，通通不信，只拜貓的靈魂，在人家供奉神仙的地方，她們供奉的是貓魂。當然，如果她只想求貓魂保佑她這輩子把富貴人家的婢女做到底，也沒有什麼事，偏偏她到處宣揚，說她可以作法，驅使貓鬼去殺人。貓在生前當然殺不了人，但牠成鬼之後，就不一樣了，是天下第一厲鬼。當然，不是所有的貓都能變成厲鬼，而是由這些精通貓鬼之術的人，在子時把貓殺死，然後念動咒語，讓牠的魂魄不散，從此魂魄就牢牢地掌握在貓鬼大師的手裡，讓牠殺誰牠就去殺誰。而且殺完人之後，被害人家中的財物都會神不知鬼不覺地轉移到供奉貓鬼的家裡——估計她們想創立一個貓教，才這麼說，讓人家都信她們的話，加入她們的貓教組織。跟所有玩迷信的大師一樣，這個說法一傳開，就會有很多人相信，就會有很多人認為她有特異功能。剛好當時獨孤皇后以及楊素的老婆鄭氏有病，請了很多醫學專家會診開方，但都治不好。這些醫生當然不說自己的醫術不行，而是把責任推到貓教主身上，說：「這是貓鬼作祟而引發的病，我們真的沒有辦法。」

如果是別的人中了貓病，也就算了，可現在是國母娘娘啊。楊堅當然高度重視。他羅列了一張人際關係圖：獨孤陀是獨孤皇后的弟弟，而獨孤陀的妻子是楊素的異母妹。身為關鍵人物的獨孤陀就是處於這件事的最核心。而他的婢女又剛好是這方面高手。不是他還是誰？楊堅馬上令高熲和楊素聯合組成一個專案組，把獨孤陀抓起來，再加審問。獨孤陀當然不會承認。後來，高熲和楊素又把徐阿尼抓來審問。徐阿尼畢竟是個底層人物，除了有貓鬼這個信仰外，沒有其他信仰，意志稍微不堅定，看到楊素那張臉，已經怕得差點變成貓鬼了，再被楊素一嚇，立刻全盤托出，真是獨孤陀叫她做的。獨孤陀為什麼要害自己的內兄和姐姐？難道還有什麼見不得人的野心？

獨孤陀其實並沒有什麼遠大理想，他要是有遠大理想，他就不會只害他的姐姐和內兄，而是會害楊堅。他絕對是花花公子，平時花錢大手大腳，偏偏他老婆是個妻管嚴，家庭財政管得很緊，讓花花公子出身的獨孤陀完全沒有財政自由。獨孤陀很鬱悶，鬱悶久了就開始憤怒，你這個老婆不就憑著自己是楊素的妹妹嗎？你控制我的財政，不讓我有零用錢，我就要你們家的錢。他就把徐阿尼叫來，你幫我弄個貓鬼，弄楊素家的。管他家死不死人，先把他們家的錢弄到手再說。他接著又想到，姐姐對自己這麼嚴厲，一定是因為自己是他的異母弟。乾脆一不做二不休，連姐姐也一併弄貓鬼了。

我們不知道，他弄了這個貓鬼究竟拿到錢財沒有，但知道他最後被抓了，以誣蠱案定罪，呈報楊堅。

楊堅一看，不由得大怒，連自己的姐姐都詛咒，那接下來貓鬼不是弄到朕的頭上了？下令用牛車押解獨孤陀夫妻出來，準備把他們賜死。

獨孤皇后知道後，非常傷心，覺得無論如何也要救一下這個弟弟——雖然是異母弟——蒼蠅肉都還算肉，異母弟當然也是弟弟啊。她先是三天不吃飯，然後再向楊堅請求：「如果獨孤陀暴政害民或者觸犯了其他大法，我不敢為他說話。現在他是因為我而獲罪，所以才斗膽向陛下請求，無論如何也要保全他的性命。」獨孤家的幾個兄弟也前來向楊堅求情，楊堅在獨孤皇后面前一向是個弱者，哪能置她的求情於不理？於是，免了獨孤陀的罪，同時也免了他的官爵，削職為民，令他的妻子楊氏出家為尼。楊堅對貓鬼之術，深惡痛絕，下令：凡是供奉貓鬼、畜養蠱蟲、從事妖術的家庭，通通流放到最邊遠的地區。

在這個事件中，又是高熲出馬，把貓鬼案破獲。高熲可以說是開皇時代的不倒翁。他能成為不倒翁，應該是他看透了楊堅的想法——當然，很多人都看透了楊堅的內心世界，比如王世積，但仍然免不了楊堅的毒手。另外，他還有一個因素，很多人都不清楚，是因為他同時得到了獨孤皇后的信任。可是這次案件之後，獨孤皇后對他的好感度一定降低了。她當然不會恨高熲破了這個案，而是對高熲沒有為她弟弟求情而生氣。你高熲也算是獨孤家的人啊，我們也一向把你當獨孤家族中的一員。前一段，你能為史萬歲求，現在你為什麼不為獨孤陀求求情？看來你也不把我們獨孤家當自己人了。

於是，高熲在獨孤皇后心目中的地位開始有了動搖。獨孤皇后雖然在歷史的評價還不錯，但她生性非常妒嫉。她妒嫉到什麼地步？雖然楊堅身為皇帝，也有三宮六院，後宮佳麗雖然不多，但還是不少的。可是由於獨孤皇后的存在，後宮的妃嬪宮女們都不敢到龍床上侍夜。楊堅又是個懼內的男子漢，在這個女漢子的管制之下，在女色方面，不敢稍越雷池半步，這也使得楊堅成為古代皇帝中，緋聞最少的皇帝。他沒有緋聞，並不是他不好色，而是被管得太嚴了，只能看著皇宮那些「手如柔荑、膚如凝脂、領如蝤蠐、齒如瓠犀、螓首蛾眉、巧笑倩兮、美目盼兮」的美女，暗吞無數口差點能把自己噎死的好色口水。

尉遲迥的孫女非常漂亮，被籍沒入宮。楊堅在仁壽宮看到她之後，兩眼立刻發直，身體瞬間僵硬，忍無可忍，終於幸之。幸之之後，對她百般寵愛，讓他狠狠地享受了一次皇帝把妹自由的樂趣。

獨孤皇后看到楊堅每天跟著小美女在一起做著甜蜜的事業，心裡恨得想死——當然最後她不會自己去死，而是做好了一切準備之後，待楊堅上朝、在朝堂上處理公務時，偷偷下手，把尉遲美女殺掉。

楊堅下朝回來，沒看到小可愛，立刻知道是怎麼回事了，他又傷心又憤怒，但又不敢在母老虎面前發作咆哮，而是從馬廄裡牽出一匹馬，然後翻身騎上，兩腿一夾，出宮而去。而且根本沒有目標，只是任由那匹馬向前狂奔，一直進入山裡二十多里，馬律了才停下來。

高熲和楊素一看，皇上居然為了一個美女不惜離家出走，而且還是淨身出戶，也急忙追過來，扣馬苦諫。

楊堅仰天長嘆之後，吐露了自己的心聲：「我貴為天子，居然連泡個妞都不得自由。你們哪個沒有這方面的自由？」

如果就到此為止，高熲不說話，或者說別的話，他也會繼續把第一大臣做得紅極一時。可是，這時他說話了，而且說了不該說的話。

他是這樣說的：「陛下豈為一婦人而輕天下。」呵呵，皇后就是一個婦人。

這話很對楊堅的癢處，他聽了之後，氣也就消了，沒有再往前亂跑，丟下江山去當一個失聯人員。但他在那裡駐馬很久，到半夜才回到宮中。由此可知，楊堅內心是多麼地想風流快活啊。

獨孤皇后這時也怕了，她萬萬沒有想到楊堅居然憤然到這個地步，獨自跑馬而去，比尋死尋活鬧的還誇張。這對於她來說，也是非常沒有面子的事。自古以來的皇后，有誰把皇帝的生殖器管得這麼嚴？她的內心世界產生了無比巨大的害怕，也呆呆地在後宮那裡坐臥不安地等著，如果楊堅真的不回來，這事如何收場啊。一直等得她都想哭了，這才看到大家把渾身疲憊的楊堅送了回來。她在楊堅面前痛哭流涕拜謝，高熲和楊素又在一邊幫腔。最後，擺了一場酒，大家喝完之後解散，表示這個事就此完結了。

6

楊堅和獨孤皇后可以完結了，可是高熲這結卻很難完。

獨孤皇后很快就知道高熲勸楊堅的那句話，心裡大恨：居然稱我為一婦人。你好啊，高熲！從此對高熲的態度急轉直下，見到高熲時，眼裡都是一股咬牙切齒的恨意。

而高熲對此毫無察覺。

這時，楊勇雖然還在當太子，但楊堅對他的好感已經歸零，內心已經有廢立的想法。但這是個大事，必須得到群臣的同意，而第一大臣的意見對群臣有著巨大的影響。因此想要群臣沒有意見，必須先把第一大臣解決。

楊堅決定試探一下高熲。

他從容地對高熲說：「有神仙告訴晉王妃，說晉王必定享有天理。你說該怎麼辦？」

高熲一聽，就知道什麼神仙告訴晉王妃之類的話，純屬屁話，其實就是楊堅自己要作亂而已。他也知道，自己一加入到這事當中，以後的前途就難說了。在其他方面，他可以裝睡，但這事關乎大隋國運興衰，他必須堅持原則。他也顧不得其他了，馬上長跪在地，說：「長幼有序，其可廢乎。」

楊堅試探高熲的動作，是他跟獨孤皇后商量後做出的。獨孤皇后看到高熲的態度堅決，知道無論如何都扭轉不了。她立刻理解到，只要高熲還在第一大臣的位子上坐著，她和楊堅的想法就只能成為想法，因此就咬著牙決定，在必要的時候，把他趕下臺。

剛好楊堅下令挑選東宮的侍衛到皇宮上臺值班宿衛，高熲又上奏說：「如果把東宮最強壯的侍衛都調走，東宮的保衛力量就太弱了。」

如果是以前，楊堅一定會覺得高熲的話是很對的，但現在他對高熲的態度已經不是以前的態度了。他聽了高熲的話後，臉上突然變色，他的臉為什麼變色？因為這時他自然而然想到一件事——高熲的兒子高表仁的妻子就是楊勇的女兒，所以高熲才拚命維護楊勇的地位，這對於多疑成性的楊堅來說，是非常致命的——他認為他必須把東宮的武裝力量也要牢牢地控制在手中。他板起臉，對高熲道：「朕時常外出過幸，宿衛必須都是強壯勇健的人。而太子只需要安坐東宮，修身養性，哪用得著一群壯士來保衛？事實證明，在東宮保持強大的侍衛力量是非常大的弊政。現在規定，衛士中符合我要求的，都必須在輪換當值換班的那天，分配前去宿衛東宮，如此一來，兩宮宿衛合為一體，這也是兩全其美的事情。我十分熟悉前代各種制度的優劣得失，你不必再說什麼了。」

這時，高熲的夫人已經去世，他仍然沒有再娶。獨孤皇后對楊堅說：「陛下，高僕射年紀也很大了，現在沒有了夫人，你為什麼不幫他再娶一房繼室呢？」

楊堅一聽，難得這位皇后有這個想法，找來高熲，把皇后的意思跟他說了，勸他再娶一個夫人回來，主持家裡的一切，第一大臣的家才像個家啊。

高熲卻流著眼淚對楊堅說：「我現在年紀已經很大，沒有別的想法了，每次退朝回家，只是在書房裡研讀佛經而已。現在陛下如此關心我，我雖然很感動，但說到再娶，我真的沒有這個想法了。」

楊堅聽了，也再不勉強。

不久，高熲的小妾又生了個兒子。

高熲很高興，楊堅也很高興。

可是獨孤皇后很不高興。

楊堅覺得很奇怪，問她高熲老來得子，大家都為他高興啊，你為什麼不高興？

獨孤皇后道：「高熲還值得相信嗎？之前陛下打算為他娶繼室，但他因為心裡裝著愛妾，就當面糊弄陛下，他說不願意再娶。現在這個兒子一出生，他的糊弄就大白於天下了。這樣的人，陛下怎麼還能相信呢？」

如果楊堅的腦子稍一冷靜，就會覺得這話簡直是屁話，這怎麼算是糊弄人呢？他不願娶自有他的原因，他有愛妾又不是偷偷地有，而是公開透明地有——當時哪個王公大臣沒有個一妻N妾。但現在楊堅對高熲的態度已經不是以前的態度了——以前，人家就是告高熲造反，他都不當一回事，現在就是這麼一個小問題，他都可以當成對方的道德汙點，擱在心裡，然後把對方判定成人品不好的人。於是，他也開始疏遠高熲了。

獨孤皇后看到終於成功地讓楊堅疏遠高熲了，自己的目的初步到達。

必須繼續。

她很快又挖掘出抹黑高熲的另一個資料——只要害人之心一起，各種抹黑誣諂手段就會油然而生。

獨孤皇后現在已經像傳說中的奸臣一樣，努力絞盡腦汁，找到高熲反皇帝的細節。因為她知道，高熲在楊堅心目中的形象還是很正面的，你只蒐集到高熲其他私德方面的資料，是無法打倒高熲的——楊堅雖然很變態，但也只是對有造反嫌疑的人極端，對其他方面的判斷還是很正常的。所以，只有把高熲那些反楊堅的細節翻出來，然後放大在楊堅面前，讓楊堅對高熲產生非常大的反感，才能把高熲徹底打倒。

獨孤皇后是個深度參與朝政的皇后，因此要抓到這樣的小細節實在太容易了。她沒有作太多的回憶，就抓到了前不久的一個細節。

也就是楊堅決定征伐高麗時，高熲堅決反對，說現在真的沒有具備打高麗的條件，還是緩一緩，讓他在那邊先鬧一鬧，也不會鬧出什麼大事來。可是楊堅就是不聽，一個小小的高麗國主，附庸大隋而存在，居然敢向他挑戰，這樣的狂妄之徒，有一個打一個，有兩個打一對，於是大舉起兵，結果比高熲的預言更慘。這讓楊堅很沒有面子，但他無可奈何，任何人都知道，這個失敗要怪只能怪楊堅。楊堅也沒有把責任推到別人的身上。但獨孤皇后就是把這個責任推到高熲的身上。她把這件事在楊堅面前重提一遍之後，說：「高熲一開始就不願意出征，陛下一定派他前往。當時我就知道，他一定不會成功。至於為什麼，陛下自己想。」任何人看到這樣的話，都知道如此把責任推到高熲的身上，是沒有邏輯的，如果一定說有邏輯，也只能說有強盜邏輯。征伐高麗之敗，並沒有敗在戰鬥的指揮上，更沒有出現別的事，而是因為天災。難道高熲為了不征伐高麗，能牢牢地控制天氣、讓老天爺在那個時間那個地點下了一場百年未遇的大暴雨？可是很多事是不需要邏輯的。尤其是楊堅，他只需要疑點，而不需要其他的。

以這樣的方式去挖掘，疑點就會越來越多。

下一個疑點接著來。

大家都知道，前次楊堅都派楊諒出征，其實並不是楊諒有多少軍事能力，而只是為了培養一下這個小兒子，讓他到軍中增加經驗、以便有個生猛的履歷，所以他才加派高熲當楊諒的得力助手——其實，所有一切都由高熲說了算，楊諒只負責簽字、負責宣布，甚至在打突厥時，楊諒都沒有隨軍行動過。高熲當然也知道楊堅的用心，因此他在輔佐楊諒時，也很用心，覺得皇帝對自己如此寄以厚望，自己必須事事出於公心，因此工作中始終沒有產生過避嫌的念頭和行動，一切都照章辦事，一切都實事求是，絕不因公廢私，即使是楊諒的一些話，該否決的照樣否決。於是，他又得罪了楊諒。現在你知道了吧？在這樣的政治生態中，你再怎麼謹慎，只要還有一點一心為公的心態，你都會得罪別人，都會被人家諂害。

楊諒被高熲否決了幾次，馬上就憤怒了，我這個元帥原來是掛羊頭賣狗肉。楊諒也是個氣量狹窄的花花公子，覺得自己在高熲面前，實在太委屈了。出征高麗回到長安後，楊諒做的第一件事，就是跑到老媽面前哭訴：「兒子差點見不到母后了。」

出了什麼事？

楊諒說：「就差一點被高熲殺死了……」

楊堅一聽，對高熲的態度終於徹底改變。

後來再打突厥時，大軍越過白道之後，高熲為了能夠更一步深入沙漠，對突厥來個更加沉重的打擊，派人到朝廷請求增加兵力。楊堅正要批准，他的幾個近臣說，只怕高熲有別的想法，請皇上謹慎對待。

楊堅馬上就猶豫了。

在楊堅猶豫的時候，高熲已打敗了突厥，班師回朝。楊堅一看，沒有替老高增兵，老高同樣大獲全勝，說明他的兵力是夠用的。那為什麼還要增兵？

不久，發生了王世積案。在審理王世積案時，問王世積怎麼知道宮中的很多事？王世積說都是高熲告訴他的。這讓楊堅驚得下巴差點飛掉：看來對高熲真的看走了眼。

楊堅對待高熲的態度，發生了根本性的變化，這個變化高熲沒有看出，但很多人都已經明顯感受到。他們知道配合楊堅、獨孤皇后處理高熲的時間到了。這可是個立功的大好機會啊——雖然在上戰場時，他們完全不勇敢，但在這個時候，他們都爭先恐後。

他們聯名向楊堅上奏，內容是：高熲和左右衛大將軍元旻、元胄跟王世積交往密切，還接受過他的名馬。如此一來，高熲就成了王世積造反集團的主要分子。楊堅大怒，下令法辦高熲。

賀若弼、斛律孝卿、柳述等人出來，說他們願證明高熲無罪，這些說法都沒有證據。楊堅現在還需要什麼證據嗎？他現在只需要高熲有罪。他大怒道：「你們都是他的老部下，你們當然會他講話。」

其他人一看，更不敢說什麼了。他們在這個過程中深刻領會了那句名言：「欲加之罪，何患無辭！」於是，高熲順理成章地被罷免了上柱國、尚書左僕射之職，以齊公的身分退休回家。

故事還在繼續。

高熲收拾包袱回家沒有幾天之後，楊堅在楊俊的家裡舉行了一場酒會，又把高熲召來一起喝酒。雖然離上次見面的時間並沒有多久，但經過這個風波之後，兩人的心境已經大不一樣了。當他們見面時，複雜的心情就表現出來了：還沒有說話，就已經淚流滿臉。就是一直以來，把處理高熲為頭版頭條、生活和工作的重中之中的獨孤皇后也跟著泫然落淚。她比誰都知道，高熲絕對沒有反意，只是她恨他而已。而且僅僅是稱她為婦人。這跟政治真的無關，但她卻把它跟政治掛鉤了。她的哭，深層次的原因，一定會包含有幾分內疚。但這個內疚只能深埋心底，絕對不能表露出來。

楊堅的內疚更大。但他更不能說他有內疚。他們停止淚眼相望之後，他對高熲說：「朕不負公，公自負也。」如果他內心沒有內疚，他會說這樣的話嗎？如果高熲真的造反，他還請高熲來喝酒嗎？

這個酒宴之後，楊堅又對他的近臣說：「我對待高熲，勝過對待自己的兒子。以前，即使沒看到他，他也好像常在我的眼前。自從他被處分之後，我就把他全部遺忘了，好像地球上從來沒有過高熲。對於人臣而言，高熲就是一面鏡子：即做人臣的絕對不能要挾君主，自以為老子天下第一。」

楊堅的這些語錄，絕對是皇帝的真心話。當你還有用時，他恨不得你天天在他面前，把你當親生兒子，一旦他覺得你無用了，就毫不猶豫地棄之如破草鞋，而且還將他的一切，從自己的記憶體裡全部清除，清除得好像這個世界都沒有過這個人。這就是典型的帝皇心態。

所有人都認為，高熲被免了全部職務，獨孤皇后的報復心理終於滿足，楊堅內心的隱患也得以清除，高熲應該可以放心地在家裡過著無憂無慮的安逸生活，不會再被打擾了。

可樹欲靜而風不止。

誣告高熲的事還沒有宣告結束。這次出來誣告的不是什麼大人物，而是一個七品芝麻官。這傢伙的職務是高熲封國的國令，掌管著高熲封國的事務。在朝廷上從皇帝到皇后再到皇帝的近臣，以及那些誰也無法定位清楚的相關部門都在進行把高熲拉下馬的活動，這個國令只在一邊看好戲當觀眾——也許那時他覺得自己人微言輕，最高層的這些權力鬥爭，根本沒有他插手的機會和資格。可是當高熲被免職回家，每天像個鄰居老頭一樣出現在他面前時，他的念頭突然靈光一閃，那麼多人因為高熲這個鄰家老頭而立功，我為他管理封國，是他最親近的人之一，何不利用這個身分，也誣告他一番，賺點功勞、發個大財？於是，他也加班趕工，弄了個罪名送上去。

資料的實際內容是：高熲的兒子高表仁曾經對高熲說：「司馬懿當初託疾不朝，最後司馬氏遂有天下，現在老爸被罷免在家，焉知非福？」

他官品雖然不大，但人品卻非常壞，深得誣告的精髓，就這麼一句話，又成功地把高熲告了一次。楊堅看到這幾句話之後，拍案而起，喝令把高熲關起來，嚴加審問。

幾個大臣看到高熲案又開始翻了，覺得如果不在高熲身上加碼，配合一下楊堅的情緒，這個薪資真是白拿了。於是，經過一番加油添醋的調查取證，他們又得到一個證據：有個叫真覺的沙門曾經對高熲說：「明年國有大喪。」接著又有一個叫令暉的尼姑對高熲說：「開皇十七、十八年，皇帝有大難，十九年則過不去。」如果放在現在，這些證據算證據嗎？可是當時，這樣的證據是最強硬的證據，而且也是皇帝最憤怒的證據。這些人顯然對皇帝的心思研究得很透徹，對皇帝各種不同的心情都非常了解。這對佛門男女弟子的話送到楊堅面前之後，楊堅更是怒不可遏，老子讓你退休在家，原來你仍然退而不休，居然在那裡想當司馬懿，想讓老子早死。他大聲對群臣說：「高熲這樣做，實在是太不自量力了。帝王之位，豈可力求？孔子以大聖之才，難道他不想當帝王嗎？只是天命不可而已。高熲你的德行才能離孔子有多遠？現在他跟兒子的對話，居然自比司馬懿，這是什麼居心？大家去想一想。」

話說到這個份上，高熲完全可以定謀反之罪了。

於是，那幾個相關部門的負責人出來請求，將反叛分子高熲判處死刑，執行斬首。

楊堅一聽，又冷靜了，把勃勃怒氣強行壓住，緩緩地說：「去年殺虞慶則，今年又剛誅王世積，如果現在又殺高熲，天下人會怎麼看我？史家又怎麼寫我？」從他的這話來看，連他都不相信高熲會造反，他同樣不相信虞慶則和王世積會造反。他只是擔心他們會有這麼一天，否則他還會在意天下人的評價嗎？多少個皇帝在施行暴政時，他們在意過天下人的感受嗎？他們只在意自己的感受，天下人在他們的嘴裡，其實就是一個政治名詞，有用的時候拿來糊弄，為自己粉飾一下面子而已。如果他認定高熲真的有司馬懿之心，高熲不會活過下一秒——那時他會說不殺高熲，天下人不答應。他只是大罵幾句之後，對高熲來個開除公職處分。

高熲一定沒有想過他會有今天。但他的母親卻已經料到了。他當年被任為僕射時，他的母親對他說：「你現在的富貴已經到頂點了，但不要忘記還有腦袋被砍的危險。以後一定要處處小心。」

他也是讀過書的人，歷史知識十分豐富，知道老媽這話絕對沒有錯，所以他一直很小心，但仍然逃不過楊堅對他的猜忌、逃不過一幫小人對他的誣陷、對他的落井下石。現在他被全部除名，從大隋第一大臣，變成大隋一介平民百姓，很多人會以為在這樣的落差面前，他會臉如死灰，甚至一病不起，最後會像很多有同樣遭遇的人一樣來個「疽背而死」。但他被打回家裡之後，人們看到他的臉居然是「歡然無恨色」。他以為，他無官無職成為鄰家老翁之後，就可以免於那些不可預測的災禍了。後來的事實證明，他的這個想法真的太樂觀了。在高熲案中，沒有牽連更多的人，也充分說明了，高熲造反的事是不成立的。如果高熲造反，一定會組織一個陰謀集團，天天策劃，製造機會，但這些情況都沒有發生。但楊堅仍然把一個人跟高熲捆綁起來。這個人就是元善。元善跟高熲的關係也僅僅普通，只是因為以前楊堅問元善大臣中誰最有水準？元善答：楊素是個粗人，辦事粗枝大葉，蘇威性格懦弱，元胄和元旻之流就像水裡的鴨子，除了會隨波逐流之外，沒有別的本事。可以付社稷者，唯獨高熲！

元善說完之後，楊堅伸出了大拇指，說：「你說的跟我想的一樣。」現在楊堅又想起元善的這個話來，覺得很噁心，就把元善叫來，狠狠地臭罵一頓：「你以前說高熲是一個可以託付社稷的賢臣。我深信你的話，這麼多年來，把國事都交給他。你這是在誤導我啊。」

元善被這麼一罵，內心世界被無邊無際的憂懼糾纏，最後居然憂懼而死。

7

到了這個時候，楊堅內心也希望暫停一下了。畢竟滅陳的功臣中已經所剩無幾了：生擒陳叔寶的韓擒虎已經自然死亡，主要操盤手高熲已經被削職為民，楊素目前正受他和獨孤皇后的寵信，那個一直跟韓擒虎爭進入建康第一功的賀若弼雖然還在，但賀若弼除了高薪資之外，手裡已經沒有什麼權力。還是放過他們吧。

楊堅心裡是這樣想的，但沒幾天賀若弼還是出事了。

楊堅晚年常住的地方就是仁壽宮——從他的這個舉動來看，當年他破口大罵楊素把仁壽宮修得太奢華完全都是假裝的，楊素修的仁壽宮完全對了他的胃口，只是他自己享受之後，卻把責任推卸給楊素。他經常在仁壽宮裡舉行酒宴，大會群臣。在這方面他也跟陳叔寶差不多，酒喝到一定的程度，就喜歡大臣們即席賦詩——當然所有的主題都是兩個字：「頌聖。」

這一次宴會，賀若弼也應邀參加。

大臣們大吃大喝之後，照例又搜腸刮肚，寫出一大堆歌功頌德的詩來，呈皇上斧正。楊堅看著這群臣下，雖然其他水準遠不如他們的酒量和飯量，但歌頌皇上的水準都很高，各盡所能、各展所長，從不同的角度歌頌他。如果不看這些詩，他還真不知道，他原來是這麼聖明、聖明得前無古人後無來者。看來不光缺點需要別人發現，皇帝的大量優點也是需要群臣們擦亮眼睛去發現的。他睜著那雙眼睛，滿臉堆笑地瀏覽著這些馬屁雄文。大家在那裡都看著他的臉，看到龍顏總是處於高度的歡喜狀態，心裡也是無比的高興。哈哈，學成文武藝，貨與皇帝家。現在人們都把水準賣給皇上了，看來皇上還很喜歡。只要皇上喜歡，我們的幸福生活才可以保障。突然，他們覺得氣氛有些不對。一看，原來皇上臉上的神態突然變得嚴肅，一定是誰又腦袋不靈光，把什麼敏感詞寫上去了。

他們猜得沒有錯。

現在楊堅眼底的這首詩的作者是賀若弼。賀若弼在這首詩裡，不但高度偏離了頌聖的主題，而且還滿腹牢騷，字裡行間都是憤憤不平的語氣。楊堅越看心裡越有氣，他還是高熲提攜的，一向是高熲的忠粉，在別人都舉起石頭對準已經落井的高熲時候，他居然出來為高熲說話，證明高熲無罪——高熲要是無罪，那朕不成誣陷高熲的黑手了？這傢伙敢為高熲鳴不平，還有什麼事不能做出來？也必須打一打。於是，楊堅又把賀若弼下獄。

他對賀若弼說：「公有三太猛：嫉妒心太猛，自是、非人心太猛，無上心太猛。」

不過幾天之後，他又把賀若弼放了出來。為什麼他對賀若弼能這麼寬容？我想，賀若弼天生是個毒舌，心直口快，即使吹口氣都還得罪人，這樣的人沒有什麼市場，他心裡想什麼，你完全可以從他的隻言片語中品得出。只是他那條舌頭太毒，讓楊堅也很噁心。當然，無緣無故把賀若弼關押了幾天，你總得找個理由來敷衍。楊堅就對人家說：「賀若弼在伐陳之前，就對高熲說：『陳叔寶被滅掉是一定的。只是滅陳之後，是不是又重演一番飛鳥盡、良弓藏？』高熲當時對他說：『保證不會。』滅陳之後，他先是要求當內史令，然後又要求當僕射。我對高熲說：『功臣是應該授官的，但不能干涉朝政。』過後，賀若弼又對高熲說：『我跟皇太子的關係十分緊密，只要在一起，就無所不言、言無不盡。你為什麼不來依靠我的力量呢？』更惡劣的是，賀若弼一直想謀取廣陵，還想占領荊州。這兩個地方最適合的就是作亂啊。可見他心裡時時裝著的是什麼。」楊堅這麼一說，賀若弼又成功地被掛到高熲那裡，成為叛亂集團的核心。其實，所有的聽眾都清楚，楊堅這話純屬虛構。如果賀若弼的反叛到了這個地步，他還能留下賀若弼那顆腦袋嗎？

不信？

請參看王世積一案。

之後，楊堅沒有再找賀若弼的岔，繼續請他來喝酒。有一次，突厥使者來朝，楊堅對那個使者說：「突厥人射箭技術都很強，你能不能為我們表演一下？」

使者也不客氣，一箭就命中靶心。

楊堅環顧群臣，說：「在座的除了賀若弼，沒有誰達到這個水準。」馬上叫賀若弼出來試試身手。

賀若弼引弓射箭，果然一發即中。

楊堅哈哈大笑，說：「此人是上天賜我的。」

大家一看，賀若弼終於安全了。但這個安全期究竟有多久？誰也不敢下結論。

從歷史的記載看，造成高熲倒臺的原因，都是一些不關痛癢的事，幾句禁不起推敲的話就可以把楊堅的第一親信打倒，似乎真的說不過去，其背後一定還有深層次的原因。如果真的有，我想，應該與佛教有一定的關係。

大家知道，佛教在南北朝時，在盛行一時之後，皇帝們對佛教也存在著不同的態度。蕭衍把自己培養成天下最虔誠的佛教徒，多次離開皇宮捨身佛寺。北朝的皇帝對佛教不那麼喜歡，歷史上三次滅佛高潮中的兩次，就出現在北魏和北周。而楊堅則是堅定的佛教徒——這從他編造出生的故事中完全可以看出。這個故事，暗示了楊堅與佛教之間的關係。楊堅取得政權的時候，也是佛教發展史上的至暗時刻。佛教在走投無路時，突然發現政權已經翻新。於是，他們在奄奄一息的最後時刻，把最後的希望寄託在新生的政權上。而楊堅也採取了正面的態度加以回應。

楊堅為什麼這麼做？

我想，是有楊堅的政治目的的。他不是蕭衍，蕭衍信佛到佞佛的地步，完全都是因為個人信仰，信仰到五體投地的地步，而楊堅則是利用佛教為政治服務而已。他要以此突顯自己篡周的正當性，即表示自己建立的隋朝與前朝是完全不同的。北周禁佛，做的是復古那一套，而他們是崇佛的。他在即位以後，馬上就對佛教實行開放政策，允許佛教徒出家，恢復佛經出版和佛像製作的自由。他在朝廷內都配備有佛教經典的《一切經》。於是，被高壓已久的佛教又進入一個復興時代。根據相關部門的統計，在楊堅時代，全國共有二十三萬人出家，建寺三千七百九十二座。佛教在短期內就開始興盛。楊堅在這方面與蕭衍最根本的區別就是，蕭衍為了弘揚佛法，不惜親力親為，自己登壇辦講座，還要捨身入寺，睡幾天素覺、吃幾天素食，還把國家大量的財政投入到佛教事業當中——南朝四百八十一寺，多少樓臺煙雨中，就是他以舉國體制弄出的歷史畫面，是典型的政治為佛教服務、皇帝為佛教服務，而楊堅則沒有為此投入多少國家財力，他本人也與佛教保持一定的距離，他只是給出政策，是典型的佛教為政治服務。兩人一比較，蕭衍是真正的佛教徒，而楊堅是真正的政治家。

身為政治家的楊堅，是很注重對佛教的控制的。他在開皇二十年，釋出了一個很讓人大吃一驚的詔令，內容是嚴禁對佛像、道教的天尊像及其造像的破壞和盜竊。若有違者，則俗人以道罪、僧侶和道士則以惡逆罪論處，而且處罰得非常嚴厲——與顛覆國家罪同等待遇，即殺頭。但同時，他又採取措施，大力打擊佛教的一個派別——三階教。

三階教是楊堅時期的僧人信行創立的一個教派。該教把全部佛教依時、處、人分為三類，每類又各分為三階。所謂三階，即以佛滅後初五百年的正法時期為第一階，第二個五百年的像法期為第二階，一千年後的末法時代為第三階，所以就稱三階教。據說三階教以苦行忍辱為宗旨，每天只吃一頓飯，而且這飯還是化緣來的，就連吃寺飯都視為不合法。這樣的教徒一定就是苦行僧。這些苦行僧在路上行走時，見人不論男女，一概禮拜，大概是最有禮貌的宗教人員。他們到處提倡布施，死後的屍體都不能埋，而是把這具臭皮囊丟在森林裡，供鳥獸食用，叫以身布施，這個行為是名副其實的以身作則。他們反對淨土宗所提倡的念佛三昧，主張不念阿彌陀佛，只念地藏菩薩。還說，一切佛像都是泥做的，不必尊敬，一切眾生都是佛，所以必須尊敬。

由於這一派弟子天天行乞，提倡布施，籌集到的「醵金」(即布施)很多，因此手裡掌握的財富很多，而且還十分團結——財力雄厚，又團結一心，已形成一個政治集團的雛形。生性本來就極端多疑的楊堅看到之後，那根敏感的神經不跳動才怪。更要命的是，高熲居然是這個教派最忠實的教徒。三階教在大興城內修建真寂寺的那塊黃金地皮，就是高熲捐贈的。

大家知道，腦中有反骨的造反專家利用宗教造反，歷史上已經屢見不鮮。楊堅把三階教跟高熲聯想在一起，他的身上一定遍布冷汗——即使現在高熲只當忠實的三階教徒，但你敢保證他日後不會利用宗教展開造反事業？

另外，在張麗華事件上，高熲也得罪了楊廣，而楊廣一直是楊素最喜愛的兒子，他能不在楊堅面前說些高熲的壞話嗎？

於是，高熲只有被拿下了。

第四章 奪嫡風，楊廣暗鬥兄長，文帝震怒廢太子

1

幾個讓楊堅認為有安全隱患的功臣能臣，先後被擺平，這讓楊堅很高興。

而全面負責對突厥事務工作的長孫晟這時也取得了很大的成就。

開皇十九年十月，根據長孫晟的請求，朝廷冊封突利可汗為意利珍豆啟民可汗。這麼一大段文字，讓人去記，不花半天功夫還真記不住。其實，用漢語來概括只有三個字：意智健。意就是意志、智是智慧、健就是強健。從此，突利可汗就被稱為啟民可汗。

啟民可汗之前雖然被都藍和達頭可汗打得直接可以宣布破產，身邊已經沒有幾個人了，但他回去之後，那些逃散的部眾又過來跟他會合，讓他手下又有一萬多個公民。楊堅命長孫晟率五萬人在朔州長駐，當啟民可汗堅強的後盾，並在那裡修築了一座城，專門安置突厥方面來投奔的人。

啟民可汗的事業又有了起色，但那個嫁給他的公主估計是水土不服，在突厥那裡跟啟民可汗生活了沒有多久就死去。

一直以來，維繫啟民可汗跟大隋關係的最大紐帶就是這個公主。楊堅也怕沒有了公主，啟民就不會這麼忠實地服從於他；啟民更怕沒有公主，大隋有可能就不把他當自家人，對他支持的程度就會不斷地弱化。因此，在公主死後，他馬上就透過長孫晟，又要求朝廷嫁一個公主給他。於是，楊堅又從宗室裡找到了個美女，封為義成公主，叫長孫晟護送到突厥，嫁給啟民可汗。

不久，長孫晟又上奏：「近來，歸附染干（啟民可汗的名字）部落的百姓越來越多。他們雖然在長城之內，但仍然經常被都藍可汗的部落抄掠，生活不得安寧。不如把他們遷到五原地區，以黃河為天然屏障，在夏、勝兩州之間，東西到黃河、南北相隔四百里，挖掘一道橫向壕溝，作為人工屏障，讓他們居住在裡面，使他們可以任意畜牧。」

楊堅當然答應。

但他也知道，要保證突厥不鬧事，光讓啟民可汗心服口服還是不夠的。因為達頭可汗和都藍可汗的實力都遠比啟民可汗雄厚得多，而都藍可汗前些時候，被大隋逼成了徹底的敵對分子，一有時間就在邊境作亂，讓北部邊境很難安寧。所以，不解決這兩個可汗，就等於沒有解決突厥問題。基於此，楊堅又派猛將趙仲卿在邊境屯兵二萬，以防達頭。還命代州總管韓洪率步騎一萬鎮守恆安。

這個部署才剛剛完成，達頭可汗就帶著十萬部隊向韓洪發動進攻，把韓洪打得大敗。

趙仲卿得知後，立刻率部從樂寧鎮緊急出動，迎戰達頭可汗。達頭可汗打韓洪很容易，一戰就把韓洪打得抱頭而逃。他看到趙仲卿率軍殺過來，不由得哈哈大笑，趙仲卿你是來送死吧？我手下十萬大軍，而且又剛剛取得大勝，銳氣正盛，眾多指戰員正到處打敵人來殺。你居然就來了，而且才兩萬人啊。我們五個打你一個。

達頭剛做完這道小學生數學題時，趙仲卿的兩萬部隊已經衝殺上來。雙方一陣好打。

突厥兵突然都有點不適：都是隋朝的軍隊，為什麼這支部隊跟韓洪的就不一樣？他們的軍裝都一樣、兵器也一樣啊。韓洪的部隊弱不禁風，一打就散。而這支軍隊居然如此硬朗，衝殺起來，一以當十。達頭很快就想起來，就是這個趙仲卿，在前次隋朝攻打突厥時，他以三千部隊獨自抵擋都藍的主力，整整打了五天五夜，而都藍的主力都無法消滅他們。這樣的軍隊是什麼軍隊？簡直比鐵還硬啊。

突厥人知道碰上硬骨頭鐵軍了，頓時開始膽怯。在戰場上膽子一怯，結果可想而知。達頭可汗自己就先沒有了信心，其他兄弟還能去拚才是怪事。最後，剛剛得勝的達頭被打得大敗，直接損失一千多士兵。

暴揍了達頭一頓，還必須給都藍一個教訓。

於是楊堅又派出幾路大軍，矛頭直指都藍部落：楊素從靈州出兵，韓增壽從慶州出，史萬歲則從燕州出，姚辯出河州。

各路大軍接到指令之後，都按計畫前進，每個人都準備打好這一仗，立個大功回來。部隊還沒有出塞，就傳來一個大消息：都藍死了，是被手下殺掉的。

都藍一死，突厥內部馬上亂成一團，達頭馬上宣布自己全面繼承都藍的政治遺產，自稱步迦可汗，是突厥的大可汗。他雖然自稱大可汗，但剛剛打了個大敗仗，沒有足夠的威信，無法平息都藍之死引起的動盪。

長孫晟知道這是個大好機會，馬上上書楊堅：「現在我們大軍壓境，連續取得勝利，突厥內部處於混亂局面，可汗被殺，群龍無首，如果趁機前去招撫，他們的部落就會全部降附。這個任務還是由啟民可汗去完成。讓他安排部下分道去展開招撫慰問工作，比大軍大砍大殺的效果好多了。」

楊堅完全認可長孫晟的方案。果然，啟民可汗一發動，很多突厥部落都願意成為大隋的分支機構。但達頭可汗仍然沒有投降。達頭可汗自稱大可汗之後，看到還有這麼多突厥部落不承認他，都被啟民可汗動員去投靠大隋了，就以為必須取得一場對隋之戰的勝利，為自己的威信加分，人家才服他。於是又率兵前來，進攻大隋帝國的邊境。

楊堅大怒，這個達頭也太可恨了，就那幾個兵，居然還敢這麼囂張，必須再打他一番，讓他知道疼痛。開皇二十年四月，他派出兩路大軍，一路由楊廣和楊素為帥，從靈武道出發，一路則由楊諒和史萬歲率領，從馬邑道挺進。

突厥問題專家長孫晟這時受楊廣控制。他對突厥的情況十分了解，開戰之前，他找到突厥人飲用的泉水，派人偷偷從源頭上投毒，造成大量突厥人畜死亡。如果是在別的地方，大家根本不用腦子去想，就能知道有人在水裡投毒了。可是突厥人太缺乏這方面的經驗，看到這個情況後，馬上就大驚失色：「天下毒雨，看來老天要讓我們滅亡了。」然後都自動收拾包袱，連夜逃跑。

長孫晟等的就是這個時候，他看到突厥人夜逃之後，率兵奮起直追，大獲全勝。

另一路，雖然是楊諒為主帥，但大家知道這個少帥除了會告狀之外，並沒有別的本事，軍事行動基本上都靠史萬歲。

史萬歲出塞之後，來到大斤山，終於跟突厥主力相遇。

達頭可汗看到眼前的旗幟似乎有點眼熟，就傻乎乎地派人來問：「隋將為誰？」

答：「史萬歲。」

問：「是不是當年威震敦煌的那個配軍？」

答：「是也！」

達頭一聽，趙仲卿都打不過，威震敦煌的史萬歲能打得過嗎？這個念頭一轉，懼意馬上茁壯成長，片刻塞滿心頭，然後掉頭就跑。

史萬歲一看，這也敢來跟老史對陣？一聲令下，縱兵追擊，一路狂追、一路取勝，斬首數千級。一直追入沙漠數百里，直到突厥人逃得沒有影子了才收兵而回。

兩路大軍雖然都取得了勝利，勝得也很輕鬆，幾乎都是追著打，連一丁點的抵抗都沒有遇到，但殲敵的數量並不多。達頭的損失並不慘重。他看到隋兵撤回去後，馬上就捲土重來。他連續吃了隋兵的大虧，這次他不敢再惹隋軍，而是把矛頭指向啟民可汗——都是這個傢伙出賣突厥的利益，充當隋兵的帶路人，這才讓突厥不斷地失敗。他派他的姪子俟利伐從沙漠東面出擊，進攻啟民可汗。他以為，他不打隋軍，隋軍就不理他了。他居然沒有想到，現在打啟民可汗跟打大隋帝國還有什麼區別？

楊堅看到達頭又來了，馬上派兵過去，幫啟民可汗守住險要。俟利伐看到隋兵又威風凜凜地出現，自知憑自己這點能耐，還是別上去送死的好，就偷偷地溜走，又退回漠北。

啟民可汗對大隋很感激，表示千秋萬代，都要當好大隋的分支機構。

史萬歲得勝班師，以為自己立了新功，一定有賞。沒想到，回來之後，卻不明不白地捲入一場驚心動魄的權力爭鬥當中。

2

這場爭鬥就是楊勇和楊廣的爭鬥。

楊堅由於被老婆管得太嚴，不得不成為史上最清心寡欲的皇帝，雖然後宮有成堆的美女，但生產的管道只有一個——獨孤皇后，因此他生的兒子只有五個。到了這時，楊俊又因為老婆吃醋、被下了毒。雖然沒有當場被毒死，但已經被毒得一病不起，直到現在仍然躺在床上。到了開皇二十年的夏天，他在病床上跟疾病對抗多日之後，派人讓楊堅上了一表，以表謝意。楊堅對他顯然很生氣，看到他的上表之後，就讓這個使者回去轉告他的話：「我戮力創茲大業，作訓垂範，庶臣下守之；汝為吾子而欲敗之，不知何以責汝！」

楊俊本來就在床上天天吃後悔藥，現在聽到老爸的這番話，心頭更加羞愧不已。身為皇子，他本來很清心寡欲，想去當和尚，可是老爸就不同意，硬是把他逼到這個名利場上打滾，最後他來個自暴自棄，乾脆把花花公子的各種行為全部玩完，以至弄成這個模樣。他跟所有病歪歪的人一樣，當喪失所有的東西之後，肚子裡就都是後悔莫及的那種心情，而這個心情越來越重，最後他的病也跟著越來越沉重。

楊堅聽說楊俊的病更重了，就急忙任命他為上柱國，想以此來沖喜一下，讓他的心情好轉過來，以便病情也跟著好轉過來。但所有的努力都宣布無效。

開皇二十年六月，楊俊終於死去。

楊堅知道後，呆了大半晌，哭了幾聲，就停止了。他對這個兒子已經很失望，也很生氣。楊俊生前所製作的那些奢侈華麗的東西，楊堅命令全部燒掉，一件也不留。

楊俊王府裡的官吏們請求為楊俊立碑，也被楊堅否決了。他說：「要是追求名節，一卷史書就足夠了，何必刻什麼碑？如果子孫不能保住家業，結果石碑只是白白幫人家作鎮石用而已。」

大臣們看到楊堅對楊俊是真的恨，知道迎合楊堅聖意的時候又到了，便上奏：「漢代慄姬的兒子劉榮、郭皇后的兒子劉彊都因其母獲罪而被廢黜。現在楊俊的兩個兒子的母親也都犯了罪，所以他們也不能當楊俊的繼承人。」楊堅也很快地答應了。

楊俊雖然很奢侈，荒淫無度，但他對左右還是很不錯的。他死後，他的女兒才十二歲，但這個女兒倒是很乖，她幼遭父喪，心裡裝滿了悲傷，服喪期滿之後，也不吃魚肉。而且之後每到父親忌日，她就流淚不吃東西。還有一個開府叫王延，也是個十分厚道的人，他率領親兵十幾年，天天負責楊俊的安全保衛。楊俊中毒之後，他就在楊俊的府中站衣不解帶地侍衛，天天服侍著這位倒楣的王爺，而且服侍得十分用心。楊俊死後，他幾天水米不沾，把自己都弄得瘦骨如柴。楊堅聽說之後，都很感動，就派人賜御藥給他，授他驃騎將軍，讓他到宮中宿衛。在楊俊下葬的那天，王延居然一路痛哭，最後哭得死在地上。

楊堅為此嗟嘆不已，這個楊俊也算有福氣了，手下居然有這個的死黨。楊堅下詔把王延安葬在楊俊的墓邊。

3

除了楊俊之死，這一年還發生了一件重大的歷史事件，就是楊堅對太子的廢立。

楊堅剛即位時就宣布立楊勇為太子，這是歷史傳統規矩，因此當他進行這個人事任命時，所有人都以為，這是順理成章的事，其他事可能都會有變故，唯獨這事不會再發生什麼意外——因為歷來就是這樣，是歷史注定的。楊堅在立太子之後，曾很得意地對大家說：「以前的君王，後宮有太多嬪妃，寵幸太多的美女，生了太多的兒子，於是就經常出現奪嫡的悲劇。我別無侍妾，五個兒子是一母所生，是實在的親兄弟。哪像史上的那些君王那樣，一個美女生幾個兒子。這些兒子不是來當兄弟的，而是都來當競爭對手的，結果你爭我奪，都走上了亡國的道路。我就不怕有這個事了。」他說的時候，很得意。

楊堅確立楊勇為接班人後，就讓楊勇參與決策軍國大事。楊勇參與決策時，很有想法，也敢提出自己的想法，而且楊堅也經常採納楊勇的建議。楊勇性格比較溫和，為人直率，待人熱情，也沒有什麼架子，一向反對弄虛作假，是個實話實說的人。但有一個缺點是很致命的——就是奢華。當然，你可以說，堂堂皇太子，奢華一點算什麼弱點？如果是別人的兒子，楊勇這個缺點根本不是缺點。但他偏偏是楊堅的兒子，而且楊堅偏偏又是個強調節儉的皇帝——儘管他也是個建築狂魔，修建完首都又修建仁壽宮，還修建很多工程，花費巨大，但他把這些都算作國家工程，而不是他的奢華。他痛恨的奢華是在個人用度方面的奢華。比如楊俊那樣的奢華，他就很生氣。因此楊勇愛奢華，他當然就看不順眼了。而楊勇對老爸的這個好惡居然毫不在意，繼續任性地奢華著。他曾經在已經很精美華麗的鎧甲上再加裝飾，弄得富貴無比。

楊堅看到後，臉上都是憤怒的神態，對他狠狠地教訓了一番：「自古帝王未有好奢侈而能長久者。你身為皇位的繼承人，就應當帶頭節儉，方能侍奉宗廟。我過去的衣服，都還各留一件，現在都還經常拿出來看看，來個憶苦思甜，以便警醒自己。現在看到你這些行為，看來你已經以當今皇太子自居而忘記了過去的事情。現在我賜你一把我舊時所佩的刀，一盒你舊為上士時常吃的醃菜。要是你還能記得以前的事，就算不辜負我對你的期望和良苦用心。」

可以說，楊堅的這番話已經說得很嚴厲了，直接說你這個太子之位是不牢固的。如果楊勇的心思稍為敏感一點，一定會多加小心，學會看老爸的臉色辦事，那麼以後結局有可能不一樣。但他接過老爸賜給他的兩件舊東西之後，卻把老爸的話當成耳邊風，更把老爸那個生氣的臉色忘記得一乾二淨。

有一次冬至，百官都來到東宮祝賀。

楊勇一看，心裡很是喜歡，覺得不把排場做大一點，真對不起大家，更展現不出太子的風範。於是，他安排樂隊去迎接祝賀的大臣們。

楊堅知道後，當然很不爽，在朝堂上直接問大家：「近聞至日內外百官相帥朝東宮，此何禮也？」

禮儀是歸太常管的。所以太常少卿辛亶出班回答：「在東宮敬賀，不能稱朝拜。」

楊堅說：「祝賀的人應該三五十人，隨意各自去，為什麼要由相關部門出面召集？弄得百官都集中起來同去？然後太子身穿禮服奏樂來接待百官。這符合禮制嗎？」

大家聽到楊堅說得這麼嚴厲，都不敢再出言。

楊堅接著下詔：「禮有等差，君臣不雜。皇太子雖居上嗣，義兼臣子，而諸方岳牧正冬朝賀，任土作貢，別上東宮；事非典則，宜悉停斷。」切實地以皇帝的名義嚴厲責罵了皇太子一頓。而隨著這個詔書的下發，楊勇在楊堅的心目中已經一落千丈。自此，楊堅看楊勇的目光已經不是以前的目光了，這雙父親的眼裡，不但隱含怒氣，而且還暗藏猜忌和戒備。

這個目光很多人都已經讀懂，但楊勇卻還是懵懵然。他既不研究老爸看他的目光，也從來不用心去研究母親的喜好——要知道，在這個皇帝的家庭裡，並不僅僅楊堅說了算，獨孤皇后的話有時分量也是非常重的，她的態度有時比楊堅還有管用。這個皇后那雙眼最看不得男人寵幸太多的美女。在楊俊重病在身，躺在床上等死時，她很少說什麼，好像這個兒子根本沒有病——或者這個病得要死了的人根本不是她兒子一樣。因為這個兒子太好色，一天到晚都在胭脂堆裡廝混，把日子過得活色生香，讓她十分反感。

而楊勇也有這個愛好。他的內寵很多，其中有一個雲氏最得他的寵愛。他對這個美女的寵愛到什麼地步？所享受的待遇和禮節用度，跟正室都相差無幾。楊勇的太子妃元氏，因為還在青春年華時就失寵，心裡長期想不開，最後突然得了心疾，兩天就死掉。

這個事一出現，最先出來表態的果然就是獨孤皇后。她一口咬定，元氏之死，一定不是因病，而是還有別的原因，而這個原因就出現在楊勇的身上。她把楊勇叫來，狠狠地責罵了一頓。如果楊勇此時醒悟，把老爸老媽對自己的態度認真地研究一下，然後加以改正，也許他還有救。但楊勇也是一個不會反省的人，受了幾次嚴厲責罵，仍然完全沒有反思，仍然照著自己的性格繼續下去。元氏死後，雲氏的地位當然在東宮中突出來，無人能擋。這個時期，是楊勇生育最旺盛的時期，元氏先後生了三個兒子，另外幾個美女也跟著生了六個兒子。如果在別的皇室那裡，太子生了這麼多兒子，那是皇家人丁興旺，可喜可賀。可是在楊家這裡，完全不可喜可賀。獨孤皇后知道楊勇跟這麼多女人同時生子，心裡很憤怒，認為這小子不是好人。於是，她派人專門調查楊勇的過失，以便組織資料，把這個長子解決。

到了這個時候，楊勇都已經遭到父母的忌恨。但他卻完全不知情，更沒有去迎合兩位老人家之意，修補他們之間的裂痕。

所有人都已經看出楊勇已經危險了，楊廣當然也看出來了——而楊勇的危險，就是他的機會。

4

楊廣雖然是楊勇的兄弟，但兩人的性格差別很大。楊廣對父母的好惡絕對研究得很透，他知道老媽喜歡什麼，也知道老媽在家時說話的分量——在這個家中，得老媽的喜愛者得天下。其實他比他的兄弟更好色，但他卻汲取老爸以及兩個兄弟的教訓，把這個愛好隱藏得很深。他的王妃是蕭氏，為原來後梁末代皇帝蕭巋的女兒。在公開場合裡，他只跟這個蕭妃秀恩愛，一天到晚人們似乎只看到他跟蕭妃在一起。其實他的後庭有無數美女。他也長期跟這些美女玩得不亦樂乎。但他報上來的姬妾數目都在規定的數量內，而後宮那些美女生的兒子，他一概不養育。所以，獨孤皇后看到的只有他和蕭氏生出的子女。這讓獨孤皇后很高興，一有機會就誇他，說這才是我們楊家的好兒子。如此一來，楊廣的名聲就變得響亮，他的行情也隨之看漲，朝廷中的那些重臣，也都開始轉變投資方向，把他當成績優股，向他靠攏過去。

楊廣看到自己市場的潛力越來越大，就更加把戲碼做足，盡量跟群臣打好關係，放下架子，團結一切可以團結的人。楊堅和獨孤皇后每次派人來到楊廣的住處看望楊廣，不管來人地位是貴是賤，楊廣通通都帶著他的蕭妃來到大門迎接，然後為來人擺設盛宴，好吃好喝、一切恭敬如儀之後，還送給他們大量禮品。這些人得到大量好處之後，當然到處稱頌楊廣是個仁愛賢孝的好皇子。楊堅和獨孤皇后對楊廣也是很看好的。他們也經常到晉王府裡看楊廣。每到這時，楊廣都會把府中的美女藏起來，然後派出專業隊來服務父母。這個專業隊的隊員都是一些相貌醜陋、年紀又大的婦女。而且房內也都重新做好布置：屏帳都掛上樸素的幔帳，琴瑟上的絲絃也大多都已經斷絕，而且上面也滿是灰塵，看起來已經很久沒有使用了。楊堅和獨孤皇后看到這些，覺得楊廣不喜聲色，人品一定是非常好的，都在那裡點點頭：廣兒才是一個不忘階級苦的好兒子啊，把天下交給這樣的人才是可以放心的。兩人還宮之後，還忍不住跟近侍們談起這一切，談得喜氣洋洋、談得心滿意足。近侍們基本上都是屁馬精，看到兩老高興，便都向他們祝賀稱慶。從此，楊廣在兩人心目中的地位已經超出所有的兄弟。

楊堅到了這時，內心已經有了換太子的想法。當然他還不敢下決心，他怕楊廣不是上天之選，於是就偷偷請來一個精通看相的大師，讓他們偷偷看諸子的相貌，看看他們的前途如何。那個大師看過一遍之後，沒有對別的皇子評論，只對楊堅說：「晉王眉上雙骨隆起，貴不可言。」與其說大師看出晉王之貌貴不可言，不如說他看穿了楊堅的想法。你想想都確立了太子，還叫人來看相，究竟誰貴誰賤？這不是要換太子是什麼？而且楊堅對楊廣的態度，已經是人盡皆知，以看相為業的專業人士，豈能忽略這方面的消息？

楊堅心裡非常開心，又把韋鼎找來——對，就是韋睿的那個孫子，當年出使長安後，就認定之後天下必歸楊堅，回到江南後，把所有不動產全部拍賣，做好投奔楊堅的一切準備。他的眼光的確是非同尋常，所以楊堅對他的眼光是很相信的，當年蘭陵公主守寡，楊堅決定為她再擇夫婿時，他指定了兩個候選人，一個是柳述，一個是蕭瑒。楊堅自己覺得這兩個人都一樣優秀，不知選誰的好。就把韋鼎叫來，你看看他們的相貌，誰合適？韋鼎說：「瑒當封侯，無貴妻之相；述亦通顯，而守位不終。」意思是說，蕭瑒最終可以封侯，但卻不是讓妻子尊貴的相貌。柳述雖然也會發達，但最終會守不住已經到手的職位。楊堅一聽，當然不願讓女兒嫁給一個對妻子不利的男人，所以他選了柳述，說：「全國的職位都是由我決定的。他能不能守住，全在我這裡。」——後來柳述的命運，跟韋鼎的預測一樣，當然那時楊堅已經死了。死了的楊堅當然管不到朝廷的職位了。由此可知，楊堅對韋鼎的看相水準是多麼的推崇。現在到了這個歷史關頭，他當然又想到韋大師，便問他：「你說說，我這幾個兒子中，最終誰會繼承我的位子？」

這一次，韋鼎沒有像以前那樣斬釘截鐵了，對楊堅說：「至尊、皇后所最愛者當與之，非臣敢預知也。」皇上和皇后看中誰，誰就是。不是我這樣的人敢預測的。

楊堅哈哈大笑：「你不肯明說而已。」

楊勇和楊廣都很聰明，十分好學。楊勇精通詞賦，而楊廣則寫得一手好文章。這方面兩人不相上下。

但人情練達方面，楊勇就差了幾條街。在裝模作樣方面，比如裝乖裝老實、裝簡樸裝不聲色、裝禮賢下士、裝孝敬父母，楊勇簡直是白痴，而楊廣卻是個中高手。楊廣一路表演下來，聲名就直線上升，在兄弟當中，一直高居榜首。

楊廣的實際職務就是揚州總管，並不長住長安，每次入朝、準備還鎮時，都是他表演的大好機會。身為皇子，他還鎮時的規定動作就是入宮向母后拜辭。

這一次他來到後宮，一看到母后，立刻便撲倒在地，然後假裝失聲痛哭，做出捨不得離開母親的樣子。獨孤皇后也跟著流下淚水，跟這個好演員依依惜別。

楊廣看到自己點燃了母親的感情，就哽咽著說：「母后啊。我是個愚蠢的人，平常總是很想念父母、惦念著兄弟們。可是實在不知道在什麼地方得罪了皇太子，他總是對我滿懷怒氣，想置我於死地。我真的怕將來某一天，我會被人在酒食裡投毒，然後死去。那時就再也見不到親愛的母后了。」

獨孤皇后一聽，立刻收住柔軟的眼淚，換上一臉剛毅的怒色，忿然道：「睍地伐（楊勇的字，又有說是他的小名）越來越囂張了，越來越不聽我的教導了。我幫他娶了元氏的女兒，他竟然不以夫婦之禮對待元氏，卻把全部重心放在雲氏身上，跟雲氏生了那麼多豬狗不如的兒子來。本來，我可愛的兒媳被毒害而死，家醜不可外揚，所以我也不好意思特地追究這件事。現在他居然又對你動這樣的念頭。我現在還活著，他都敢如此，我死後，你們還有活路嗎？我這幾天常常想，堂堂皇太子，居然沒有一個正室，在你們父皇百年之後，你們兄弟都得跪拜那個小妖女雲氏，這該有多大的痛苦啊。」

楊廣看到母后比自己更憤怒，心裡非常開心，看來前途已經大放光明。他馬上又拜下去，然後繼續哽咽得兩邊肩膀都在劇烈地抽動。

獨孤皇后就在這個時候，咬著牙下了廢掉楊勇而立楊廣的決心。現在你知道了吧，在權力鬥爭中，善於表演才是最強的戰鬥力。

楊廣知道，只要得到母后的支持，他的事業可就以說是勝利在望了。他比誰都知道，要打倒楊勇，還必須得到政壇大老們的支持——否則，重量級的大老們都站到楊勇那一邊，阻力還是很大的。所以，他必須把那些人都團結到自己的周圍，組成自己的一個死黨集團。

最先被他拉攏入夥的是宇文述。

他跟宇文述本來就是好朋友。為了讓這個好朋友更死心塌地當自己的死黨，他上奏請求楊堅任宇文述為壽州刺史。楊堅現在覺得他萬分可愛，看到他的請求，哪有不答應之理？

接著，他又把他總管府的司馬張衡劃進自己的決策圈。張衡對這個局勢也瞭如指掌，看到楊廣把自己當成第一謀主，高興得要命，天天動腦筋，為楊廣貢獻計策。

楊廣問宇文述：「現在我們該怎麼辦？」

宇文述說：「皇太子很久以來就被皇上和皇后討厭，完全處於失寵狀態，其德行也不為天下人所知。而大王以仁孝著稱，才能蓋世。你幾次被任命為統帥，南征北戰，滅陳之功，誰都比不上。這是你最強大的政治資本，皇太子遠遠比不上。更何況現在皇上和皇后都對你非常鍾愛。這兩樣加起來，可以說，四海之望，已經實歸於老大。只是，廢立是國家的大事，我處在你們父子骨肉之間，實在不好太過深入地參與。現在能讓皇上改變主意的人只有楊素，而能與楊素最聊得來的只有他的弟弟楊約。我對楊約還是很了解的。如果你信得過我，派我到京師去，與楊約相見，一起籌劃這件事。」

宇文述的這番話，的確很厲害，一下就把所有關鍵人物全部抓住。朝廷中本來高熲是第一大臣，楊素是第二大臣。現在高熲已經落馬，楊素順位成為第一大臣，正被楊堅高度信任著。如果把第一大臣都拉進陰謀集團，這個陰謀的成功率就會大幅提高。

楊廣本來就是一個高智商人士，聽到這個謀畫之後，馬上拍手大叫妙哉，當場拿出一大堆金銀財寶交給宇文述，讓他到長安去展開活動。

宇文述馬上去見老朋友楊約。楊約的職務是大理寺少卿，職務不算大，離決策層還有一點距離。但職務離權力核心遠，並不等於人離權力中心也遙遠。身為第一大臣楊素的弟弟，楊約已經成為楊素的核心幕僚。楊素不管有什麼事，都會先跟這個弟弟商量，然後才去實行，可以說，楊約就是楊素的大腦。

這時，楊素和楊約還在一心一意地當著第一大臣，聚精會神謀取楊家的利益，玩弄權術正處於美好的時期，並沒有想到要參與到廢立太子的事。因此，宇文述見到楊約之後，並沒有馬上把他和楊廣的謀畫合盤托出，直接邀請他們加入陰謀團體，而是對楊約說：「我剛剛回到長安，拿了點土產回來，請老朋友來吃個飯聊個天。」

楊約來到宇文述的住處，只見宇文述的客廳裡擺滿了許多玩物器皿。楊約雖然見多識廣，可是目光一接觸這麼多的寶貝，眼睛仍然有被驚豔的感覺。

宇文述卻不動聲色，跟楊約開懷暢飲，喝得過癮之後，又說：「好久沒有這麼歡樂了，老朋友就陪陪我玩幾手如何？」

兩個喝得滿臉油光的老朋友又噴著酒氣展開了一場賭博活動。

宇文述在賭博中總是作弊。只是他不是作弊吃掉楊約，而是作弊讓自己輸掉。作弊得楊約的臉上自始至終都掛著笑容。最後，宇文述桌上那堆寶物全部輸給了楊約。

楊約看到自己贏得太多，都有點不好意思了，就笑著向宇文述表示感謝，真對不起了宇文兄，這手氣擋不住啊，讓老兄損失太慘重了。

宇文述哈哈大笑，說：「哪裡哪裡，這也不是我的錢財，都是晉王賞賜給我的，讓我跟你一起玩玩。」

楊約一聽，不由得大吃一驚。楊廣可是皇上和皇后兩人最疼愛的皇子，他現在叫宇文述老遠前來送給自己這麼多錢財，必有所圖，便問：「為什麼？」

宇文述也不再拐彎抹角了，直接把楊廣的意圖向楊約一一道來，然後就勸楊約：「我們是老朋友了，我跟老朋友就直話直說吧。你們兄弟，現在可以說是功名蓋世，在朝中執掌大權多年，朝臣中被你們欺負的人你們能數得清嗎？另外，皇太子想做一些事，卻又做不到。他都怪罪執政大臣，恨執政大臣沒有讓他放開手腳。你們兄弟雖然主動地討好皇上，讓皇上當你們的保護傘。可是想要你們死的人太多了，如果哪一天皇上歸天而去，你們還有保護傘嗎？現在皇太子不但失愛於皇后，而且皇上也已經有廢立之意，這事老兄想必比我更加清楚，不需我多說了。在皇上下決心前，請皇上立晉王楊廣為太子，憑你哥哥一句話就可以辦到。如果你們兄弟真的這樣，那可是建立了不世之大功啊。晉王一定會永遠銘記於心的。這樣一來，你們兄弟就可以免掉累卵之危，在朝廷中的地位穩如泰山了。」

楊約近來當哥哥的大腦，對高層的形勢比任何人都知道得多，當然知道現在皇太子在皇上和皇后心目中的分量。只是很久以來，忙於弄權，忙於加固楊家的權力基礎，又覺得此事跟他們無關，所以就沒有去認真思考過，也不想深入參與，現在聽宇文述這麼一說，覺得真的大有道理。是啊，楊勇以前參與決策時，所提的建議，楊堅基本上都採納。現在楊勇的話常常被楊堅責罵和否決，弄得楊勇很不堪。楊勇不敢生楊堅的氣，一定會把憤怒轉移到他們兄弟的身上。如果楊堅掛掉，楊勇登基，只怕最先處理的人就會是他們兄弟。他馬上認為宇文述的話太有道理了，說得太及時了。

他回家之後，立刻找到楊素，把這些事通通跟楊素說了。

楊素的思維一向是粗線條的，之前對這些事都不認真經過大腦，這時聽到弟弟這麼說，立刻靈光乍現，拍手大叫：「我的這個智商永遠沒有想到這麼遠，全靠你提醒了我。」

楊約看到哥哥這麼爽快——楊素當然爽快，楊素到朝廷任職前，他就是楊廣的搭檔，兩人的關係一直不錯，再加上這幾年來楊廣用心結納朝臣，事先已經在楊素這裡進行了大量的感情投資。楊素對他的好感度當然要遠遠高於楊勇。如果在這兩人之間挑選，他也會第一時間選擇楊廣。

楊廣這麼多年的布局，終於大見成效。

至此，在這些人的合力運作下，楊勇被送上了一條不歸之路。

楊約看到楊素點頭之後，又道：「皇上雖然有點變態，對大臣都猜疑，但他對皇后之言，一向是言無不用、用無不盡。如果我們直接跟皇上建議，掌握性仍然不大，還是從皇后那裡尋找突破口。從現在開始，我們要找機會盡量巴結皇后、依靠皇后，只要讓皇后把我們當自己人了，我們就能夠保住榮華富貴。老哥要盡快拿定主意，如果錯過歷史機會，讓皇太子用事，我們只怕就要大禍臨頭啊。」

楊素笑著說：「我知道。」

楊素雖然思路很粗放，但卻是一個執行力非常強的人，想到一向做到，而且做得斬釘截鐵，從來不拖泥帶水。

幾天之後，楊堅請楊素去陪他喝酒。說是陪酒，其實是陪聊，尤其是國家高層在一起，一定不會只說酒話，或聊某些功能還正不正常，話題很快就會轉到軍國大事或者某些關鍵人物的身上，評論這些關鍵人物的人品才能，堪不堪用。現在兩人心目中的關鍵人物就是楊勇和楊廣。

楊素看到話題已經接近這兩個人了，馬上就對轉過頭對皇后說：「晉王孝悌恭儉，有類至尊。」呵呵，晉王真像他的老爸。

這話說得已經赤裸裸了。

獨孤皇后一聽，想不到楊素原來也有這顆心，楊素啊，你沒有辜負皇上和我對你的期望，第一個把我的心聲說出來。她感動得淚水流了出來：「楊素你說得太對了。楊廣真的是個有大孝大愛的兒子，每次我和皇上的使者到他那裡，他再忙再累也要親自出來遠迎。每次離開雙親，都要失聲痛哭一番，讓我們都捨不得讓他離開啊。只是國事要讓於家事，這才跟他依依惜別。最可貴的，還有他的妻子。每次我的婢女前去，她總是跟我的婢女同吃住同睡，哪像楊勇和阿雲那樣，都不做有意義的事，整天都沉溺於酒宴，跟一群小人混在一起，猜疑和防備他的幾個兄弟。所以，我現在更加心疼楊廣，時刻都怕他被楊勇暗害。」

楊素和獨孤皇后的對話已經露骨到這個地步，坐在一旁的楊堅也沒有作聲，其想法也已經顯而易見。

楊素雖然心思不細膩，但這個簡單的邏輯他還是清楚的，於是，他在宴會上就說了楊勇大量的壞話，說比起大孝大愛的楊廣來，楊勇真是太不成器了，這樣不成器的人要是接掌了社稷，以後大隋往何處去，真不好說。

獨孤皇后越聽越是心花怒放。有了楊素這個第一大臣的力挺，她以後就不需要出面了。她拿出自己的一部分積蓄，交給楊素，讓他拿去當活動經費，幫助楊堅展開廢立之事。

就這樣，由楊廣發起，獨孤皇后和楊堅主持、楊素力挺的廢立活動終於轟轟烈烈地展開。這幾個發起人都是大隋最有權力的強者，他們一展開活動，根本無所顧忌，做得越來越公開透明。

楊勇不是二百五，很快就知道他們在做什麼。他當了二十多年的皇太子，而且已經深度參與軍國大事，以為這個繼承人是已成定論的事——除非他自己死去、或者自己不願做，否則誰也不會把他革掉。沒想到，現在他的父母和楊素、楊廣就在集中全部精力進行廢掉他的事，而且這個團體的力量巨大無比。他自己這幾年來，除了參與國政之外，就是吃喝玩樂，並沒有組織一個自己的班底——再說他也是個聰明人，也讀過歷史，知道父皇還很健康時，你組織一個班底的結果會是什麼，所以他也沒有必要在這方面引起本來就疑心大重的楊堅的不滿。現在看到這群人天天都在磨刀霍霍，準備向自己亮劍——歷史上太多的事例都在向他說明，廢太子的下場是很慘的。如果他沒有辦法力挽狂瀾，他變成廢太子的事就在眼前——只等哪天楊堅一發力，手輕輕一揮，他立刻就得從這個權力層面消失，不帶走一片雲彩。接下來就是弟弟為刀俎，他為魚肉了。

他這麼一想，心裡就充滿了憂懼。如果他有幾個死黨，他憂懼之後，還可以把他們叫來，一起商議，問他們計將安出。可是他徬徨無計了大半天，想找個人來商量，卻不知道找誰。他這才知道，在官場上混，沒有幾個敢跟你去死纏爛打的兄弟真的不行。最後，實在沒有辦法了，只好又用了一個更自找死路的辦法——厭勝。他找來一個據說精通這個領域的人製造了巫術詛咒之物，然後施法。後來，他覺得這個仍然不保險——也是歷史事實多次告訴他，使過此法的人，沒有誰取得成功過，就又在其府邸的後面修建了個庶人村——也就是平民村，村裡的房屋低矮簡陋，比貧民窟還要貧民窟。完工之後，他就來到村子裡，穿著布衣、鋪著草墊住下來，成為庶民村的村民。為什麼要這樣？因為他聽說，這樣做可以消災。其實，這只能說明，他已經到無計可施、只能等死的地步了。

楊堅他們並沒有因為楊勇的恐懼就放慢了解決他的步伐。他們繼續按照計畫一步步向楊勇逼近。楊勇都能知道他們對自己有陰謀，他們對楊勇的動靜更是瞭如指掌。楊堅在第一時間就知道楊勇已經嚴重不安了，他派楊素再去探看楊勇，看看他恐慌到什麼程度了，了解一下他現在心裡還有什麼想法，對我們是什麼態度。

楊素知道這是讓他去掌握楊勇反對楊堅的第一手資料。他必須把這個任務很好地完成，讓楊堅覺得他處理楊勇是符合歷史的選擇，是完全有必要的——不廢除楊勇是歷史性的錯誤。

楊素對楊勇的性格是很了解的。他來到東宮門外，在門僮進去通報之後，故意沒有進去，而在外面逗留了好長段時間。

楊勇知道楊素前來造訪，便第一時間換好衣服，在裡面等候。

如果是楊廣，聽說當朝第一大臣前來拜訪，一定做出忙不迭地的動作，前來迎接楊素，而且必定會恭敬如儀，把姿態做足，讓楊素的心裡大悅。可是楊勇沒有這個作風，他一向不迎接誰，只是在自己的座位上等人家進來，而往時人家總會很快就前來，一臉諂媚地向他微笑。這時他仍然保持著這個做法。他已經忘記了楊素是楊廣集團的核心成員，是打倒他的最大黑手之一，近來他的鬱悶大多都是拜此人之所賜，他還要那裡發著脾氣，恨楊素不把他放在眼裡，讓他等這麼久。

楊素估計楊勇已經很憤怒了，這才進到裡間，拜會楊勇，果然看到楊勇滿臉怒色，一副抓狂的模樣。兩人沒談幾句，就話不投機，然後楊素就告辭出來，去向楊堅報告：「楊勇現在除了滿口怨言之外，沒有別的話。如果不趁早拿定主意，只怕會有不可預測的事發生。請陛下多多留意啊。」

楊堅一聽，果然跟他想像的一樣，對楊勇就更加懷疑了。

獨孤皇后也不閒著，她放下一切工作，天天派她的心腹去打探楊勇，看看楊勇都在做些什麼。這些探子每個人都心細如髮，對楊勇展開全天候觀測，把他一天活動的細節都認真地做好紀錄，然後向獨孤皇后匯報。獨孤皇后再請幾個高手來，加工這些素材，該虛構的盡量虛構、該誇大的就無限誇大，一定要把這些言行都跟謀反掛上鉤、都能定上罪行，然後呈報到楊堅的面前。

楊堅本來就是打擊楊勇的堅定分子。如果他沒有這個心思，他會相信這些誣告嗎？你想想，之前，他們一群人沒有密謀的時候，楊勇為什麼一點負面新聞都沒有？現在幾個人在一起開了個祕密會議，楊勇做的就都是壞事，而且一天到晚都在做壞事，就沒有一件像樣的事。這不是誣告是什麼？

楊堅本人也是需要這些素材，只有這樣，才能讓他有下最後決心的理由——做什麼事都是需要一點理由的，何況是廢立太子的事，更需要一個天大的理由。

楊堅對楊勇討厭的程度，已經到了頂點。他不再派某個人去跟楊勇見面，透過察顏觀色來分析楊勇的內心，再得出一個什麼結論，更不會像獨孤皇后那樣，派出間諜，像美國中情局的特務一樣，刺探楊勇的一舉一動，回來之後，再整合資料，進行精選，無用的就全部刪除，有用的再進行加工，而是直接派人到玄武門到至德門之間巡察，探監楊勇的動靜，然後事無鉅細，都向他匯報——他這段時間，就專門做這個事。

他又下了一個命令，東宮宿衛侍官以上的人，名冊都歸屬各個衛府管轄，不再由東宮自行支配。東宮侍衛中，那些肌肉發達、武力稍高一點的，都必須調走，每天跟隨在楊勇身邊的都是那些老弱殘兵，連武器都舉不起的人。最後，他把楊勇的左衛率蘇孝慈也調出去任淅州刺史。

事情到了這一步，所有的人都知道，楊勇成廢太子已經是不可逆轉了。可是楊勇仍然沒有醒悟，更沒有去想辦法如何保全自己。他看到自己的侍衛都被調走了，自己的侍衛長也被調離了，並沒有去想再這樣下去的結果將如何，而是繼續在那裡發牢騷，表達自己的不滿。

如此一來，所有的人都知道楊勇現在像個怨婦一樣，每天除了牢騷還是牢騷，對他落井下石的時候到了。太史令袁充運用自己的專業知識對楊堅道：「臣觀天象，皇太子當廢。」這是老天的意志。

楊堅心頭非常開心，看來自己的這個計畫跟老天爺是不謀而合的，是符合老天的觀念的。他說：「其實玄象出現得已經很久了，只是群臣不敢說而已。」袁充一聽，自己果然是最超前的。

楊廣看到老媽老爸和楊素都在為打倒楊勇努力工作，而且努力得不擇手段，自己也可以出力了。他派自己的下屬段達去東宮找姬威。

姬威是楊勇的「倖臣」。

照理說一個倖臣平時跟老闆吃香喝辣，作威作福，應該是老闆關係最深厚的死黨，是最不應該被政敵收買的人。可是很多倖臣剛好是最沒有信仰的，是最容易被收買的——因為沒有這樣品格的人，就不會去當倖臣的，即使去當了，也不會是一個合格的倖臣。段達找到姬威之後，拿出一堆現金，立刻就把這個倖臣拉攏過來，成為楊廣安置在楊勇那裡的臥底。這個臥底比獨孤皇后派出的間諜要強多了，那些間諜只能找個位置遠遠眺望觀察，看得脖子都要病了，才看到幾個細節，這個臥底是楊勇的倖臣，每天都零距離地貼身跟著楊勇，楊勇打個什麼屁他都聞得比人家多，所以由他提供的資料，那才是最強火力。楊廣這個安排很巧妙，而更巧妙的是，他並沒有讓姬威直接向他或者段達報告，而是去向楊素報告。因為如果向他報告，會引起別人的猜測，更有引起楊堅猛然醒悟的可能。因為到現在為止，他在楊堅的眼裡，一直是個乖孩子，除了向他們哭訴怕被皇太子害死之外，沒有做出其他逾矩的事。如果被楊堅看出他派人監控楊勇，以楊堅之明，態度就會大變。所以，他只能讓姬威與楊素單線聯絡。

後來，楊廣覺得這樣做也太麻煩了，不如由姬威直接向皇帝告發。姬威一告發，比他們向楊堅告發的效果強多了。

於是，段達去找姬威，對他說：「東宮的所有過錯，皇上都知道得跟你一樣。我已經得到密詔，皇上已經決心廢掉太子。你是太子身邊的紅人，如果太子被廢，你也逃脫不了關係。你只要能告發楊勇，馬上就會大富大貴。」

姬威到了這個時候，他還敢不按照段達的話去做嗎?他立刻上書楊堅，狠狠地告了他的老闆楊勇。

事情到了這個地步，楊勇的表現也實在太差。明明知道自己的父母兄弟還有第一大臣都在磨刀霍霍指向自己，使自己的處境已經是「風霜刀劍嚴相逼」，可是他除了懼怕和牢騷之外，沒有別的動作，既沒有想出反擊的辦法，也沒有以退為進，辭掉太子之職，更沒有找來幾個死黨，商量著該怎麼保命——他當了二十年的太子，參與朝政二十年，除了一個倖臣之外，居然沒有幾個生死之交的大臣，從做人來看，他也是很失敗的。於是，他只能讓楊廣把他一步一步推向無底的深淵。在宮廷爭鬥中，如此被動，跟等死沒有什麼區別。

他還在等死，他的對手們已經向他亮劍。

開皇二十年九月二十六日，楊堅自仁壽宮返回，第二天來到大興殿，便召見群臣，對大家說：「我回到京師，本來應該開懷歡樂，可是現在心情卻非常鬱悶。」

吏部尚書牛弘說：「這是因為我們這些大臣不稱職，無法為陛下分憂，讓至尊操心操勞。」

楊堅的這個開場白，本意是想引出大家討論楊勇的話題。因為這幾天來，他幾乎天天都收到告發楊勇的書信。他以為楊勇已經壞事做絕，天下人人盡知，更以為他準備廢立的想法，大臣們都已經深刻領會，只要他稍一出言，大家就會踴躍發言，揭發楊勇，說都是因為楊勇不孝順父母又奢靡還準備害死兄弟，這才讓皇上憂從中來、不可斷絕。沒想到，這些大臣居然都沒有往這方面去想，牛弘還把責任往自己身上扛，這讓他很生氣。而且生氣得勃然作色——我現在需要的是楊勇的罪行，而不是你的自我責罵。

大臣們不配合，他只好自己單刀直入了。

他虎著那張臉，對東宮的官屬說：「仁壽宮離此並不遠，可是我每次回宮，都十分擔心，不得不嚴格部署安全保衛，弄得回京師就像進入敵國一樣。我因為拉肚子，沒有解衣睡覺，昨天夜裡要如廁，因為怕後邊的房間有緊急之事，只好到前殿居住。我為什麼這麼害怕，還不是因為你們這些人要危害國家嗎？」你一看這話，跟誣陷有什麼區別？自己心中有鬼，就說是別人要害你。

但在這樣的社會裡，是權力在說話，而不是跟你講道理、講邏輯。皇上說你有罪，你就必須有罪。

楊堅說過之後，馬上就下令把太子左庶子唐令則等人一把抓起來，移送司法部門審問。然後命令楊素把太子的那些小道消息，開始在小範圍內傳播，然後再大範圍擴散——這是在輿論上毀謗楊勇，為下一步處理楊勇作鋪陳。

楊素得到這個命令之後，馬上到處公開宣講：「我奉旨回到京師，命令（注意，已經用了命令兩個字）皇太子查核劉居士的餘黨，以便肅清劉居士的流毒。太子接到詔書時，居然臉色大變，憤怒得拍案而起，大聲對我說：『劉居士的餘黨已經全部伏法，流毒早就清除完畢，你現在讓我去哪裡找劉居士的餘黨？你是右僕射，這個責任在你那裡。你應該自己去找，關東宮屁事。』他說了這些之後，又接著說：『當年禪讓大事要是失敗，我一定是最先被砍腦袋的。現在父親做了皇帝，我卻不如幾個弟弟。他們什麼事都可以自作主張，我卻一點自主權都沒有。』他又長嘆：『我真是太不自由了。』」經楊素這麼一說，大家都覺得，楊勇上面的這幾番話，字字句句都在表達對楊堅的不滿，字字句句都在控訴著楊堅對他的不公和迫害。

這些話傳得沸沸揚揚之後，楊堅終於出來定調，他對大家說：「這個兒子，我很早就發現他已經不能繼承皇位了。皇后也很早就發現，時常勸我當機立斷，把他廢了。只是我覺得他是我還當平民就生了他，而且又是嫡長子，不忍心採取行動，總在希望他能夠逐漸把錯誤改正過來，當個好太子。但他就是不願改正錯誤。他囂張到什麼地步？那年他從南兗州歸來的時候，就對衛王說：『母后沒有幫我選好一個老婆。』

然後指著皇后的侍女說：『這些以後都是我的』。這麼荒唐透頂的話是一個兒子該說的嗎？他的妻子元妃剛死的時候，他就用很小的帳子安置那些年紀老的婦女。我就高度懷疑太子妃是他派馬嗣明去毒死的，因此就把他叫來問過他。他被問責之後，非但沒有悔改之心，反而對我十分怨恨，說：『一定要殺死那個元孝矩（元妃的父親）。』他這麼說，其實是想殺害我又不敢說出口，才遷怒於他人而已。他的長子長寧王出生後，我和皇后一起撫養，可是他不願意，對我們完全不信任，硬是派人來索要回去。現在他寵愛的雲氏，是其父親雲定興與在外與人姘居而生的。過去晉國太子的孩子們每個人一臉戾氣，臉上都是騰騰殺氣，最後都喜歡血腥的宰殺活動。這些歷史教訓告訴我們：把社稷交給一個非正派的人，國家就會被推向混亂境地。還有那個劉金馬，更是個奸佞的小人，跟雲氏的父親雲定興也往來密切，兩人還結了親家。前一段時間我才罷免了劉金馬。有一次，楊勇邀約曹妙達與雲氏一起喝酒。事後，曹妙達到處吹牛：『我今天跟太子妃喝酒。』如此公然把雲氏稱為太子妃，沒有楊勇的同意，她敢嗎？我雖然昏庸，不及堯舜很多，但也不能把天下交給這樣的人啊。我現在都時常怕他加害於我，使得我防他如防大敵。為了國家的未來，為了結束我的這些生活，我現在宣布，廢除他，以安天下。」千萬不要以為他在這裡以堯舜為例是在謙虛，其實他是在表示，他現在廢掉楊勇是在向堯舜學習——當年堯舜二人都理解到自己的兒子丹朱和商均不屑且不堪託付天下，最後果斷廢除。

其他人一聽，反正立誰廢誰都是楊家的事，何必蹚這趟渾水？因此都在那裡閉上鳥嘴。

只有左衛大將軍元旻進諫：「陛下，廢立太子是大事，需要小心為是，詔書一旦頒行，再後悔就來不及了。而且，很多讒言真的無法分辨的，請陛下再仔細調查一下這些事。」

楊堅一聽，只是用眼睛掃了一下元旻，並沒有回應他的話。

這就徹底堵住了其他大臣們的嘴。

楊堅當然也知道，如此堵住大家的嘴，未免太直接了當了，他一個講武德的皇帝，是不能這樣粗暴的。他馬上把證人姬威叫來，讓他當眾揭發楊勇的罪行。

姬威馬上登場，對大家說：「太子跟我講話時，多次說，他來到這個世界上，別的都不想做，只想驕橫奢靡地過完一輩子。他有個計畫，就是從焚川到散關，全部劃為遊苑，以後供他玩樂。他說：『從前漢武帝準備建造上林苑，東方朔規勸他，他賞給東方朔百斤黃金，那是多麼可笑的事。我一定沒有黃金給誰。誰要是向東方朔學習，我就砍誰的頭。等於殺了一兩百個人，當然就沒有誰再敢多嘴了。』他這幾年來，大起修建樓臺宮殿，一年四季從來沒有停止過。前一段時間，蘇孝慈被解除左衛率時，太子氣得鬍鬚都翹起來，揮舞著手說：『大丈夫絕對不會忘記這件事，終有一天會快意恩仇。』因為他愛奢華，打報告要很多東西，尚書都依法辦事，沒有批給他，他就怒吼：『僕射以下的大臣，我要殺他一兩個，讓你們知道怠慢我的後果有多嚴重。』他還在花苑內修建一座小城，一年四季，建城的民工從不能停歇，建起的亭臺樓閣，剛剛做好，他過去一看，覺得不滿意，馬上下令推倒重建。另外，他還常常說：『皇上老是責怪我有很多偏房，高緯、陳叔寶難道都是孽子出身嗎（這話的意思是：這兩個皇帝都不是庶出的，最後都成了亡國之君）？他也曾經讓一個經驗豐富、年紀已經很大的老巫婆幫他占卜吉凶。之後對我說：『皇上的忌日當在十八年，這個期限快要到了。』」

姬威控訴完畢之後，楊堅就在那裡老淚縱橫：「誰不是父母所生的？想不到他的居心竟然如此。我過去有一個老侍女，派她去東宮時，她都不敢去。元贊也知道太子很陰險，勸我在左邊府庫之東，增派兩個衛隊，以防太子突然發難。我近來讀《齊書》，看到高歡很縱容他的兒子，心裡很憤怒，我怎麼能夠仿效他的作法呢？」

他說完這些話之後，楊勇奢靡殘暴不仁不孝的形象已經被確立，接下來就是定罪了。

這個工作，楊堅讓楊素去完成。

楊素手裡有的是素材，請來幾個高手，玩弄文辭，羅列了一大堆可以讓楊勇死一萬次的罪狀，交到楊堅的案臺上。於是，楊堅以此為依據，理直氣壯地把楊勇拉下來。

楊勇仍然沒有想到什麼自保的辦法，更沒有做出自保的動作。他已經無法自保了，他只能坐在很豪華的東宮裡等著以他父親為首的那些人的判決了。

當然，如果只辦楊勇一個人，有點太簡單了，必須把一些跟楊素有些意見不合的人也打與楊勇的死黨。

過了幾天，相關部門的負責人遵照楊素的意思，向楊堅奏報，說元旻在觀念上一向跟楊勇保持高度一致，經常曲意逢迎楊勇，甘願當楊勇的死黨，想撈取政治資本。在仁壽宮時，楊勇曾經派人幫元旻送去一封信，信封上寫：勿令人見。

楊堅一看，又「恍然大悟」，說：「朕在仁壽宮，無論什麼細微的事，東宮都知道得跟朕一樣，而且知道得很快，比驛馬傳信還迅速。我以前對此常感到奇怪。現在看來，一定是元旻這小子搗的亂。」於是，立刻派武士把元旻抓起來，把他和裴弘都打成太子黨核心成員，投入監獄。

這兩個人一下獄，意味著楊勇被處理的時間到了。

他們繼續羅織楊勇的罪狀。

在此之前，有一次，楊勇從仁壽宮回來的路上看到一顆古槐樹，盤樹錯節，既高且粗，有五六人合抱那麼大，就問隨從：「這樹有什麼用？」

答：「古槐最宜於作柴取火。」

當時，每個侍衛身上都配有一把火燧，以便急時用得著。回到東宮後，楊勇就吩咐手下砍了那棵古槐，然後叫工匠批次做成了幾千把火燧，準備都分發給左右。於是，相關部門在搜查時，也在東宮的庫房裡搜到這些東西，然後又在藥藏局搜到大量的艾絨。

這些東西收繳上來之後，楊素覺得奇怪，楊勇做這些東西究竟有何用意？就問姬威：「這些東西何用？」

姬威的確具備一切小人都能具備的水準，連楊素都想不到的這些東西的用處，他只在片刻就想到了，他說：「楊大人，你不問我還真忘記了。太子準備這些東西真是別有用心。」

「什麼用心？」

姬威一時也答不上來，便說：「太子常派他長子去拜謁仁壽宮，每次行動都很迅速，一夜就到了。為此，他養了一千匹快馬。說騎這些快馬抄近路，到城門捕捉，當然要餓死。」至於捕捉誰，誰餓死，他在中間省略了若干字，你自己去想像。

楊素一聽，不自覺在叫妙哉。想不到這個天下還有這樣的人才，陷害起老闆來，比敵人還要聰明。他立即把姬威的這個控告對楊勇說了。

楊勇當然不服，說：「公家飼養的馬有好幾萬匹，我身為太子，養一千匹馬就是造反嗎？」

楊素又找到東宮很多服飾玩器，凡是雕刻縷畫裝飾的器物都陳列在宮庭裡，展示給文武群臣，身為太子的罪證。

這些罪證都展覽之後，楊堅認為可以親自向楊勇攤牌了。他和獨孤皇后把楊勇召來，指著這些物證向他問責，但楊勇並不服。

不過，不服也沒有用了。

事情到了這一步，即使楊勇還有證據說明自己是冤枉的，楊堅也已經覆水難收，不得不將此事進行到底了。

開皇二十年十月初九，這對於楊勇絕對是個悲慘的日子。

這天，楊堅派出的使者來到他的面前。

楊勇看到這個使者的臉上，嚴肅得像一塊古老的石頭，就有大禍臨頭的感覺，顫聲道：「得無殺我邪？」使者依然端著那張臉，沒有說什麼，只把他帶走。

楊堅這時更是如臨大敵，穿上軍裝，陳列了一隊軍容整齊的威武之師，然後才來到武德殿，把文武百官都召集過來。他讓百官立於東面，其他親王立於西面，把場面布置得十分肅殺。

相關人員把楊勇以及他的兒子帶進來，一起排列在武德殿的庭院裡。

楊堅端著那張臉，沒有對楊勇說什麼，只是手一揮。內史侍郎薛道衡出來宣讀詔書，宣布廢除楊勇的太子之位，其子女兒等人也都被廢為庶人——你們以前是親王、公主，從現在開始你們就是街道上那些小百姓。當然，真正的待遇還不如那些百姓。

因為這個事情還遠沒有到消停的時候。

5

楊勇知道自己真的完了，他跪伏在地，對楊堅說：「我應該被斬首於鬧市，以為後人之鑑，幸得陛下主哀憐，才讓我保全性命。」他說完之後，當然是淚水嘩嘩，連衣襟都溼透了。但楊堅卻一言不發。楊勇哭完之後，知道自己該離開這裡了。他曾在這裡跟他的父皇以及這些大臣，討論軍國大事。那些年，他意氣風發，知無不言，言無不盡，他的父皇曾經認可過他，這些大臣也都向他恭維過。可現在他卻是罪人一個，他的父皇親自定了他的罪，把他一棍從權力巔峰打下來，這些大臣當中，有些是打倒他的黑手，有些是落井下石人士……，也許有些人很同情他，但也無能為力，不敢出聲。他就在這些眼神的默默注視下，站起身來，向楊堅再次行禮，然後垂著腦袋離開，而眼裡的淚水還沒有止住，一串串打在地板上……楊勇的長子長寧王楊儼上表，乞求到宮中當爺爺的宿衛。這個表文，言辭哀切，楊堅也讀得熱淚盈眶。

楊儼還小的時候，楊堅就撫養過他，對他還是有一點感情的，看到這個長孫就要成為庶人，心裡也是五味雜陳，正準備答應楊儼的請求。

可是楊素不同意。

楊素是過來人，知道到了這個地步，對楊勇集團中的任何人都不能放過，否則就是養虎遺患，現在看到楊堅已經動了感情，便急忙進諫：「伏望聖心同於螫手，不宜復留意。」希望陛下拿出壯士斷腕的決心，不要心存婦人之仁。

楊堅一聽，親情馬上讓位於政治。

幾天之後，楊堅下詔，將元旻、唐令則及太子家令鄒文騰、左衛率司馬夏侯福、典膳監元淹、前吏部侍郎蕭子寶、前主璽下士何竦等人處斬，其妻妾子孫都沒入官府。車騎將軍閻毗、東郡公崔君綽、遊騎尉沈福寶以及術士仇太翼，雖然被免一死，但各杖一百，本人及妻子兒子、家產都沒入官府。另外幾個楊勇的親信則被勒令在家自盡。

處理了太子黨的核心成員之後，楊堅下令賜楊素財物三千段、給元冑、楊約財物共一千段，表彰他們在陷害自己兒子的運動中，立下了汗馬功勞。

當然還是有人表達了對楊勇的同情。這個人叫楊孝政，他認為這樣處理一個太子，有點過分了，就上書楊堅：「皇太子為小人所誤，宜加訓誨，不宜廢黜。」

楊堅一看，這個案子老子親自辦理，你都還不服，還敢多嘴，不由得拍案而起，當場用鞭子抽打楊孝政的臉，讓所有的大臣看看，誰敢再為太子翻案，老子就打誰。

後來很多人都認為，如果楊堅不是頭腦進水，被楊廣糊弄、外加獨孤皇后的讒言，弄了這次廢立，由楊勇來當皇帝，也許隋朝能多活很多年。

情況真的如此嗎？

楊勇當然沒有楊廣那樣有心機，也沒有楊廣那麼殘暴，但他真的會是一個好皇帝嗎？

他當太子、參與朝政時，他身邊都是什麼人？

上文我們知道有一個叫姬威的倖臣。你想想，他現在才是一個太子，就已經寵信一個倖臣了，而且這個倖臣的人品如何，大家都已經見識。等他當皇帝了，姬威能不被他寵信才是怪事。

除了他重用姬威外，他還重用雲美女的父親雲定興。

雲定興因為女兒是太子的寵妾，可以隨意進入東宮，是真正的賓至如歸。他對楊勇是有點了解的，知道楊勇不但愛美女，也愛很多奢侈品，因此就想盡辦法，蒐羅到奇服異器，進獻給楊勇。楊勇看到這個岳父大人，不但為自己貢獻美女，還貢獻這些寶物，當然很高興。

左庶子裴政看到雲定興是個標準的小人作派，種種操作都是在陷害楊勇，就多次向楊勇進諫，請他要跟雲定興這樣的人保持一定的距離。但楊勇不聽。

裴政說服不了楊勇，就去找雲定興，對他說：「老兄的種種行為，都不符合法度。還有，元妃突然猝死，外面都在議論紛紛，什麼話都有。這對於太子，實在不是一件好事。目前的情況，老兄最好自覺引退，否則必招災禍，而且還會禍及太子。」

你想想，雲定興能聽嗎？太子都不聽，憑什麼要我聽？他把裴政的這話轉告給楊勇，楊勇很生氣，從此看到裴政就繞道走，不再跟他親近，再後來乾脆把他調離東宮，外任襄州總管——裴政萬萬沒有料到，他本來是勸楊勇遠離雲定興的，現在楊勇沒有遠離雲定興，而是遠離了他。

楊勇親近的第三個人叫唐令則。他是個文學家，寫得一手好文章，而且精通韻律，是當時的明星級人物。他的仕途開始於北周，因為口才好、學問高，曾經出使過南陳。在出訪建康時，大展其文才和口才，一時讓江南才子們都為之傾倒。入隋之後，就被分配到東宮，任太子左庶子。楊勇看到他才藝了得，對他十分喜愛，一天到晚經常跟他在一起宴遊戲狎。楊勇讓他發揮特長，讓他教東宮的宮人學習絲絃歌舞。右庶子劉行本一看，這不是要把太子教成陳叔寶了？他馬上責罵唐令則：「庶子的職責是輔佐太子步入正路。你一天到晚卻用聲色歌舞來腐蝕太子。」唐令則是個讀書人，知道劉行本說的話很對，自己的確是在把太子帶壞，但他卻不願改正。因為他知道，他要是改正了，太子就不喜歡他了。太子不喜歡他，他的前途就沒有了。於是，一切繼續，劉行本說了等於白說。

除了唐令則之後，另外幾個文學家劉臻、明克讓、陸爽等人，也因為文章寫得好而為楊勇所親近。劉行本看在眼裡，怒在心頭，一見到三人，就指著他們的鼻梁說：「你們三人只會讀書。」言下之意，你們除了會識幾個字外，別無所能，而太子需要的並不僅僅讀書，還要治國平天下啊。但三人都把劉本行的話當屁話。

他們有當朝太子當堅強後盾，你一個右庶子算老幾？

他們繼續放肆。有一次，夏侯福在房間裡跟楊勇開玩笑，外邊很遠的地方都能聽到他那高大的嗓門在哈哈大笑著。劉行本聽到之後，就在外間等著，等到他出來時，就責罵他：「你真的十分無禮。太子殿下性情寬容，給你面子，才不怪罪你。你卻完全不識趣，居然敢做出如此輕慢的言行來。」然後把夏侯福抓起來，交給執法人員治罪，讓你知道老子不是光說不練的。可是執法人員還沒有把這個笑聲洪亮的傢伙治罪，楊勇就出面為他求情，又把他放了出來，繼續陪楊勇開懷大笑，笑得振聾發聵，笑得劉行本無可奈何。

楊勇看到劉行本天天在自己面前那麼嚴肅，覺得很不好玩，也想把老劉拉進來，大家一起開懷大笑，那才叫皆大歡喜啊。有人送他一匹良馬，他就叫劉行本過來，你騎牠試試看。聽說你騎馬的姿勢很好看。

劉行本一聽，正色道：「皇上任命我為右庶子，是要我輔佐殿下，當殿下的好屬官，並不是來當殿下的弄臣。」

楊勇一聽，滿臉羞愧，沒有強求劉行本表演騎術。等到楊勇被玩完時，劉行本和裴政都已經死了。楊堅聽說了這兩個人的事蹟，嘆道：「向使裴政、劉行本在，勇不至於此。」楊堅此話，看似很有道理，其實大家從以上的事可以看出，這兩個人雖然很正直，敢責罵楊勇身邊那幾個寵臣，但他們並沒有阻止得住楊勇的奢靡和玩耍。

還有一個叫李綱，官任太子洗馬，也是敢責罵楊勇的人。有一次，楊勇舉行宴會，把東宮的屬官都請來大吃大喝。唐令則照例奉上保留節目，彈起心愛的土琵琶，然後唱起那動人的歌謠——〈胳媚娘〉。

唐令則正自彈自唱得萬分投入，楊勇也正聽得如痴如醉，李綱站了起來，對楊勇說：「唐令則身為宮卿，其職責是調教太子走入正道，現在他卻在大庭廣眾之下，操起唱伶的職業，向殿下進獻靡靡之音，精神腐蝕殿下。如果皇上知道，不但唐令則的罪責大，而且還會連累到殿下。請殿下馬上治唐令則之罪。」

楊勇卻笑著說：「這事跟唐令則無關，是我想快樂而已，先生不必再多事了。」

李綱一聽，立刻轉頭而出。

等到楊勇被廢時，楊堅把一眾東宮屬官都叫來，問責他們，說他們領著國家的高薪資，去當太子的屬官，卻沒有盡心盡責，好好地教導太子，把太子引入正軌來，而是都睜著眼睛，看著太子一步一步走向無底深淵……大家被楊堅一頓臭罵，頭都不敢抬。

只有李綱出來，對楊堅說：「現在陛下行廢立大事，群臣大多心裡都清楚這事需要謹慎，但又知道陛下的決定已經不可更改，所以誰也不敢出來說話。但我還是不敢畏死，要把心裡話講出來。太子的資質算起來，也就是中等而已，跟平常人無異，是完全可塑的，可以讓他成為好人，也可以使之變壞。如果以前陛下挑選正直的人去輔佐他，他完全可以繼承陛下的偉大事業。可是陛下卻安排唐令則這樣的人為左庶子，讓鄒文騰這樣的人當他的家令。這些人的人品，大家都已經知道。他們每天用聲色犬馬取悅太子，哪能不把太子引導到這個地步？認真算起來，這是陛下的責任，而不是太子的過錯。」

他說過之後，伏地痛哭。

楊堅一愣，細想李綱的話之後，神色慘然，道：「你對我的責罵，是有一定的道理的。但你只知其一，不知其二。我挑選你為東宮臣僚，但楊勇卻從不信任你，就是再換上其他人，又有多大作用？歸根結柢，楊勇就是一個不可調教的人。」

大家一聽，覺得這話說得還很對，但李綱仍然不同意：「我之所以不被楊勇信任，是因為太子身邊的佞人太多。如果當初陛下果斷地把唐令則、鄒文騰斬首，更換德才兼備的人去當太子的屬官，在東宮創造出一個良好的政治生態，他就會信任我。自古以來，有廢立太子的朝代，大多都會出現顛覆性的後果。希望陛下再好好考慮，以免後悔。」

本來楊堅覺得李綱說得還有點道理，只是有點片面而已，後來看到這傢伙居然告誡他「不要後悔」，不由得心頭火起，臉上都是憤怒的神態，左右都擔心李綱要完蛋了。

正在這時，相關部門奏請，尚書右丞目前空缺，請陛下盡快安排人過來。

楊堅當場指著李綱說：「此佳右丞也。」

大家一看，又都在心裡驚呼，這個天氣反轉得也太讓人迅雷不及掩耳了吧。

從這些事例看，奢靡、貪玩享樂而不納諫，都已經在楊勇的身上得到多次展現。楊勇如果成功繼位，會不會成為一個好皇帝？我不敢下結論，各位看官自己判斷。

6

李綱很幸運，但那個史萬歲就不這麼幸運了。

史萬歲本來跟楊勇並沒有什麼關係，但硬是被楊素打成太子黨的成員。

前一段時間，兩人兵分兩路去打突厥，史萬歲取得了大勝，楊素就嫉妒了，怕史萬歲的功勞超過自己，就對楊堅說：「突厥人本來就已經投降了，他們前來騷擾，並不是為了侵犯我們的邊境，只是想搶劫一些東西而已。所以，史萬歲就勝利了。這樣的勝利是沒有太大用處的。」

楊堅這時對楊素的話已經深信不疑，於是就沒有幫史萬歲記功，讓史萬歲白白打了一場大勝仗。

史萬歲當然不服，多次上書，陳述自己的功勞，請皇上依規獎勵。可是楊堅不理。

楊素看到史萬歲像個頑固的陳情人一樣，不斷地上書，知道再讓史萬歲陳情下去，楊堅遲早會知道這些情況的，得想辦法把史萬歲。剛好出現了楊勇案，楊堅又讓楊素當上專案組的組長，而且也跟其他政治案件一樣，粉碎完主犯之後，還要肅清楊勇的流毒。楊素不由得非常開心，決定把史萬歲當成楊勇的流毒。楊素雖然是專案組的負責人，但楊堅也一直在督辦這個案件。有一天，他突然想到史萬歲，就問楊素：「史萬歲現在在哪裡？」

本來史萬歲就在朝堂上，但楊素卻奏稱：「史萬歲去拜謁東宮了。」

楊堅不由得臉色大變，老子都廢掉太子了，你居然還去拜見他？這不是頂風作案、堅持與人民為敵、與我為敵是什麼？你與突厥為敵，我很高興。可是現在居然要與我為敵。於是馬上令人把史萬歲召來。史萬歲的部下，這時的確也都在展開陳情活動，他們都集中在朝堂上喊冤，而且隊伍龐大，有幾百人。

史萬歲還在做他們的說客，對他們說：「兄弟們別太急。待我進去面見皇上，問題會得到解決的。」

史萬歲見到楊堅後，就對楊堅說：「陛下，將士們建有大功，但卻被朝廷壓住不賞。」

楊堅本來就已經怒火萬丈，看到史萬歲一來就要求他兌現功勞，而且還說得怒氣勃勃，更是火上加油，你既然去當了太子黨，還要我的獎賞做什麼？老子連太子都廢了，還留你這個太子黨做什麼？也不再跟史萬歲廢話，直接下令把這傢伙拉去活活打死算了。

幾個武士過來，把史萬歲夾起就走，可憐在戰場上拚死衝鋒、威猛無鑄的一代戰將，毫無反抗地被幾個宮廷武士拖著，從楊堅的眼前離去。

楊堅怒氣稍平，突然發現這樣就殺掉史萬歲，真的有點不妥，一個殺人犯都還必須走完法律程序、判決之後才開斬的，一個功臣就這樣被自己一怒之下打死，而且罪名都還沒有做實啊。他急忙派人過去，不要把史萬歲打死了。

但那幾個執行廷杖的武士打人打得太賣力了——他們敢不賣力嗎？之前他們的前輩因為打人不用力，結果自己就被打死了，這事讓他們徹底清楚，你不用力打死別人，你就會被人家打死，因此他們得令之後，一番好打，沒幾下就把史萬歲打得死不瞑目。當楊堅派去的人到達現場時，史萬歲已經嗚呼哀哉了。史萬歲是當時與賀若弼、韓擒虎、楊素齊名的武將。他是職業軍人，畢生的理想就是帶兵打仗，靠在戰場上砍人立功，換取榮華富貴，沒想到最後居然被打得慘死在朝堂之上。他原本以為，只要見到楊堅，把來龍去脈說清楚，楊堅就會大肆地表彰他和他的將士們一番。沒想到，話還沒有說幾句，楊堅就下令把他直接打死。

楊堅不是蠢貨，稍用腦子一想，就知道史萬歲被冤死了。別人被冤死還貼了「莫須有」三個字標籤，現在史萬歲連這幾個字都沒有。楊堅跟很多主管一樣，除了疑心重之外，還不願承認錯誤、不願承擔責任——很多皇帝都要求下屬要有擔當，其實最沒有擔當的就是皇帝。他要求你擔當，就是自己不想擔當。楊堅不願承認錯誤，史萬歲就只能成為罪人了。楊堅下詔，羅列了一堆史萬歲該死一萬次的罪行，讓大家都知道，不殺史萬歲不足以平民憤。大家都知道史萬歲的死比竇娥還冤，都在心裡為史萬歲鳴不平。楊堅打死史萬歲，民憤沒有平息，只是平了自己的憤，當然更平了楊素的憤。

7

平定了太子黨集團，接下來再立太子是順理成章的事了。

開皇二十年十一月，楊堅宣布確立楊廣為新任皇太子。

不知是巧合，還是真的上天有感應。楊堅剛一宣布這個任命，國內就出現了一次大地震。

楊廣也有些心慌，請求免穿禮服，要求東宮諸官不必對太子稱臣。

楊堅一看，這個可愛的兒子還敬畏天命，老子選對人了。

不久，楊廣把為他立下大功的宇文述請來當左衛率，讓宇文述成為自己最親近的人。他覺得自己這個安排很好。殊不知，這個安排為他後來的命運埋下了一個可怕的伏筆。另外那個郭衍也深度參與了楊廣的密謀，所以也被楊廣調來任左監率。

楊堅對楊勇的憤怒已經到了最高點，他把楊勇交給楊廣管束——這就好比把賓拉登交給美國看管一樣。

楊勇之前雖然明知對手在組織力量、羅織罪名要解決他，並沒有做出什麼動作來自保，只在那裡聽之任之做等死之狀，這時被關在東宮裡面，接受楊廣的看管後，突然心裡充滿了史無前例的恐懼。覺得自己再不說話，就會馬上完蛋——史上廢太子的命運，他是很清楚的。更要命的是，史上那些廢太子，很少交給繼任太子來管束的。現在這個父皇卻把自己交給楊廣。楊廣的陰險狠毒，別人不知道，但他已經清楚地領教到了。他本來就是一個缺乏計策的人，這時就更加徬徨無策。他唯一看到的救命稻草就是他的父皇。只有他的父皇能夠救他。因此就不斷地向楊堅上書申冤。可是他的這些申冤字條能送到楊堅那裡嗎？楊廣能讓他的聲音直達天聽嗎？楊廣要是有這個善心，他還是楊廣嗎？況且，即使他的這些文字真的送到了楊堅那裡，楊堅能推翻自己的決定嗎？楊堅之所以把他交給楊廣，就是自己不再管這個事，就是由楊廣一管到底。

楊勇很快就知道自己那些陳情信都是白寫了，就放棄了這個做法，然後爬到樹上，把音量放到最大值，大聲向父皇喊冤。他的聲音還真的傳到了楊堅的住所。

他以為，他這麼大喊大叫，父皇聽到之後，會念起父子之情，召他過去見面，讓他一訴冤情。可是楊堅聽到他的大喊大叫之後，首先召見的不是他而是楊素。

楊素馬上告訴楊堅：「現在楊勇已經神智不清，處於半瘋狀態，據說這是瘋鬼附身的表現，已經無法復原。請陛下不要跟他見面。」

楊堅本來就不想見楊勇，再加上自己也很迷信，聽到楊素這麼一說，就有了堅決不見楊勇的理由。於是，不管楊勇怎麼在樹上大喊大叫，聲震屋瓦，他都一概不理——你就是爬到樹上返祖成為猴子，也是你的事，我就是不理。

當初楊堅剛平南陳時，覺得大隋就會在他的領導下，高歌猛進，進入一個史無前例的太平盛世。可是，監察御史房彥謙卻認為這只是楊堅的一廂情願。

他在閒聊中，對自己的朋友們說：「皇上猜忌而又苛刻殘忍，太子的性格又不強悍，而諸王每個人都在擅權，手下還有部隊。現在天下雖然安定了，但動亂之事，一定會發生。」

他的兒子房玄齡看得比他更準，偷偷對他說：「皇上本來就沒有什麼功德，以詐取天下，諸子都驕奢不仁。他們不久就會自相殘殺。現在天下看起來很太平，但我可以斷言，楊家滅亡之日，就在不久的將來。」

房玄齡後來十分有名，成為歷史上的強者，現在雖然還很粉嫩，但目光已經無比老辣，一眼就看穿了楊堅的本質，直接指出楊家已經走向了滅亡的道路。房玄齡在說這些話時，楊勇還在當太子。但房玄齡仍然斷言，楊家的滅亡為期不遠。對於房玄齡的這個精闢診斷，不知你認為如何？

當時，另一個歷史強者杜如晦也開始出場。他也跟房玄齡一樣，被吏部預選為候補官員。吏部侍郎高孝基據說很有知人之名，他面試這兩個人之後，不由得讚嘆：「我可謂閱人無數，什麼樣的人都見過，但從沒有見過這樣的年輕人。他們日後必定大有作為。只可惜我不能見到他們以後如何大展雄才了。」他特地對杜如晦說：「君有應變之才，必任棟梁之重。」他說這些話，可不是漂亮的空話。他說過之後，馬上把自己的子孫託負給他們，希望他們發達之後，照顧他的後代。

第五章
再破突厥，猛將單騎擒敵首；兄弟相殘，楊廣設計陷同胞

1

史書上說，楊堅晚年徹底迷信佛、道、鬼神，而且是把這些雜揉在一起的信仰，在行廢立之事後，更加堅定不移。

他在拿下換掉太子之後，馬上就下了一道詔書，嚴禁毀壞佛道等神像，有敢違者，必處以極刑。他之前，放寬了佛教政策，但那是宗教為政治服務，現在他是真的要將這些東西拿來當心理安慰了。而且這個詔令剛好在他廢楊勇之後頒行，充分說明了一個問題：他的內心已經非常不安，究竟是不是因為廢立之事不安，還是因為其他？但我想，這個因素一定是其中之一。

這幾年來，楊堅先是大力清除了一堆有功之臣，然後又打倒自己確立了二十年的太子，都是疑心作怪。於是，立有點功勞的、或者皇室成員，都生活在他那疑慮重重的眼前，每個都覺得陰森森的，心裡想

得最多的就是如何在這樣的生存環境裡自保。

他的姪子楊智積對楊堅也是戰戰兢兢。開皇二十年底，楊智積被徵回朝。他歷來做事謹慎，一向都潔身自好，從不跟誰有過私人往來，而且還很儉樸，所以很得楊堅的喜愛。楊堅覺得這樣的人才是好子弟。楊智積生有五個兒子，只教他們讀《論語》，別的一概不學，而且不讓兒子們跟其他人有往來。人家問他為何如此？他並沒有說什麼，人家問多了，他只是說：「卿非知我。」其實，人家就是用腳去想，都知道他這樣做是怕他的兒子有才能，會招來災禍。人家生兒子，無不望子成龍。為了實現這一理想，不惜到處請人來當師傅，讓他們到處遊歷，以便憑著才能光宗耀祖。而他身為深受楊堅喜愛的姪子，如果弄起權來，也可以權傾朝野了，現在居然怕兒子有能力。在一個擔心有能力就有性命之危的時代裡，這個時代是好時代嗎？這樣的朝代能天長地久嗎？

楊堅越是疑心，大家越是提心吊膽。

有個大臣就舉行了一個放心活動。而且是在犯人們身上進行。這個人叫王伽，現任職務是齊州參軍。開皇二十年底，他負責押送七十多人犯人到京師。他們來到滎陽時，每個人都叫苦叫累。王伽自己也累了，就對他們說：「你們這些人犯了國法，現在被套上枷鎖，當然苦不堪言，但這個苦是你們尋找來吃的，怨不得別人。現在押送你們的人也受到連累，跟著苦不堪言。你們難道不覺得慚愧嗎？」

犯人們一聽，都向他道歉。

王伽最後都脫下他們的枷鎖，再遣散押送囚犯的士兵，然後對囚犯們說：「我也不再對你們武裝押送了。讓你們自由地到京師去，某月某日在京師某地見面。」

大家一看，這個軍爺沒有吃錯藥吧？每個人都看著他，不知說什麼好。王伽又對他們說：「你們自己走吧。如果你們不到京師，我就代你們死。」說完自己離開了。那群囚犯都十分高興，也十分感動，一路向長安，最後都如期到達，點名時一個不缺。楊堅聽說這事之後，在那裡呆立良久。我想他呆立之後，是否暗中反省了自己一下？他呆立良久之後，把王伽召來，忍不住地稱讚他。後來，他乾脆連那批囚犯都一起接見，還叫他們把妻子兒女也一起帶進宮。犯人們萬萬想不到，他們這輩子居然能夠進到皇宮，見到偉大的皇帝。而且偉大的皇帝居然在這裡親自向他們宣布：赦免他們。人家都把班房叫進宮，他們進了班房之後，還真的進了宮。

他赦免了犯人之後，還下詔要求全國人民向那些犯人學習、全國官員都向王伽學習。

從這事上看，楊堅也知道寬鬆的政治環境是多麼地和諧，也是盼望在一個沒有疑慮的社會關係中生活著。可是他做不到。他做不到，是因為他是皇帝。一旦當上皇帝，「疑心」就像無比頑強的木馬一樣，植入他的心頭，在他的每一個細胞裡扎根，而且越來越茁壯成長，直到他肉體都消失的那一天，是真正的生命不息、猜疑不止。

猜疑已經為皇帝的職業病了。

2

大家看到他對七十名囚犯那麼寬鬆，以為這位老兄可能有所省悟，心胸也開始放開來了。

太史令袁充又上表稱，自從大隋盛世以來，啟動了天運，感應了上天，變成晝長夜短了。

楊堅聞聽，十分高興，白晝一長，大家勞動的時間就多了。勞動的時間一多，生產作物當然也會變多，生活品質當然會跟著提高。他馬上下詔，要求工匠們服役，每天都增加一定的工作量。為什麼？因為現在白晝延長了。弄得壯丁們都苦不堪言，罵老天爺為什麼要讓白天這麼長？

因為這個白晝延長的緣故，楊堅決定中止使用了二十年的開皇年號，改年號為仁壽。當然，這次改元還有一個理由，就是立了新太子，要顯得有新氣象。而仁壽年號，就是取自白天延長的意思。同時，也算是老年楊堅的一種期盼和精神寄託。

楊堅下令增加勞工們每日的工作量之後，又弄了個奇妙的政策。

仁壽元年的六月，他居然下了一道詔書，說現在天下學校太多了，學生良莠不齊。國家真的需要這麼多人才嗎？真的需要這麼多讀書人嗎？真不需要。我不讀書也成為皇帝。我們的學校只培養菁英。因此只留國子學生七十人，其他什麼太學、四門及州縣設立的學校全部廢掉。

殿內將軍劉炫一看，這不是要把全國人民都變成文盲嗎？大家都變成文盲了，這個社會還能進步嗎？人們不能接受教化，一定會不斷地愚昧下去啊，他上表切諫，可以撤其他機構，萬萬不能撤學校啊。民智還是需要開導的。

劉炫雖然頂著個殿內將軍的名號，好像是個粗魯的軍人，其實他是當時名震一時的大學者，與另一個大學者劉焯是同窗好友，時稱「二劉」。據說他還是個奇人，眼睛非常明亮，能夠在萬里無雲、日在中天時，直接跟太陽對視而不會眩暈。讀書時一向是一目十行，而且是過目不忘的一目十行。這麼聰明的人，還能像郭靖那個笨蛋一樣左畫方、右畫圓。當然，他的表演比郭靖更精彩，他在左畫方右畫圓的同時，還耳聽、目數、口誦，五事同舉，各顯其能，無有遺失。如果老頑童碰到他，只能自愧不如了。

他跟劉焯兩人到處拜師，把人家的知識都學透之後，回到家裡又「閉戶讀書，十年不出」，把書讀得「衣食不濟」，但他們仍然沒有放棄，臉上保持著一派樂觀的態度。後來，劉炫到吏部求官，吏部尚書問他你有什麼才學？

劉炫回答得一點也不謙虛：「周禮、禮記、毛詩、尚書、公羊、左傳、孝經、論語，孔、鄭、王、何、服、杜等注，凡十三家，雖義有精粗，並堪講授。周易、儀禮、穀梁用功差少；史子文集，嘉言美事，咸誦於心；天文律歷，究核微妙。至於公私文翰，未嘗假手。」簡直是把當時能找到的經典全部研究徹底了。吏部的面試官員一聽，你這個牛也吹得飛上天了吧？可是在場的所有人都出來證明他的確不是吹牛的，於那個面試官員也不敢再測試他了，直接錄用。他最得牛弘的欣賞。楊堅即位後，牛弘就向楊堅推薦了這個無書不讀、無學不精的大學問家。

劉炫的學問在當時沒誰敢質疑，可是他和劉焯的人品就有點欠缺了。

兩人受牛弘的推薦入朝之後，被楊堅分配去參與撰寫國史和修訂天文律曆。後來，牛弘又認為南北朝戰亂日久，國家的藏書失散太多，建議楊堅出錢收購天下逸書，以充實國家圖書館。

劉炫看到這個文件後，那雙非常明亮的眼睛一轉，這也是個發財的機會啊。於是，就加班趕工，運用自己的才華，偽造了一百多卷書，分別題名《連山易》、《魯史記》等等，然後扛來賣給政府，賺一大筆錢。

當他還睜著那雙明亮的眼睛數錢時，人家就告發他了。

楊堅當然大怒，下令按律治罪。

是死罪。

幸虧碰到大赦，他這才免了死罪，但鐵飯碗已經被砸爛，只好收拾包袱（剛從牢房裡出來，大概連包袱也沒有了）回到老家，開輔導班養家餬口。

當時楊勇還是太子，聽說他回老家當了私塾先生，覺得太大材小用了，就又把他召來，準備讓他跟自己混。他來到京師後，楊堅又想起他，派他去蜀地，當楊秀的跟班。劉炫當然願在太子手下做事，而不願跑到巴山蜀水淒涼地那裡受苦，因此就在那裡拖延著，沒有過去。沒想到，楊秀也是很有脾氣的人，你以為你得到太子的看重，我就怕了你？派你到蜀地是皇上的意思，不是我的意思。你敢不執行皇上的命令，我就敢把你捆起來。楊秀下令把劉炫抓起來，套上刑具押赴益州。

劉炫這才知道，有些事真的不能跟權力唱反調。他被押到益州之後，並沒有被任命為文官，每天教導楊秀讀經曲文章，而是被楊秀安排到保衛處，成為楊秀的保全。大隋儒林第一號高手，就這樣每天拿著一把生鏽的兵器在大門那裡站崗，說起來真的有點顏面掃地。可是這個掃地，還都是由他造成的——如果他不那麼貪，現在他仍然在朝廷裡做學問，如果他不那麼挑肥儉瘦、想在太子府裡享福，而是老實地服從安排，他現在也不用做這個跟原本領域完全不相干的保全。

當然，楊秀讓他當保全，也只是太氣他不過，這才把他玩一玩，氣消之後，又讓他做他擅長的工作——主管校對書籍。

後來他又被召回朝廷，當了殿內將軍。當了殿內將軍的劉炫，看到楊堅居然關閉學校就出來進諫。本來，如果他沒有那幾個暴露人品的前科，以他在當時學術上的成就和威望，出來進諫，可能楊堅還會認真考慮一下。而現在楊堅根本不把他當一回事。讀書就是讀到你這個地步，又有何用？口口聲聲聖賢書，口口聲聲大開民智，口口聲聲教化民眾，自己卻道德敗壞，為了幾個錢，不惜背叛信仰，造假欺君，這都是從書本裡學來的？讀了這麼多聖賢書，成為全國第一經學家，人品道德還比不過那七十個犯人。國家出錢辦學，最後培養出的人都是這個樣子？

楊堅看到劉炫出來進諫，就更加堅定了他關閉學校的決心。當然，他關閉的只是官辦學校，私立學校他還是留下的。有人猜測，他太節儉，覺得辦教育開支太大。為了減輕財政負擔，他才下令關閉官辦學校——反正現在只有讀書才能當官，你想讀書當官，就自己投資吧，於是就把這個負擔丟給社會，由家長們來承擔。

他下令關閉學校之後，再把國子學改為太學。畢竟「太」才是皇帝專用的字。

楊堅的疑心繼續。他玩政變上位，用的是陰謀詭計，是最被人家看不順眼的一種手段。他雖然沒讀多少書，但對這些政變的歷史知識掌握得還是很到位的，他沒有當皇帝時，跟人家聊起，也會很看不起司馬氏這些人，深知政變是不得人心的，人家心裡是不服的。但他又必須讓人家心服口服，必須讓人家覺得他上位是天選之子。如何讓人家這麼覺得是個問題。他很快就想到了解決問題的辦法。

其實就是老招式——利用迷信活動——製造出很多符瑞現象來證明他的受禪是符合天意的，表明他的篡權是順天應人的。他自己玩了幾個之後，那些腦袋靈活的人立刻就猜出他的意思，知道討皇上歡心的機會又到了。於是也拿出書本，努力學習這方面知識，再利用這個知識，製造那些所謂的符瑞，然後笑瞇瞇地過來向楊堅報喜。開始只有幾個聰明人在做，後來這類聰明人越來越多，一時之間，獻瑞者多如狗，滿路上都是這類人在跑——如果這幾天，誰手裡沒有一兩個符瑞，還真不好意思在路上走。

楊堅每天接到這些符瑞，心裡也樂開了花。

他不光讓天下人知道，這些符瑞已經遍地開花，而且開得比雜草還多，還要讓上天也知道。仁壽元年十一月，他特地到京師南郊舉行了一場隆重的祭天典禮。在祭天活動中，他向上天報告的版文裡，除了感謝老天選他當皇帝之外，還用大量篇幅羅列了各地出現的符瑞，以及這些符瑞現象出現的前後，都向上天進行了詳細的報告。

按照這方面的理論，這些祥瑞出現後，天下應該進入太平盛世。可是他還在那裡對著版文念念有詞，長篇大論的匯報上天，幾個地方又出現了亂子，簡直是絲毫不給楊堅一點面子。

3

最先作亂的就是蜀中的那些山獠。這些大山裡的人太沒有水準，在人家都忙著為楊堅製造符瑞的時候，他們卻舉著兵器喊打喊殺地出來鬧事——既沒有什麼政治綱領，也沒有要奪取哪個城池當割據地盤，純粹就是為了作亂而作亂，好像是專門來諷刺一下楊堅。

楊堅著實有點氣急敗壞，趕快派衛文升為資州刺史去平息山獠的叛亂。

衛文升到任時，山獠武裝正在進攻大牢鎮。

衛文升新官一個，人生地不熟，跟當地的軍人還沒有見過面，根本無法組織力量展開軍事活動。但他膽子很大，組織不了其他人，就組織自己一個人。他居然獨自一人騎著馬來到山獠武裝的大營裡，直接對他們說：「我是刺史，奉天子之詔，前來安撫保護你們，請你們不要驚懼。」本來，應該驚懼的人是他，現在他居然叫這些山獠武裝不要驚懼，還真讓這些人有點不知所措，每個人都瞪著大眼看著他，緊握兵器的都有點僵硬。

他乘機對他們陳述了一番利害關係。各位山獠兄弟，你們這是在造反。造反的結果是要被殺頭的。皇上有好生之德，不想讓大家都死去，所以先派我前來動員大家，從哪裡來就回到哪裡去——這叫知錯能改，朝廷既往不咎。如果兄弟們執意造反下去，皇上沒有辦法，只好派大軍前來跟大家戰鬥了。各位兄弟可能真的沒有想過，大隋全國有多少兵馬吧？告訴大家，只要一出動，幾十萬都是少部分啊。你們就這點人馬，真的扛得住幾十萬部隊的打擊嗎？還是回家吧，家裡有父母有兄弟有妻小。他們都不願意你們死去啊。我也不願你們死去，這才孤身一人前來，跟各位兄弟說這些心裡話。

這些山獠一向性格乾脆，聽了衛文升的話後，覺得很有道理，馬上乾脆地表示我們回去，不再打打殺殺了，以後做朝廷的良民。

楊堅接到消息，不由得非常開心，衛文升還真會辦事。一場亂子，居然被他零成本擺平。宣布賜衛文升細絹二千匹，提拔他為遂州總管。

資州這邊剛剛擺平，嶺南五州的獠人又宣布造反。這些獠人平時不聲不響，可是一旦造反，就能不約而同、一起出來鬧事。

此時高州的最高領導者就是冼夫人的孫子馮盎。他還記得奶奶的教導，對朝廷還是忠心耿耿的。他親自騎著快馬來到長安，請朝廷出兵去討伐五州之亂。

楊堅叫楊素接待了馮盎。兩人一起討論了一下全國的形勢，楊素跟馮盎交流了很多意見，最後一聲長嘆：「不意蠻夷中有如是人。」馬上下令發江南和嶺南之兵由馮盎率領，討伐叛軍。馮盎沒花什麼功夫，就全部平定了這個叛亂。楊堅任命馮盎為漢陽太守。可以說，冼夫人留下的這些遺產，對大隋的貢獻是很大的。

4

南方的獠人雖然愛鬧事，也有鬧事的傳統，但很多年來，都鬧不出什麼大事來，通常他們一鬧，朝廷一出兵，打一輪過去，就完全可以收攤。真正讓中原王朝頭痛的還是北方的游牧民族的武裝。以前是匈奴、鮮卑之類的，現在匈奴沒有了，鮮卑也疲軟了，突厥又接過這個接力棒，讓大隋很生氣。楊堅這幾十年來，費盡全力，又是採取軍事行動，又是堅持和親政策不動搖，還在突厥內部進行分化瓦解，但仍然無法徹底解決問題。雖然現在啟民可汗甘願當大隋的分支機構，只要大隋朝廷叫他打哪裡，他就打那裡；雖然前段時間，最敢製造麻煩的都藍可汗死了，但現在步伽可汗同樣難纏。步伽可汗就是以前的達頭可汗。他也是反覆無常的專家，曾經當過大隋朝廷的分支機構，可是後來一時衝動，又跟都藍混在一起，把啟民可汗打得直接宣布破產。這時他仍然堅定地反對大隋。

楊堅不得不再下決心去教訓他一下。他知道，對付突厥可不能像對付獠人那麼漫不經心。他任楊素為雲州道行軍元帥，任長孫晟為受降使者，帶著啟民可汗去打步伽可汗。

可是楊素的大軍還沒有出發，突厥另一個部落的老大思力俟斤可汗突然現身，帶著他的部落南渡黃河，直接擄走啟民可汗的男女人口六千人、雜畜二十多萬，然後飛奔而去，回駐地享受生活。

楊素大怒，率諸軍追擊，一口氣轉戰六十公里，把思力俟斤可汗打得大敗。

思力俟斤可汗打了大敗仗，只好又展開輕功，向北逃得遠遠的。

楊素並沒有放棄，繼續踩著他們的尾巴連夜追趕，到了半夜還真的追上了。他怕這些突厥人逃得不知去向，居然使了個險招：叫騎兵稍稍後退，自己只帶著兩個騎兵外加兩名投降的突厥兵，混進突厥的部隊裡，跟他們一起前行。而突厥人居然沒有誰發現敵人的最高統帥就在他們的中間，正跟他們拚命狂奔。

楊素趁他們還沒有安置好的時候，就找了個機會，命令跟隨而來的騎兵對突厥人來一次掩殺。突厥人一點防範都沒有，被殺得一敗塗地。楊素這一戰，俘獲了大量敵人和馬牛羊，最後他把這些戰利品全部送給了啟民可汗。

前次，楊素跟史萬歲他們分兵出擊，史萬歲立了大功，讓楊素忌恨不已，不惜把史萬歲害死。這一次，他打得也十分精彩，尤其是冒著性命之危，去當偵察兵，潛伏在敵人群中，其膽子之大，實為僅有。

而這次戰鬥，他又是唯一的統帥，功勞完全可以獨占。當他得勝回朝的時候，終於沒有再說，突厥人早就投降，只是出來搶劫一點東西，然後就逃回去了，根本不用打的之類的話了。而是把戰鬥描述得十分激烈，把戰果形容得十分輝煌。楊堅當然全盤相信，對他當然是大肆封賞。只是他已經位及人臣，無法再提拔了，就把他的功勞放到他兒子楊玄感身上，封楊玄感為柱國。可是功勞還沒有花完，便又獎賞楊素另一個兒子楊玄縱淮南公的爵位。到了這時，楊玄感已經幾次靠父蔭得到提拔了，官品越來越大。楊玄感是楊素的長子，長得體貌雄偉，在身高上遺傳了他老爸的基因。後來他十分有名，但他還小的時候，有點不靈活，看上去很不成器，很多人甚至認為他是智能不足。但楊素卻很看好他，常常糾正人家的看法，說：「這孩子一點也不笨。不信走著瞧。」

楊玄感長大後果然像他的老爸說的一樣，不但愛讀書，而且還喜歡騎射，再加上他長得牛高馬大、肌肉發達，一下狠功夫，終於成為文武兼優的好學生。當然，現在他還只是靠老爸的功勞當國家公務員，自己的水準還沒有得到發揮。

5

目前大隋上下，能讓楊堅相信的大概就只有楊素和他新立的太子楊廣了。而楊素已經把自己牢牢地綁在了楊廣這部戰車上。很多人都覺得奇怪，楊素本來也是很有性格的人，在戰場上也是很不怕死的，為什麼要成為楊廣的死黨？從表面上看，是因為他弟弟楊約對他的影響，其實真正的內在原因還是在於他自己——雖然說楊約是他的大腦，但這個大腦只是在日常一些公私事務上為他出謀劃策而已，真正的大是大非，還是由他主張的——比如打仗時，在戰場上就沒有楊約的影響，而總是楊素端著那張戰神黑臉衝在最前面。而在這樣的政治立場上，他一定會有自己的主張，不僅只聽楊約的一面之辭，楊約去動員他，也只是迎合了他的內心的想法而已。

我們可以看一看開皇時期的政治版圖。當時，楊勇是太子，而且是可以參預軍國大事的太子，手中權力有多大，自不待言，而大臣中的第一種子又是高熲。兩人一聯手，完全可以把政朝牢牢地掌握在手中，再加上楊堅對高熲又是無條件地信任，完全可以算是朝廷權力場上的第一縱隊，是權力大樹上的核心。而楊廣和楊素這些人也只能算是二號種子選手了，或者只能算是權力大樹上的旁枝，是後來者。楊素雖然跟楊堅沒有什麼血緣關係，但他卻是弘農楊氏的嫡系，在當時的社會上算是血統純正，出身非凡，再加上他文武雙全，不但敢到戰場上搏殺，而且也能寫出很好的詩文。當時所有的人都嚴重地認為，這樣的人在這樣的亂世中，很早就就可以進入權力核心了。但他就是沒有少年得志。這可能是因為他自視太高，高到目中無人的地步，終於未能融入以政界的主流。而高熲在楊堅起事之時，就能從很低的職位，直竄入決策層，被派到第一線，為楊堅殺出一條血路來，一躍而成為關隴集團的代表人物。而當時高熲的年紀並不大，人又聰明能幹，是史上少有的相才，楊素根本沒有辦法在高熲這樣的大山面前冒泡。即使在平定江南時，高熲仍然是總設計師，而楊素只是獨當一面的將領，而頭功又被賀若弼和韓擒虎拿走。他後來能夠嶄露頭角，還得感謝江南再次發生叛亂。因為這一次，楊堅終於讓他成為統帥，去平定南朝的殘餘勢力。他在這一次行動中，果然表現優秀，得以在政界脫穎而出。但仍然無法超越高熲這座政壇最高山。在高熲面前，他永遠屈居老二——即使他敢公開看不起很多朝臣，但在高熲面前，他無法不自卑。他一定在心裡多次哀嘆，即生素何生熲，以為自己要把這個老二當到地老天荒的那一天了。而他的這個心態，剛好也是楊廣當時的心態。楊廣絕對是個野心家，他總是恨哥哥擋在他的前面，讓自己只能當老二。

於是，共同的「老二」心態，使得兩人一拍即合，最終走到一起。楊約的牽線搭橋，只是促成兩人合作的外因而已。

於是，兩個老二聯手，大做一場。他們聯手的時候，剛好高熲失勢，楊勇勢單力薄，再加水準不足，最終被兩個老二打翻在地。楊素終於徹底脫掉老二的帽子，站在權力巔峰，一覽眾山小，而楊堅把過去對高熲的信任又都投入到他的身上。

楊素在人品上，比高熲差了幾條街，他利用楊堅對他的無比信任，基本上都在順昌逆亡。別人對他基本上都噤若寒蟬。

6

但柳述例外。

柳述也是世家子弟，他的老爸叫柳機，曾官至納言，是個才貌雙全的男子。

楊堅的第五女也就是蘭陵公主，初嫁王宜之子王奉孝。兩人才成婚沒有多久，王奉孝就因病而死，蘭陵公主年紀輕輕就成了寡婦。楊堅對這個女兒還是很心疼的，不想讓女兒把這個寡婦當到自然死亡的那一天，因此就決定幫她物色一個新丈夫。楊堅經過一番考察，他選了兩個人。一個叫蕭瑒，一個就是柳述。蕭瑒的來歷也很不簡單。他是後梁國蕭巋的兒子，他的姐姐是楊廣的王妃，可以說是出身顯赫，跟楊家完全門當戶對，當然長得也絕對帥，也絕對有才，而且推薦人又是楊堅和獨孤皇后最喜愛的兒子楊廣。楊堅當時也很難取捨，最後只好叫韋鼎出來幫他當評審。這個評審當然只是從面相的角度去考察。

韋鼎是個很聰明的人，他沒有說誰適合，而只是把兩人的相貌公正客觀地說出來，然後讓楊堅再二選一。

於是，楊堅選了柳述。那時，韋鼎說柳述的官位可能不保。但楊堅不信邪，官位是由我定的，只要有我在，他的官位就在。

柳述也像很多世家公子一樣，眼光很高，看不起人，現在又成了皇帝的女婿，更加飛揚跋扈，誰都不放在眼裡，連楊素他都一樣看待。當時，楊堅對他也很信任，於是，楊素對他也不敢囂張，看到他時，眼裡都是巴結的神態。他對楊素從來不客氣，經常在楊堅面前揭楊素之短，然後拿來嘲笑一番。楊素畢竟還是他的上級主管，有時他處理過的文件，楊素覺得某些詞用得不當，就叫他修改。他卻命人回覆：「告訴僕射，尚書不同意。」如果是別人，楊素一定會跑過去當場狠打幾個巴掌，然後再到楊堅那裡進幾句讒言，不把你弄死，他還叫楊素嗎？可是他聽到柳述的這些話時，只在那裡乾瞪著眼，拳頭捏得暴響，心頭怒氣澎湃，嘴頭卻一句話也說不出來。

柳述就這樣得罪了楊素。但他不在意，得罪就得罪，你能拿我怎麼樣？

楊素暫時拿他沒有辦法，但人家對他的忍耐度也已經到頂了。

終於有人忍不住在楊堅面前把這事抖了出來。

有一次，楊堅對韋雲起說：「在外面不方便直接說的，現在你可以跟我說。」

韋雲起對柳述也是很憤怒的，看到楊堅這麼問自己，想也不想，直接就說：「柳述太驕橫狂妄了。他並沒有豐富的經歷，也沒有經過多職位的鍛鍊，讓他掌管兵部，他真的難以勝任。只是因為他是皇上的女婿，才得以身居要職。我最怕聽到人家這樣議論：『皇上不能選拔賢才，專選自己所寵信的人。』這對朝廷很不利啊。」楊堅一聽，就點了點頭，轉過去對柳述說：「韋雲起的話很對。你應該把他當作自己的師友。」

柳述雖然傲慢，但對楊堅的話還是堅決服從的。過了幾個月，楊堅下詔讓朝廷內外的官員舉薦自己了解的人。而柳述就舉薦了韋雲起。楊堅提拔韋雲起為通事舍人。

柳述在這方面倒很識趣，頗有名士風範，但其性格非常火爆，對部下都十分霸道，不把下屬當人看，又不識大體，根本不理會人際關係。在爭取蘭陵公主的事上，他得罪了楊廣，而在平時的工作和交際中，又得罪了楊素。這兩個傢伙的共同特點是，心胸絕對不寬廣，而且報復性非常強。現在柳述在楊堅這顆大樹的保護之下，那兩個心裡曾經充滿「老二」情緒的人對他無可奈何，除了怒目相對外，沒有對他動手動腳。柳述那雙眼睛只看到現在這些情況，卻沒有看得更遠一點——楊堅死後，他怎麼辦？

他沒有看到這一點，注定他以後的命運是十分悲催。

7

在柳述悲催之前，那個楊秀先悲催。

楊秀是楊堅的第四個兒子。他也長得一表人才，而且身材魁偉，長髯豐額，武藝高強，不管誰看到他，心裡馬上就冒出那個四字——威風凜凜。朝臣們看到時，都忍不住隱隱然心生畏懼。

當時很多人都很看好他，但楊堅對他完全不看好，對獨孤皇后說：「我們這個秀兒，只怕以後沒有什麼好結果。當然，我在世時，當然不會出什麼事，也不用有什麼擔心。但到他的兄弟當家時，只怕他會不服。他一不服，一定會造反。」

楊堅幫楊秀下這個結論，我想其根據無非是因為他看到楊秀武力高強，性格強悍、難以駕馭。他這個看法再加上自己固有的疑心，兩項一綜合，楊秀就被他貼上了這個標籤。楊秀一被他貼上這個標籤，他對楊秀當然就會另眼相待，也當然會時時提防楊秀。本來，幾次邊關之戰，他應該派楊秀這樣的人掛帥才對，但他偏偏讓楊俊那樣的花花公子當統帥。這樣的安排，其實就是楊堅的疑心發揮作用。當然，你也可以說，因為征高麗、打突厥，都在北方，那是楊俊的責任區，但真的要打仗時，就不能調整一下嗎？

有一次，兵部侍郎元衡出使蜀地。他跟楊秀的關係一向不錯，楊秀就請求幫他增派一些貼身侍衛。其實多幾個貼身侍衛也沒有什麼，如果是楊廣的請求，楊堅會爽快地答應，但當元衡為楊秀請求時，他就堅決不批准。

即使後來楊秀轄區內出現了西爨之亂，楊堅也沒有委派楊秀為平叛總指揮，而是派大將軍劉噲出馬。

當劉噲進兵之後，楊堅仍然沒有叫楊秀參與，而是派開府楊武通率部跟進。楊秀有點不高興，這是在自己的管轄範圍啊，動了刀兵，自己居然不能參與。他心裡不服，就來個強行插入，派自己的嬖人（又一個倖臣）萬智光充當楊武通的司馬。楊堅知道後，很生氣，你就是硬派一個人去當司馬，老子都有點不爽了，現在居然派你的倖臣去？他馬上派人去嚴厲的問責楊秀，而且還怒氣勃勃地對群臣說：「帶頭破壞我法度的，居然是我的子孫。這就像猛虎那樣，別的野獸不能傷害牠，反被毛裡的小蟲弄死。」他把楊秀當成老虎身上的寄生蟲。為了不讓這個寄生蟲坐大，他收掉了楊秀的兵權。

到了這個時候，楊秀居然沒有想到老爸正在處理他，就像楊俊一樣，你不讓我指揮部隊，我沒有事做，就只有享受生活了。於是就不斷地奢靡。奢靡也像吸毒一樣，越玩越過癮。最後，所用的車馬服飾就超過了標準，跟皇帝一樣了。他製造了一個渾天儀，然後派人到山裡抓了很多獠人來閹割，讓他們當自己王府裡的宦官。你想想，獨孤皇后和楊堅知道後，他們心裡高興嗎？楊勇貴為太子，因為奢靡，皇后就看他不順眼，最後倒了大楣。楊俊也因為奢侈無度，死了楊堅也不可惜。有了這兩個教訓在前，楊秀卻完全不去汲取，反而奢靡得比他們更厲害。

楊秀身為皇子，而且也是很想有作為的皇子，可是卻被老爸邊緣化，心裡當然很苦悶。後來，楊勇被廢，他就自然而然地物傷其類，憤憤不平。按照他的個性，憤憤不平，絕對不會有什麼掩飾的。

楊廣扳倒楊勇拿下太子之位後，最提防的不是別人，而是他的這些兄弟。因為他能以弟弟的身分處理哥哥，他的那些弟弟也有扳倒他的可能。他密切監控著這些弟弟的一舉一動。

楊廣很快就知道楊秀在為楊勇憤憤不平，覺得再讓他這麼繼續憤憤不平，對自己也是個禍害。他剛當上太子不久，不宜出面去弄弟弟。於是，他又找來楊素，讓楊素去充當打手。

楊素現在已經是楊廣最貼身的人，已經把自己的命運全部綁在楊廣的身上了，楊廣榮他就榮，楊廣敗他也會跟著敗。誰是楊廣的敵人，誰就是他的敵人。他馬上按照楊廣的吩咐，派人去蒐羅楊秀的罪狀。

楊秀是一個根本沒有城府的花花公子，連皇帝的服飾都敢公開穿上，要抓這種人的把柄，難度指數跟吃豆腐沒有什麼兩樣。楊素根本不用花什麼時間，就把楊秀一大堆過失都掌握在手，然後呈送楊堅。

楊堅本來對楊秀就已經不放心，時刻都在認定楊秀會做出逾矩的舉動來，他聽了楊素的告發，一點也不覺得意外，覺得楊秀就是這樣的人，現在終於暴露出來了，讓楊素知道了，也讓他的猜測變成了現實。楊堅馬上把楊秀徵召回朝。

楊秀接到詔書後，也理解到楊堅真的要動他了。他不想回去，說自己身體不適。

他的司馬源師說，還是遵命吧。皇上要是知道殿下沒病，後果就會嚴重。

楊秀大怒，喝道：「這是我們的家事，關你什麼屁事？」

源師流著淚說：「我被任命為王府的第一幕僚，就必須為殿下負責。皇上召你回去，已經很長時間了，現在你還在拖延時間，大家對你的議論就多了。這些議論一多，很多謠言非議也就會出現，這些非議一傳到朝廷，結果將會如何？朝廷內外一驚懼猜疑，皇上就會震怒。皇上一震怒，就會派使者過來，那時殿下又何以自明？」

楊秀仍然不理。

楊堅一看，繼續讓他拖延下去，只怕他真的做出糊塗事來。馬上下令，任原州總管獨孤楷為益州總管，馬上到益州接替楊秀。獨孤楷到益州後，看到楊秀果然還在那裡，一點也沒有離開的意思。如果是別的離任官員，他大可直接將之捆綁，押送長安。可是楊秀是皇子，他哪敢這樣做。他不敢採取強制手段，就只好苦口婆心了。最後，楊秀禁不起他的開導，居然收拾行李前往長安。

獨孤楷很快發現，楊秀又有點後悔。他就馬上提高警惕，下令軍隊做好一切準備。楊秀走了四十多里後，就準備返回，襲擊獨孤楷。後來他偵知獨孤楷已經有準備，這才作罷。這個細節其實很值得推敲。如果楊秀真的要造反，要處理獨孤楷，完全可以在獨孤楷到益州時，沒有辦完交接時就拿下，何必在把權力交給獨孤楷、接受獨孤楷的勸導之後，在宣布離任、前往長安、手中無兵之時，採取行動？楊秀雖然奢侈，身上都是花花公子的作派，也沒有多少城府，但他並沒有愚笨到這個地步。一定是獨孤楷受到某些人的暗示之後，創作了這個細節，算是楊秀造反的事實證據，為打倒楊秀加碼而已。

獨孤楷把這個情況匯報上去，就知道楊秀這個皇子也可以套上「冢中枯骨」這四個字了。他完全可以在那裡坐著看楊秀的下場。

可是楊秀還在回長安的半路，另一個人卻先死了。

8

這個人就是讓楊堅也怕三分的獨孤皇后。

仁壽二年八月二十四日，獨孤皇后宣布駕崩，時年五十九歲。

獨孤皇后的去世，對於楊廣而言，又是一個表演的機會。他接到母后去世的消息後，就跑到靈堂前，對著父親和宮人大放悲聲，哀慟欲絕。大家都覺得他真是個孝子，如果是楊勇，一定不會這麼悲痛。

可是楊廣離開現場回到住處之後，又大吃大喝，跟府內的人談笑風生，好像死掉的人跟他完全沒有關係。當然，表面功夫還得繼續。他下令以後東宮每天中進二鎰米，在母喪期間，其他肉類食品一概不能進東宮。他把這個命令弄得沸沸揚揚，全國人民都知道，但卻在暗地裡派人去購買肥肉脯，放在竹桶中，然後用蠟封口，再用布包起來，偷偷送到府中，讓他大快朵頤。楊廣雖然不是無神論者，相信人是有靈的，但他做這些事時，也不怕他母親在天有靈，看到他做這些事，會懲罰他。

獨孤皇后之死，對於楊堅來說，打擊也是很大的。雖然這個女漢子把他管得很嚴，嚴到他空有三宮六院，而三千寵愛只能投入到這個老女人的身上——連偶然偷腥一次，都還被追究，當然她不敢直接追究楊堅的責任，但卻把那個美女殺了，其用心之險惡、手段的毒絕，實為罕見。但兩人終究做了幾十年的夫妻，而且在楊堅最困難的時候，她也為楊堅出謀獻策，堅定楊堅的信心。楊堅對她應該是先敬畏、後懼怕的。否則以楊堅之精明，哪能甘心受制於一婦人？現在老伴一死，念及這幾年來的同甘共苦，楊堅也是老淚縱橫。

著作郎王邵看到楊堅連日悲痛，也很理解皇上的心情，馬上建議：「佛說：『人應生天上及生無量壽國之時，天佛放大光明，以香花妓樂來迎。』伏唯大行皇后福善禎符，備諸祕記，皆云是妙善菩薩。臣謹按八月二十二日，仁壽宮內再雨金銀花；二十三日，大寶殿後夜有神光；二十四日卯時，永安宮北有自然種種音樂，震滿虛空；至夜五更，奄然如寐，遂即升遐，與經文所說，事皆符驗。」這段話的重點，就是把獨孤氏比成是菩薩下凡。理論根據是：據說無量壽國的人升天，天佛就會大放光明，以香花妓樂來迎接。其他根據是，很多祕記中都說皇后是妙善菩薩。現實依據是，他經過觀察發現：八月二十二，仁壽宮裡降下金銀花（這就是天佛派花來迎接）；二十三日，大寶殿後面，夜裡出現神光（天佛大放光明）；二十四日卯時，永安宮北面出現很多前所未聞的音樂，而且聲振虛空。就是在這個時候，皇后安詳地睡去，不再醒來，升天而去。這些跡象，跟經文上的描述完全沒有差別，每個細節都在應驗啊。

誰看到這一段話，都知道純屬胡扯。既然出現這麼多現象，為什麼其他人沒看到？就你看到？還說永安宮北的音樂響徹雲霄，為什麼長安城裡那麼多男女老少都沒有聽到，就你能聽到？難道這些仙樂只有你的耳膜能感應，別的都沒有仙緣？而且楊堅那雙天子的聽覺系統也是裝飾的。但楊堅看過之後，心裡滿是喜歡。他多麼希望，他的這個老婆是菩薩下凡啊。既然幫他杜撰出這個故事來，他哪能不認可？

另一個大師也出來湊熱鬧。這位高僧來自天竺，他說皇后駕崩那天，空中也響起音樂，而且還出現人間從沒有過的香氣。

人家問他這是什麼原因？他說，西方淨土叫阿彌陀。現在皇后往生，諸天神出來迎她往西方淨土。所以，才出現這些景象。

楊堅一聽，原來天竺高僧說的跟王邵的也一樣。看來皇后的前生真的是菩薩了。他一喜之下，賜高僧綿絹二千段。這個賞賜的額度，只有像賀若弼與韓擒虎之類立下的功勞才得到過。當然，高僧表示不要這些賞賜，但楊堅一定要給，你不要也得要。於是，高僧把這些東西全部「散諸福地」，捐獻給佛教事業了。他創作出的這一段故事，本來就是意在弘揚佛法，使佛教更加得到權力的支持。

楊堅幫皇后辦喪事的規模很大，他召來高僧大德五十多人進宮，在皇宮內舉行七七四十九天的宏大法會，為獨孤皇后超度。然後又宣講《淨名經》，要求皇太子也要到場聽講。據說當時前來參加的大德高僧，都是「四海宗師，一時翹楚」。不久，楊諒到長安赴喪時，又從晉陽帶回高僧志念，自為施主，為母親經營法禮。揚州的天臺國清寺也為皇后舉辦法事，祈福超度。楊堅聽說之後，當然龍顏大悅，對該寺大加賞賜。

直到十月，楊堅才令蕭吉為大行皇后選擇風水寶地。蕭吉拿著羅盤跑了幾天，到處看了看，終於選到一塊吉地。人家問這塊地如何？

他答：「卜年二千，卜世二百。」意思是：占卜年可以延續楊家基業兩千年，占卜世，可以讓楊家延續皇統二百世。雖然比秦始皇的一萬萬世少了很多，但楊堅也很高興，能有兩千年基業也比周朝多了兩倍啊。但他只是冷冷地說：「吉凶之事，在人而不在地。北齊亡國之君高緯埋葬他父親時，難道就沒有請來大師占卜選好風水寶地嗎？但是北齊很快就亡國了。我家的墓地，如果說不吉，那我就不應該成為皇帝；如果說是吉地，那我弟弟就不應該戰死。」不過，話雖如此，但楊堅最後還是聽從了蕭吉的建議，選擇了那塊吉地。

蕭吉是蕭衍之兄蕭懿之孫，是當時的大陰陽家。梁朝滅亡之後，成為投北人員，先後當了西魏北周和大隋的公務員。他「性孤峭，不與公卿相浮沉，又與楊素不協」。因為跟楊素不對調，所以官升得很慢。蕭吉看到自己進步不快，就去揣摩楊堅的意圖。他很快就發現，楊堅很喜歡玩瑞符那一套。這可是他老蕭的特長啊。真是學成陰陽術，貨與帝王家。只要有機會，他就運用自己的知識，在楊堅面前大談符命徵祥，每次都談得楊堅心花怒放，相見恨晚。

他為此深得楊堅的親信。楊堅在決定平定楊勇時，就經常派他去執行一些特殊的任務。當時，很多人都知道楊堅的想法，就不斷創作一些東宮裡出現的怪現象。這個說東宮多鬼魅，那個說東宮裡鼠妖多如狗。於是，楊堅就派蕭吉到東宮去禳邪氣。據說，他作法之後，有一股迴風從艮地鬼門進來，橫掃太子的座位。蕭吉就以桃湯和葦火來驅逐。那股風就被趕出了宮門。然後他又設壇於四門，置五帝之座。當時天氣已經寒冷，硬是有一隻青蛙從西南跳了進來，進入人門，跳到赤帝的座位上，之後又從人門跳出去，才走了幾步，忽然就不見了。所有的人都知道，青蛙是冬眠動物，冬天是不會到處亂跳的。現在蕭吉一作法，這個冬眠動物居然神奇地不遠N里從溫暖的地洞裡出來，進入宮中，然後消失得比鬼還快。這哪裡是青蛙，這是鬼神啊。

雖然蕭吉沒有解釋那股風和青蛙究竟是什麼，但楊堅知道這個事後，馬上就賞給他很多東西。總之，蕭吉奉旨主持的這場東宮驅鬼，其實是一場鬧劇，毫無科學根據，但這對楊勇而言，是非常大的不利，至少坐實了東宮有鬼的傳言。東宮為什麼會有鬼？那是因為太子心裡有鬼，是太子行為失德導致的，使得楊勇的形象大為損害。

後來，蕭吉發現楊堅越來越看楊勇不爽時，又對楊堅說：「太子當不安位。」

楊堅一聽，自是大中聖意。

蕭吉靠揣摩皇帝的聖意，然後結合自己的知識，不斷地投楊堅之所好，終於得到楊堅的信任。因此，這次楊堅就派他去選擇獨孤皇后的墓地。

按當時的習慣來說，這也沒有什麼錯。

可是蕭吉在這個事上，又捲入了一個不足為外人道的計謀。這個計謀是楊廣的計謀。楊廣成為太子後，就把目光鎖定大位。可是他等了幾年，都六十歲了的老爸仍然活著。他心裡就有點急了，但這個急又不能說出來。當他看到蕭吉接受任務，準備去勘查吉地時，就派宇文述去找蕭吉，並轉達他的話：「老先生以前稱我為太子，後來竟然應驗了。我對此終生都不會忘記。現在你去卜山陵，一定要讓我早日得登大位。到時，我一定會好好地報答。」

蕭吉一聽，當場也傻了眼。楊廣的這個要求，就是想讓楊堅提前死去啊。他知道，他不能得罪楊堅，更不能得罪楊廣。但他後來，還是找了一塊讓楊廣滿意的地。他找好之後，對楊廣說：「後四載，太子御天下。」

但他對楊堅的報告是這樣寫的：去月十六日，皇后山陵西北，雞未鳴前，有黑雲方圓五六百步，從地屬天。東南又有旌旗、車馬、帳幕，布滿七八里，並有人往來檢校，部伍甚整，日出乃滅。同見者十餘人。謹案《葬書》云：「氣王與姓相生，大吉。」今黑氣當冬王，與姓相生，是大吉利，子孫無疆之候也。

楊堅一看，真是大吉大利啊。

楊堅表示，安葬大行皇后那天，他要再送皇后一程。

蕭吉一聽，不由得大驚。他知道楊堅對風水還是有一點知識的。要是看出四年後，太子當御天下這個門道來，他馬上就人頭落了。他冷汗遍身之後，知道這事要是被楊堅看出，楊廣是萬萬救不得他的，想要矇混過關，只有自救了。他又運用自己的知識，對楊堅說：「至尊本命辛酉，今歲鬥魁及天罡臨卯酉。謹案《陰陽書》，不得臨喪。」

可是楊堅卻「不納」。那麼大吉大利的風水寶地，怎麼還會有這樣的顧忌？我不信。

幸虧楊堅這方面的知識只是半桶水，再加上已經老眼昏花，哪看得出這些深計謀來？

蕭吉此時已經七十來歲，本來他只想靠自己的這個手藝把人生混得幸福一點，沒想到每次都被捲入高層的政治爭鬥中，而且一次比一次激烈，一次比一次驚險。他也有點生氣了。在廢立事件中，他本來是楊廣的「晉王」黨。楊廣成為太子之後，所表現出來的面目，也讓他感到失望。他再看看楊家的這些皇子，沒有一個成材的。所有這些，根本不必運用那些高深莫測的風水知識來討論，僅憑經驗來判斷，就可以知道，大隋王朝已經走到盡頭了。

當他膽顫心驚地把這件事辦完之後回到家裡，就很神祕地對自己的族人蕭平仲描述了整個過程，然後說：「若太子得政，隋其亡乎！吾前紿云『卜年二千』者，三十字也；『卜世二百』者，取世二傳也。汝其識之！」這是一段史上有名的神預言。用現在的話來解釋就是：本來他還很認真地要為大行皇后找個好墓地，沒想到後來楊廣卻過來收買他，一定要找一塊讓他四年內登上大位的吉地。他感到很噁心，也感到很失望。又看到楊堅對他的那個態度——他跑得腿毛都掉光了，還說是王朝能不能長久是在人不在地。既然這樣，那我就找一個讓你們馬上滅亡的吉地。他之前跟楊堅匯報時說的都是騙楊堅的鬼話。所謂「卜年二千」者，字面上說是可以保證王朝活兩千年，其實裡面是有內含的。這個內含就是二千可以拆為「二丿十」，合起來就是「三十」（以前書是豎排的，兩筆橫加一筆撇看起來真像「三」字）。至於「卜世二百」者，就更是簡單了，那個百乾脆就直接省略掉，所以這個朝代只有兩代帝王。秦為二世，隋同樣二世。我現在跟你說這些，你好好記著，你還年輕，應該看到我的話得到應驗的那一天。其實，他已經知道，不管他如何找到什麼樣的風水寶地，都已經保佑不了這個王朝了——太子居然是一個急得要父皇提前死掉，自己才能登上大位的人，能把這個朝代繼續延續下去嗎？況且現在大臣們都在不斷地看清楊廣的真面目，也看到楊堅所有的兒子都是這個模樣，完全可以斷定出楊家已經沒有希望了。這位老先生做這一行一輩子，本來想靠這個技術巴結皇帝，讓自己的生活蒸蒸日上，沒想到卻多次被捲入高層權鬥，連看個風光寶地都差點丟掉性命，那顆心也算冷到極點了，終於用這個方式來詛咒一下楊家父子。

當然，楊堅和楊廣這時心裡對自己的楊家王朝還是充滿希望的。楊堅也認為這是一塊傳之千年而不衰的風水寶地。在整個喪事的過程中，都是由楊素全力舉辦。安葬完獨孤皇后之後，他特意下詔大力表彰楊素：「經營葬事，勤求吉地，論素此心，事極誠孝，豈與夫平戎定寇比其功業！可別封一子義康公，邑萬戶。」說楊素主持的這個喪事，勤求吉地、積極負責、嘔心瀝血，完全可以與平滅夷狄、保家衛國、開疆拓土的功勞不相上下，不但封他一個兒子為義康公、邑萬戶，而且還賜田三十頃，絹一萬段，米一萬石，外加一大批金珠綾錦，不把他家的庫藏堆積如山，絕不罷休。

楊素看著自己的府庫，心裡很高興，覺得自己生在這個時代，真是生逢其時了——不管自己接受什麼任務，都能把完成任務變成大功。

9

當楊素心情舒暢地參觀自己的庫房時，楊秀卻十分鬱悶。他從蜀道爬山涉水來到長安，第一件事就是去見他的父皇。他敬愛的父皇讓他進去了。可是當他要跟敬愛的父皇匯報時，他敬愛的父皇卻不跟他說話。他抬頭看看父皇，只見楊堅只是坐在那，像一塊石頭一樣，一動不動，嘴巴閉得只剩一條縫。那雙眼睛裡滿是複雜的神采。他跟他的父皇已經多年沒有見面，如果是普通的家庭，這次見面，父親一定老淚縱橫，聽他講敘別後之情，然後也抹著淚水，載笑載哭，說著寬慰的話。但現在楊堅居然僵硬地坐在那裡，任他哭訴著，自己卻一言不發，絲毫看不出是一對人類的父子久別之後的面面相對。權力和親情放在一起時，親情就這樣被迫讓路。

第二天，楊堅就派人問責楊秀一番。楊秀到了這時除了反覆謝罪，已經無話可說了。太子楊廣則帶著一幫親王也跟著流淚謝罪。

楊堅對大家說：「以前楊俊浪費財物，我曾經狠狠地責備過他，現在楊秀繼續殘害百姓，為所欲為。我責罵楊俊時，是用父道來教訓他的。現在我應該用為君之道來處分楊秀。」

大家一聽，知道楊秀的後果很嚴重了。

楊堅下令把楊秀交給相關部門審查。開府儀同三司慶整上前勸道：「陛下，楊勇被廢黜，秦王已經死去，現在陛下的兒子已經不多了，何必要這麼處理？蜀王楊秀性格一向耿直、與眾不同，如果被重責，只怕性命難保。」

楊堅大怒，你小子都當到開府儀同三司了，難道不知王子犯法與庶民同罪這句話？居然敢跟朕頂嘴？準備割掉慶整的舌頭。但他最終沒有割掉慶整的舌頭，而是對群臣說：「當斬秀於市以謝百姓。」並馬上成立楊秀專案小組，由楊素任專案小組的負責人。

楊素和楊廣都是非常開心，要是別人主抓這個案件，他們還得先求情再威脅，讓別人幫楊秀加工抹黑資料、製造更重的罪名，把難看的吃相展覽給人家看。現在楊秀被交到他們手裡，楊秀就成了他們手中的一團麵粉，捏圓捏方全憑他們的心情了。這兩個傢伙都是人精，進行誣陷活動更是十分專業。他們深知，光憑現在楊秀的這些過失，很難把他治成重罪，說不定楊堅一場怒火過後，情緒平靜後，又會放過他一馬——畢竟現在他已經六十二歲了，孩子不多，好孩子更不多了。因此必須在楊堅的情緒還沒有平復時，把案子解決。

兩人以最快的速度，加班趕工，做了一套偶人，然後捆住偶人的手腳，再用針釘住偶人的心口，還在偶人的身上套了枷鎖，寫上楊堅和楊諒的名字，還貼了一紙字條：請西嶽慈父聖母收楊堅、楊諒神魂，如此形狀，勿令散蕩。做完這一切之後，他們選了一個月黑風高之夜，帶著這個道具來到華山下，把它埋葬了。

過後，專案組組長楊素帶人到到華山腳下，成功挖了出來，成為最過硬的證據，然後在此基礎上，大加發揮，控告楊秀膽大妄為，到處蒐羅圖讖、到處造謠京師有妖異現象，製造蜀地有瑞符出現，更可惡的是，楊秀已經創作好檄文，這篇檄文中有這四個字：指期問罪——馬上發兵，指日到京師問罪。楊素把這些資料集中，全放到楊秀的文集裡，然後把新出版的《楊秀文集》呈給楊堅認真學習。楊堅本來就是一個十分迷信圖讖祥瑞的人，這許多年來，他就一直做這個活動，想透過這些活動來證明他皇帝之位是合法的，是上天指派給他的。現在楊秀又玩這個，他能不氣得呼吸器官要爆炸？

楊堅看完這個文集後，拍著案桌，大吼：「天下哪有這樣？」

如果是別人，楊堅一定下令斬立決，甚至將其族滅。但這終究是他的兒子，他還是網開一面，在處理時沒有直接下刀，而是只把楊秀改為庶人，關在內侍省，不准他跟妻子和兒女見面，只派兩名獠人奴僕讓他當服務生——你不是喜歡去抓獠人當太監嗎？現在滿足你的這個愛好。

跟所有的專案一樣，不可能只有楊秀一個主犯。楊素羅列了一批名單，共一百多號，都是楊秀的死黨。於是被牽涉的共一百多人，全部被依法處理。

楊秀並沒有進行過造反活動，但到了這個時候，已經不是他能夠申辯的，他也在這個江湖混了二十年，深知再說什麼只會讓楊堅更生氣，楊堅要是更生氣，他的後果只有更嚴重。他唯一能做的就是向楊堅上表謝罪：「伏願慈恩，賜垂矜愍，殘息未盡之間，希與瓜子相見，請賜一穴，令骸骨有所。」堂堂一個皇帝的兒子，居然不能跟兒子見面，居然擔心死無葬身之地，在被誣告之後，申冤無門，只能誠實地承認罪過，然後提出這個要求。權鬥的殘酷，實是令人不寒而慄。

楊堅也許內心深處也知道楊秀真的沒有反心，也許認為這個處理有些過分了，就下詔羅列了楊秀十大罪狀，然後特許楊秀可以跟兒子一起居住。

10

自從選擇楊廣這邊之後，楊素這幾年來，成為楊廣最得力的打手，楊廣讓他去打誰他就打誰，並且打得比任何人都狠，而他也從中得到很多利益——不但楊廣信任他，楊堅也信任他，當年高熲在位時，都沒有他這麼有權有勢。高熲當第一大臣時，雖然深得楊堅的信任，但遠沒有楊素這麼威風凜凜，誰見誰怕，誰不怕他他就報復誰。

那個柳彧曾經不怕他。

楊素還沒有成為第一大臣時，有一次犯了一點過錯，被送到御史臺，由治書侍郎柳彧治罪。

楊素看到自己犯的錯誤並不大，而且自己又剛剛立有大功，風頭正健，根本不把御史臺放在眼裡。因此他到達指定地點後，見柳彧還沒有來，就大咧咧地坐到柳彧的位子上。

沒多久，柳彧進來，看到楊素在那裡高高在上，不由得氣上心來，在臺階下端舉笏版，黑著臉，沉聲道：「我現在奉皇上之命，將治你之罪。」

楊素一聽，立刻心頭大亂。他也是老江湖了，深知其中的深淺，現在他的罪過由對方來定，主動權全在對方手裡，你級別再大，也是人家砧板上的魚肉，人家惱怒了，狠狠地治你一個不敬之罪——因為對方是奉旨辦案啊，你不敬他就等於不敬楊堅。他嚇得趕快從座位上滾下來，恭敬地站被審問的位置上。

柳彧邁著方步，來到自己的位子上，大馬金刀地坐下，端著那張臉，嚴肅地審問著楊素，楊素一下就成為弱勢一方，被對方問一句答一句。當時楊素雖然不是第一大臣，但他因為有顯赫的身世，也有過人的才能，除了高熲之外，他一概看不起朝中的所有大臣，現在被柳彧這樣對待——先是把他嚇得從座位上下來，然後這麼審問他，他不懷恨在心他還是楊素嗎？

楊素就是那個時候，一邊接受柳彧的審問，一邊在心裡咬牙切齒：以後一定報仇。

他把這個仇恨壓在心底已經很多年，現在機會終於來到了。

他很快就查到，楊秀曾經向柳彧要了一套當時名士李文博寫的《治道集》，然後送給柳彧十個奴婢。本來這種事在當時也沒有什麼，李文博那大作是當時的暢銷書，很多人都在讀，根本沒有什麼敏感的話，完全都是正能量的作品。而且送奴婢在當時也是正常的行為，根本不能算是過失。楊素並沒有從書的內容和送奴婢的行為上做文章，而是說柳彧身為內臣，跟諸侯結交往來，是在圖謀不軌。

楊堅的眼睛只要接觸到「圖謀不軌」這四個字，一向是寧可錯殺、不可放過，馬上把柳彧除名為民，配戍懷遠鎮。

楊素看到柳彧身戴木枷被幾個兵丁押著上路，心裡嘿嘿冷笑。你在奉旨辦我的時候，何等威風凜凜。哈哈，現在如何？在這個時代，跟我唱對臺戲，就是這個下場。

既然把楊秀定成謀反之罪，益州總管府上必然還存在很多楊秀的流毒。這些流毒必須毫不留情地肅清。楊堅派趙仲卿前往益州辦案。趙仲卿也是很有酷吏天份的。他到了益州之後，馬上下令窮追到底，絕對不讓楊秀集團一個下屬漏網。他嚴苛到什麼地步？只要楊秀的賓客到過哪個地方，他就必定把手伸到那裡，把那裡的行政長官都劃為楊秀的流毒，堅決徹底肅清。於是，益州一帶的州縣負責人大半都受到誅連定罪。

楊堅一看，趙仲卿不僅仗打得好，辦案也很得力，賞賜給他很多財物。

所有的人都知道，楊秀其實也就跟楊俊差不多，在行為上有失檢點，內心絕對無造反的想法，只因為楊勇之事憤憤不平了幾句，就得罪了楊廣和楊素，再加上楊堅固有的疑心，就被打成造反集團，而且在定罪之時，除了一些言論之外，連個過硬的證據都沒有，最過硬的證據，只有華山腳下那個人偶，而那個人偶剛好又是楊廣和楊素合謀的栽贓，只要多用些腦子去想，就知道楊秀就是個冤大頭。

楊廣和楊素兩人聯手，用盡謀害的手段，把楊秀推翻，消除了一個潛在的危險人物，進一步鞏固了自己的地位。

兩人從老二組合成長為老大組合之後，深刻地汲取楊勇的教訓，牢牢地控制著局面，對於他們覺得危險的事物，一定要堅決打壓。而這時楊堅又年紀已大，老眼昏花，精力不濟，什麼事都得依靠他們，什麼事都得相信他們，對他們的所作所為，已經無力辨別。

楊秀剛剛被打倒幾天，貝州長史裴肅不知什麼原因，居然上表楊堅說，高熲大人天生大才，又是佐命元勛，為眾所疾，被朝廷廢黜棄用。陛下應該記住他的大功，原諒他的小過。另外，楊勇和楊秀兩個庶人獲罪已久，每日獨自幽禁，難道他們都沒有悔罪反思要求重新做人嗎？請陛下發揚君父的胸懷，顧念父子的天性之道，給他們一個改過自新的機會，每個人封個小國，再觀察他們的行為：如果他們真的能夠追求進步，就可以原諒他們，逐步提高他們的地位和待遇；如果他們死不肯悔改，再嚴厲處罰他們也不遲。現在他們改過自新之路已經被堵塞，他們內心的悔恨也不被人們理解。這不是很悲哀嗎？

楊堅拿到這個奏章後，認真地看了兩遍，對楊素說：「裴肅憂我家事，此亦至誠也。」從他的這個話看，其實他的內心還是複雜的，他也應該知道這兩個兒子或多或少是有些冤情的，只是當他站在權力的角度看時，他就必須把他們打下去，而當他把自己放在一個父親的立場上時，他又覺得自己真的過分了。當然，在這兩種情緒天人交戰時，那份父愛就顯得脆弱多了。他把裴肅徵到朝廷，表面看是對裴肅的表彰，其實是對自己內心的補償。

楊堅以徵召裴肅來安慰一下自己那難以言說的心靈損傷，楊廣就又覺得自己危險了。他對他的死黨張衡說：「讓楊勇自新？這不是要翻案嗎？」

張衡這時還很冷靜，對楊廣說：「我看裴肅也沒有別的想法，只是想讓楊勇像周代的太伯一樣而已。」楊廣那顆急速提上來的心這才落回原地。

裴肅回到長安後，楊堅對他說：「你的建議很好。不過，現在楊勇已經被瘋鬼纏身，無法恢復了。」對裴肅一番語重心長之後，又把裴肅打發走了。

本來楊素看到楊堅把裴肅召來，心裡也有點不安，現在裴肅又離開了長安，心裡當然哈哈大笑。他覺得自己這個第一大臣可以當得穩如泰山、誰也不能動搖了。

他的弟弟楊約以及那些親戚就更加囂張了，一大批親威好友全都當上高層官員，那些楊家後浪們手無寸功，都能位至柱國、刺史，至於家裡的資產，那是富可敵國，從京師到各地的都會城市，各種門市、磨坊、田產都無法統計。楊約家裡的奴僕都有幾千人——可以跟後宮有得一拚了，府內還有一支編制龐大的歌舞團，這個歌舞團足有一千人。他也像楊俊一樣，大起豪宅，而且規制都仿皇宮禁城。

楊素透過平定江南、打擊突厥，得到楊堅的無比信任，又透過打倒一個太子一個皇子樹起自己在朝廷的權威，居高臨下，威懾群臣。楊素也越來越囂張。他已經不滿足於普通的設計陷害、在政壇排擠這些小動作了。只要他發現誰敢對他不滿，他就直接將對方處理，甚至夷滅全家。誰巴結他，他就會依據巴結的程度提拔誰——巴結的程度越大，當的官就越大，巴結的程度小，也就只能當小官，一時之間，「朝廷靡然，莫不畏附」。當時，敢跟他稍有對抗的只有李綱、梁毗等幾個人而已。

李綱因為楊勇案而被楊堅看重，把他當成正直大臣，因此楊素不敢把他怎麼樣。而梁毗的名聲也很不錯。他曾任西寧刺史十一年。西寧一帶民族成分複雜，一向是個需維持安定的重點區域，如果弄不好，各部落之間的衝突就不斷湧現，流血衝突也會無法禁止。所以，在這裡當老大，不但有方法，還要無私心。當時，那些部落相互爭鬥，為了爭奪一些金子，往往你死我活，寸步不讓。梁毗將他們擺平之後，他們又都扛著金條過來，排隊在梁毗的辦公室前，送給梁老大。

大家以為梁老大得到這麼多金子後，一定笑得前俯後仰，向他們伸出大拇指。

梁毗把他們送來的金子都堆在座位旁邊，使得他的辦公桌邊一派金光閃閃，看得所有人都睜大眼睛，眼珠差點就跌落到金子上面。

梁毗堆完金子之後，突然放聲大哭。

那些部落老大一看，哇，想不到梁老大能激動到這個地步，在大庭廣眾面前都控制不住情緒，要是心臟不好，估計還真的會猝死。

梁毗一邊哭一邊說：「此物飢不可食，寒不可衣，汝等以此相滅，不可勝數，今將此來，欲殺我邪。」

大家一聽，都是面面相覷，不知如何是好。

之後，梁毗把這些金子全部退回，從哪裡來到哪裡去，一克也不能留在這裡。

這些部落老大接過沉甸甸的金子，看著梁老大，真切地看到了一個不愛財的高層官員，他們大是感動，各自反思之後，覺得為一些金子去打打殺殺，永無寧日，真是不值得。於是，都覺悟了，學習梁毗好榜樣，不再為這些金子去拚命了。

楊堅知道後，認為他如此不愛財，處理糾紛很公正，就把他徵為大理卿，讓他當法官了。可以說，梁毗不但名聲好，而且還是楊堅親自重用的人，楊素再怎麼囂張也不敢對梁毗怎麼樣。

楊素以為自己不得罪梁毗，梁毗就不會對他怎麼樣。

可是他沒有想到，像梁毗這樣性格的人，看他會順眼嗎？梁毗看他不順眼，能忍得住嗎？

梁毗當然忍無可忍。

梁毗認為，如果繼續讓楊素這麼囂張下去，必成「國患」，於是他上了一封密表給楊堅，稱：「任何一個敢作威作福的大臣，沒有不害其家而危其國的。近來楊素越來越得到陛下的寵信，使得他的權勢不斷地看漲，朝中的官員都成為他的耳目。誰敢反對他，他就會像嚴冬一樣殘酷無情地打擊；誰要是巴結他，他就會對誰大加照顧，讓誰前途無量。文武百官的榮辱都在他的一念之間，升遷貶謫都由他掌握。現在，他所重用的人都不忠心為國，他所提拔推薦的人都是他的親戚。他的子弟勢力已經遍布各州縣。天下和平之時，也許還不會出現什麼事，要是突然出現什麼狀況，楊素勢力絕對成為國家最嚴重的禍患。請陛下一定要記取王莽、桓玄的教訓，借古鑑今，防患於未然。」

楊堅這時對楊素的迷信已經很深入，看到梁毗的密奏，不由得大怒，楊素是我親自提拔的，為我粉碎了幾個謀反集團，你居然說他是王莽和桓玄？他下令把梁毗投入監獄，然後親自審問他。

很多人都認為，只要梁毗能在楊堅面前承認錯誤，楊堅一定會放過他一馬——親自審他就是給他一個申辯的機會，如果交由楊素來審，那他就只有死了。

可是梁毗仍然堅持自己的主張，不但不承認自己的錯誤，反而趁著這個機會對楊堅說：「陛下，楊素倚仗你的信任，任性弄權，可以對別人無緣無故地殘害。另外，楊勇和楊秀獲罪被廢黜的時候，朝中群臣無不震恐惶竦，只有楊素一個人眉飛色舞、歡喜無限，一天到晚喜形於色，這是把國家有難當成自己的喜事啊。」

楊堅居然無法讓梁毗承認錯誤，最後無可奈何，把他放了。

楊堅雖然把梁毗打壓了一番，但梁毗對楊素的指控，仍然讓楊堅有所警惕。因為他對梁毗的性格還是很了解的，知道梁毗並不是一個公報私仇、樂於做冤假錯案陷害別人的法官，何況還這麼不怕死地硬頂到底，如果楊素沒有做壞事，他至於嗎？

楊堅這麼一想，也對楊素開始另眼相看了。

楊堅觀察了一段時間，發現楊素的權力果然很大，朝中的大臣果然很多就是他的黨徒，完全可以組建一個楊素黨了。於是他決定把楊素的權力也分掉一部分，仁壽二年底，他下了一道命令：「僕射國之宰輔，不可躬親細務，但三五日一向省，評論大事。」用現在的話來說就是：僕射是國家的宰輔，是為朝廷總攬大局的，不可事必躬親。以後，只要三五天到省裡去一次，審視一些大事、把關一下總體政策就可以了。表面上是讓他不必太勞累了，實際是奪掉了他的權力。一直到楊堅在世，楊素就不再有權完全經辦省裡的事務，而他的「大腦」楊約則被調任伊州刺史。楊素利用楊堅的疑心，不斷地打倒對手，然後自己爬上最高位，到頭自己也被楊堅懷疑，直接大權旁落。

楊素的權力被奪了，但尚書省裡的事務還必須完成。於是，柳述的權力就漲了。柳述此時是吏部尚書。雖然楊堅曾經告誡過柳述，要他做人要厚道一點，但仍然重用他。現在把楊素拉下來，尚書省缺人手，他就叫柳述兼任兵部尚書職務，可以參與軍國機密的討論。楊素對此更是咬牙切齒，對柳述恨之入骨。但柳述卻完全不在意。他的不在意，為他日後的下場埋下了堅實的伏筆。

第六章 臨終回首，隋文帝悔不當初；漢王舉兵，倉皇敗北

1

楊堅雖然不斷地廷杖大臣，而且常常殘忍地將被對方杖擊到死，誰也勸諫不了他，但他絕對不容忍別的大臣也如此。他把這個當成皇帝的特權，誰敢使用這個特權，誰就得死。

幽州總管燕榮不信邪，你皇上可以把人打死，我為什麼不能在處罰人的事上與皇帝保持高度一致？他是個天生的酷吏，動不動就鞭打身邊的工作人員，而且一打就打到上千下。你去想一想，被打一千下是什麼滋味。有一次，他帶著那一群左右走在大路上，突然發現路有一叢荊樹。他的職業心病立刻作怪，認為這些荊樹是做杖刑的絕佳原料，馬上就命令人拿來。他看了一遍之後，就叫身邊的某個人來試用一下。

那人當然不願意當這個志工，說小人沒犯過錯誤，總管大人怎麼也打？

燕榮滿臉堆笑地說：「你現在不犯錯，難道以後不犯？現在打了，老子記著，以後你犯錯了，就不再

打。這叫提前消費。」買房子可以借貸，沒想到鞭打也可以借貸預支。後來，這個人真的又犯了錯——在燕榮這種人的手下混，你不犯錯才怪，燕榮便又拿他來杖擊，他急忙爭辯：「老大，你那天在路邊就打過我，說以後犯錯就可以抵消了。」

燕榮哈哈大笑：「你小子有沒有腦子？沒有罪都打，現在有罪了怎麼不打？」說完就舉起鞭子又把那人打得不亦樂乎。那人還有什麼辦法？跟這樣的人混，你就只能挨鞭子。

不光他身邊的人怕被他鞭打，就是那些手下的朝廷命官，對他的鞭子也望而生畏。

觀州刺史元弘嗣被提拔為幽州長史——對於在官場混的人，得到提拔一向是好事一件，可是元弘嗣接到這個委任狀時，第一時間想到的卻是燕榮的那根鞭子，覺得自己這個身板萬萬承受不了，於是就固辭。楊堅問為什麼？答：怕燕榮的鞭子。楊堅馬上為燕榮下了一道命令：「元弘如果犯打十杖以上的罪過，都必須奏聞朝廷。」

燕榮一看，不由得大怒：「這小子居然敢玩我。看看誰玩得過誰。」

元弘嗣到任之後，燕榮進行了分工，讓元弘嗣負責監管收儲糧食。這在當時是個肥缺，很多人都爭著當。元弘看到自己這個分工，很天真地以為，有了皇上的那道命令，燕榮果然對自己很關照，只要自己不做違法之事，也不讓小偷偷走糧食，就不會出什麼差錯。沒想到，他領了這份工作之後，燕榮才替這個工作職位定工作職責，就是風吹走一點秕糠，也要被處罰。而且燕榮聰明得很，每次處罰的杖數，都不滿十。於是，元弘嗣不斷地被打，有時甚至一天被打三次，被打的程度遠比他人多。元弘嗣這才知道，燕榮不光殘暴的指數高，而且智商也很高。這樣過了幾年，元弘嗣跟燕榮當然變得跟仇人一樣。最後，燕榮心裡十分憤怒，覺得光打幾鞭已經無法平息心頭的不爽了，乾脆把元弘嗣投入監獄，而且還不提供食物，欲把這個眼中釘餓死，然後就說他在獄中絕食而死。元弘嗣當然不甘心就此死去，抽出棉絮加上水，強行嚥下。燕榮知道後，心裡冷笑不已：這樣要是能活命，那人生也太幸福了。他只顧著盯住元弘嗣，卻忘記了元弘還有一個妻子。元弘嗣的妻子知道自己老公被燕榮迫害之後，第一時間就到宮門喊冤。

楊堅本來就很關注元弘嗣，看到元弘嗣的妻子喊冤後，馬上就派員去調查。調查組回來之後，向楊堅報告：燕榮為政殘暴，還貪贓枉法，全州百姓都恨不得他死去。楊堅立刻把他徵還朝廷，然後讓他自盡。燕榮每天都在打人。他總以為他這麼做，是在跟皇帝保持高度一致，但他卻忘記了一些道理，不是所有的事都可以跟皇帝保持高度一致的。比如皇帝的特權，他能讓他也跟一樣享受嗎？楊堅就是把廷杖當成自己的特權之一。他聞知燕榮居然也敢跟自己一樣亂來，哪能不龍顏大怒？當燕榮回到長安後，楊堅命令他自盡。

大家看到這個酷吏被處死，都覺得很大快人心。楊堅處死燕榮之後，就提拔元弘嗣接替燕榮的位。很多人以為，元弘嗣受盡了酷吏的折磨，現在死裡逃生，一定會痛定思痛，一改燕榮的做法，施行仁政，讓大家過一段不被鞭打的幸福時光。沒想到他也是個虐待狂，上任之後，施行的暴政比燕榮更上幾層樓，讓幽州的官民更加苦不堪言。

他們苦不堪言，又無處訴說，只能在那裡自認倒楣了。

但這個時期最倒楣的還不是幽州那些官民，而是楊堅。

2

轉眼就到了仁壽四年。

楊堅覺得有點疲勞了，就又要像往年一樣，到仁壽宮去休養。以前他想去就去，反正仁壽宮就是修建來享受的。但這一年，他準備去的時候，還問了一下那個章仇太翼。章仇太翼是個術士，也是個大學者——以前的很多術士都是很有學問的。據說他七歲開始求學時就表現出驚人的能力——能日誦數千言，名聲很快就傳遍全州，被稱為神童。通常有這樣名聲又有這樣水準的人，很年輕就會進入仕途、混進官場，把職務越當越大，可是章仇太翼當時並不熱衷於仕途，對功名並不動心，一天到晚只是讀書做學問。他精研著各類學問，不管是佛是道，他都一概通讀。不過，他最精通的還是占侯曆算的功夫，預測能力超強，據說他預言過的事沒有一件不應驗的。即使在現代社會，很多所謂的「大師」都還混得非常幸福，門下都是達官貴人、影視明星，何況在當時？章仇太翼的這個名聲一響，聞者無不敬仰有加。沒多久，章仇太翼就成了全國人民的偶像。全國各地都有人跑到他的家裡，要拜他為師。那一段時間，他的家真是門庭若市，如果光賣門票，都可以大發其財。

可是章仇太翼卻覺得真是太煩了：他只想好好的把學問做得更精一點，一點也不想把時間花在這些社交上。但他又阻止不了源源不斷而來的人流，只好逃了出來，跑到五臺山隱居。在五臺山，他和他的弟子們有一個發現，這個地方有很多藥物，就跟弟子們結廬巖下，一起修煉。他們以為，他們可以在這裡等到神仙。他們就這樣在五臺山上住了十七年之久，對五臺山的前期開發，作出了很大的貢獻，但他們盼望的神仙卻連影子都沒看到。後來，這事被楊勇知道了，就派人去召他。據說他已經知道楊勇的命運，但又迫於楊勇當時的威勢，只好應召而去。他臨行時，就對他的弟子們說：「吾拘逼而來，不知所稅駕也。」意思是說，我現在被逼而去，以後的歸宿就不好說了。

後來，楊勇果然被玩完，他也被打成楊勇的死黨。但到處理他時，楊堅卻惜其才，免他一死，只把他配為官奴，不久就把他放了。他出來之後，眼睛全部失明。成了盲人的大師仍然是大師。他的眼睛看不到字了，但據說你把書本遞到他的手上，他一摸就能認出裡面的字來。有了這樣的本事，楊堅就更加重用他了，楊堅一有什麼動作，當然就請他來說一說。

這一次，他堅決反對楊堅去仁壽宮。

「為什麼不能去？」

「就是不能去。」

「你說究竟為什麼？」

「天機不可洩漏。」

「哈哈，你找不到根據了，就天機不可洩漏。仁壽宮是朕的行宮，為什麼自己的家不能去。」

「如果陛下一定要去，那我就直說了。只恐怕陛下這次之後，鑾駕就有不返的可能。」

楊堅一聽，不由得大怒，是到朕的行宮去休養，又不是到哪個危險地區，怎麼就鑾駕不返了？我看你已經腦子進水了。這樣的大師留著除了會妖言惑眾之外，真的沒有別的作用了。如果現在就砍掉你的狗頭，量你也不服。現在先關著，等朕鑾駕返回時再斬你。看你還有什麼話說。

於是，他把章仇太翼下獄之後，啟駕前往仁壽宮。

到了仁壽宮之後，楊堅大概想起章仇太翼的話來，也怕自己太過勞累，真的會把龍體弄壞，因此就決定幫自己放個大假，好好休養。於是，就下詔，他在仁壽宮休養期間，朝中的一切事務都交由楊廣處理，不要再來煩他了。免得他關心，又沒完沒了，把龍體弄垮，最後還真被那個腦子進水的大師不幸而言中。

沒想到，到了四月分，他還真的有病，而且這病一上身就成了重病，重得無法啟程回去。楊堅只好繼續在仁壽宮裡養病。到了六月，龍體仍然沒有好轉的跡象。楊堅也有點慌了，馬上向其他皇帝學習，宣布大赦天下。皇帝們總以為，只要自己一大赦，老天爺就會放過自己一馬。可是整個夏天，很多犯人都第二次進監獄了，他還在重症病房裡待著，那雙老眼只能無力地看著窗外的世界。

每個人都很留戀這個世界，身為皇帝的楊堅更加留戀這個世界。他在這個世界上，做了非常大多數人沒有做過的事。他開創了大隋時代，主宰了這個世界二十多年，這個國家所有人的生殺予奪，全捏在他的手裡，那雙耳朵裡，天天灌滿歌功頌德的馬屁話，讓他內心世界充滿了無人能體會到的快樂。儘管他被獨孤皇后管得很嚴，讓皇帝的幸福生活大打折扣，但在獨孤皇后死後，他又立刻解放了出來——雖然解放得有點晚了，自己的行動也有點力不從心了，但畢竟得以享受了一段高度自由的幸福時光。他在獨孤皇后死後不久，迅速寵愛了兩個美女，一個是陳氏，是陳頊的女兒，一個是蔡氏，都是江南來的養女，真是溫柔而漂亮，讓他樂不思獨孤。全世界最大的權力在手，全國最漂亮的美女在懷，他不想多活才怪。

但很多事是不以人的意志為轉移的，即使是貴為一國之君，在生老病死面前，也跟普通老百姓一樣無能為力的——在這一點上，老天爺是最為公平的，他沒有讓皇帝多有一點特權。

到了七月初十，楊堅覺得病情已經嚴重到「藥石不靈、回天乏術」的程度了。他把文武百官召來，自己躺在床上，哽咽著跟大臣們訣別。最後，他伸著已經被病情折磨得枯瘦如乾柴的手，握住大臣們的手，流淚不止。大家看著他那枯黃的臉，知道他還有好多話要說，但卻已經無話可說。

又過了幾天，楊堅覺得自己更不行了。他此刻雖然心頭一片凌亂，萬萬不想與世長辭，但仍然記得章仇太翼的話，仍然記得章仇太翼現在還關在牢裡，等他健步如飛回去之後再中氣十足地下令將他斬立決，讓你看看是你的天機厲害來，還是朕的天命更強。到了現在，他知道，章仇太翼真的贏了。他這輩子從不認輸過，但到了這個時候，他必須認輸一次——人之將死，其言也善，此之謂也。他特地派給楊廣這個任務，赦免章仇太翼。

七月十三日，楊堅終於在萬般不情願的情況下，撒手人寰，時年六十四歲，在位二十四年。

當然，根據史載，楊堅之死並不這麼簡單。

當他病重的時候，宮廷中已經開始瀰漫著一種緊張的氣氛。當然，這個氣氛不是由他一個人造成的，而是他那可愛的兒子楊廣造成的。

朝廷高層那一些人看到楊堅已經到最後時刻了，就都到仁壽宮來侍疾——其實是都想等著他嚥氣時，把他剛剛丟下的權力搶到手裡。當然並不是所有的高層官員都能來侍疾的，只有楊素、柳述還有元巖三人有資格進來。又召楊廣過來，住在大寶殿。楊廣到了這個時候，心情更是十分緊張，怕萬一還出意外，後果就嚴重了。往時，他還可以把楊素叫來，跟楊素商量好。可是現在在這個地方，到處是楊堅的耳目，如果再偷偷到某個角落開個祕密會議，被楊堅一知道，他們馬上就完蛋。後來，他親自寫了一封信，問如果楊堅大行而去，他們該採取哪些最必要的措施，密封好之後派人送給楊素。楊素看信之後，對楊廣提出的問題一一作答，然後派宮人送出去。這個宮人也是個粗心大意，以為楊素這封信也是給楊堅的。於是把它送到楊堅的手裡。

楊堅雖然已經病入膏肓，但頭腦還是很清醒的，他看到這封信之後，才知道原來楊廣和楊素一直在聯絡，而且一直在盼著他死去，他們好瓜分權力，只氣得差點撐不過那口氣來。正在這時，他可愛的陳夫人又進來。他看到陳夫人的臉色很難看，問怎麼了？

陳夫人淚水就流得更是唏哩嘩啦，好不容易才吐出四個字：「太子無禮。」原來，剛才陳夫人外出更衣，剛好碰上楊廣。楊廣這傢伙長期當揚州總管，長駐江南，覺得全國最好的美女就是江南美女，既溫柔又知性，吳濃軟語，很是可愛。他看到老爸的兩個夫人，更是江南美女中的美女，心頭一直想占為己有。這時，他看到老爸已經病重在身，而漂亮的陳夫人就在自己的眼前晃動，忍不住心猿意馬，不計後果地上前要跟陳夫人行行好事。陳夫人雖然溫柔可愛，但性格也是剛強的，拚盡全力拒絕了楊廣。楊廣最後沒有辦法，只好吞著口水放過陳夫人一馬。

楊堅一聽，瞬間心頭崩潰，大怒特怒，搥著床板，叫道：「畜生何足付大事！獨孤誤我！」楊堅的這個話雖然充滿了後悔，但也清楚地說明了他是一個最缺乏擔當的皇帝，把一切責任都推給已死去的老婆，說是女人誤了他。如果不是當初他下的決心，誰也廢不了楊勇。

他說過這話之後，立刻召來柳述和元巖，對他們說：「召我兒。」

兩人一聽，以為他要把太子召來，作最後的換班了，就準備去通知楊廣。但楊堅又說：「勇也！」

他的頭腦目前似乎還沒有凌亂，知道楊素是不可靠的，因此只召柳述和元巖。可是他忘記了一點，如果他不把楊素解決掉，他這個最後的努力是無用的。他畢生都活在嚴重的疑心當中，只要誰稍有點值得可疑的言行，他就毫不猶豫地打倒，即使像高熲這樣對他忠心耿耿、生死相許，他也照樣打倒。他在位的這幾年，他打倒了一些別有用心的人，更殺掉了很多忠心耿耿的功臣。唯獨對楊素卻信任有加，即使後期有點不放心，但也只是分了楊素的一些權，仍然讓他繼續盤踞高位，仍然是首席第一大臣，而且在他病重期間，可以在身邊侍疾。此時在身邊侍疾，下一步就是託孤重臣。他以為只要把楊勇叫來，就萬事大吉了。

他更沒有想到，他很喜歡的柳述也是個只會耍大牌而頭腦簡單的傢伙，除了暴虐、敢看不起人之外，沒有辦大事的魄力和能力。柳述和元巖接受楊堅的指令後，就出來起草敕書。

他們以為自己得到皇帝的口令，就可以順理成章地把這個事情辦好。沒想到，他也跟楊堅一樣，忘記了楊素。楊素雖然沒有進見楊堅，但他密切關注著楊堅的一舉一動。因為現在楊堅的一舉一動已經跟他的政治生命和肉體生命緊緊地捆在一起，稍有反覆，他就會跟楊廣一起死無葬身之地。當柳述和元巖兩個傢伙大咧咧地出來起草敕書時，楊素對這件事探聽得一清二楚，心頭當然大驚：果然發生了變數，如果楊勇真的過來，他的悲催日子就在眼前。他做事一向果敢，也不跟誰商量，在柳述還推敲敕書的標點符號時，他已經派人飛馬告知楊廣。

楊廣在那邊早就挽著袖子在等待這一刻，得到楊素的通知之後，也是刻不容緩地派出部隊包圍了楊堅住的仁壽宮。接著他們製造了道假聖旨，把還在草議敕書的柳述和元巖抓起來，關進大理獄——這兩個傢伙因為自己狂妄無知導致辦事不牢付出了代價。他們迅速調來東宮的武裝，前來宿衛楊堅，宣布在宮中戒嚴，宮門禁止出入。宮外的武裝都由宇文述和郭衍排程指揮。病危中的楊堅就這樣與外界斷絕了所有的聯絡。

楊廣這時才派張衡進入楊堅的寢室侍疾，其實就是觀察老傢伙什麼時候嚥下最後那口氣。張衡進去之後，原來在楊堅身邊的工作人員都被趕到別的房間去——這裡已經沒有你們什麼事了。

做完這一切之後，楊堅也該死了。

由於楊堅在最後時刻發生了這些留下了巨大想像空間的情節，於是人自然而然就找資料來填充這個想像空間，內容就是楊廣在最後時刻殺死了老爹，凶手就是張衡。手法估計有三種：毒死，砍死，其他手段。其最好的註腳就是，後來張衡被賜死時，一聲長嘆：「我為人做何事物，而望久活。」這個話其實說得很模糊，但正因模糊，就有了解讀的空間。他一定是做過一件傷天害理而又不能為外人道的事，這才不得好死。這個傷天害理的事就是為楊廣弄死了楊堅。不過，楊堅真的會被楊廣弄死嗎？我想，這個充滿了戲劇性的結局大概也有不成立之處。楊堅到了這時，已經病入膏肓、不可藥救，連他自己都知道，自己的生命已經到最後一步了，把群臣都召來，一一握手告別了——很多皇帝都臨死前都沒有做這個動作——主要是時間來不及。全國人民都在等著他死亡的消息。楊廣和楊素已經牢牢地控制了局面，柳述和元巖都已經被捕入獄，楊廣又何必再下這個殺手？他雖然心狠手毒，為了讓老爸死去，不惜請章仇太翼去找一個讓老爸早日死去的吉地來葬他的母后。但同時他也是個很懂政治的人，長期以來，都在人前人後，把自己表演得很乖，不但孝敬父母，而且在群臣前面也放低姿態，把自己的形象打造得很好。因此大可不必在這個時候，做出弒父之事，破壞自己的光輝形象。身為一個高度狡詐的政客，他是不會去做這種事的。

楊堅身為開國皇帝，是一個十分勤政的皇帝，處事嚴謹持重（多疑的人大多都如此），每天從早上開始臨朝聽政，處理各項大事，到傍晚都還在拿著硃筆批閱文件，而且批閱得精神抖擻，不知疲倦。他天生吝嗇，但在賞賜功臣時，卻從不心疼錢財，將士戰死，他也一定從優撫卹，還派使者慰問烈屬。他對功臣們雖然充滿了疑心，動不動就高舉屠刀，但對老百姓還是不錯的，在他當政的大部分時間裡，比歷史上很多皇帝都愛護百姓，盡力去勸課農桑，輕徭薄賦，讓久經戰亂的這塊土地獲得了一段和平的時光，國力也得到了發展，後來史家稱他的這段統治為「開皇之治」。他雖然喜歡大興土木，修建了大興城，還修建了仁壽宮，但他的生活還是很節儉的。他乘坐的皇帝專車以及其他專用之物，即使舊了壞了也不從丟棄，而是維修翻新又繼續使用。平時吃飯時，他的菜單也十分簡單，就是一個肉菜，外加點素菜，跟現在吃速食小炒的農民工人的生活沒有多大的差別，當然舉行宴會就另當別論了。他都這個樣子了，後宮那些人當然不敢奢侈，大多都穿著洗舊了的衣服。你想想皇家都帶頭艱苦樸素了，其他人還好意思綾羅綢緞、到處炫耀嗎？一時之間，「天下化之」，大家都向皇家看齊，即使再有錢，男人最奢侈的也只是穿著著絹布衣服，不再穿綾綺，衣帶飾品用的也只是銅鐵骨角製品，絕對沒有金玉的裝飾。魏晉南北朝盛行的奢靡之風，到此才算遏制。從這事我們可以看到，朝廷很多壞習氣之所以不能改掉，就是因為皇帝自己改不了。一旦皇帝帶頭糾錯，以強大無比的皇權作支持，這些壞風氣就會得以杜絕。於是，在這可貴的二十年裡，國家的財富得到有效地增長，曾經空空如也的府庫也得到充盈，人口也發生了非常大的變化。據說，楊堅即位之初，大隋登記在冊的民戶不足四百萬，到楊堅與世長辭的那一年，全國戶口超過了八九百萬戶，僅冀州一州就有一百萬戶。只是他疑心非常重，看功臣的目光一向疑慮重重，這就導致他容易聽信讒言，耳邊稍有風吹草動，就會殺機大起，因此那些功臣故舊，都很難得到善終。而且猜忌得連自己的子弟也不放過，只要他認為你有可疑的行為，即使是兒子，都可視如仇敵，毫不猶豫地解決。當了二十年皇帝，生了五個兒子，目前還能正常履行皇子職責的就只有楊廣和楊諒兩個人了。楊俊自己把自己玩死，楊秀和楊勇則被他自己廢掉。

楊堅玩完這些功臣之後，基本上也把他建立的大隋玩得差不多了，他把皇位交給自己的這些後代，也等於把皇位交給了歷史的深淵。

3

楊廣為了奪嫡，裝了這麼多年的好人，雖然也經常做壞事，但做得偷偷摸摸、一點也不敢放手去做，不能肆無忌憚地做壞事是一件很不舒爽的事。做壞事就圖個肆無忌憚的快樂，現在做得小心翼翼，快樂就被大打折扣了。

楊廣在進入仁壽宮時，心裡只想著兩件事：一是楊堅趕快死去，二是他要泡楊堅的那個年輕可愛的夫人。

第二個願望是在第一個願望實現之後才可能實現的。

現在楊堅死了，第一個願望宣告實現。

後宮那些人很快就知道楊堅已經撒手人寰大行而去，知道接下來他們就會接受楊廣的統治了。他們以前受楊廣的迷惑，接受過楊廣的無數好處，一有機會就為楊廣說好話，把楊勇說得十分不堪，為楊廣成為太子立下了汗馬功勞。可是近來他們逐步看到了楊廣的真面目，知道楊廣絕對不是他們原來看到的那個樣子。這幾天來，又看到楊廣很粗暴地把他們趕到一邊，使他們既不能外出，更不能再見到奄奄一息的楊堅。他們雖然沒有在戰場上打滾過，但他們長期在深宮，伴隨在楊堅的周圍，與高層人士零距離接觸，對高層權鬥的慘狀看得比誰都多。楊廣上位後，必定會進行權力大洗牌，而他們這些人則會最先被洗掉。於是，無不心頭惶恐，慄碌不安。在這個悶熱的秋天裡，他們的心頭只裝著兩個字：等死！

到黃昏時分，有人進來。

他們都緊張地站起來。當他們站起來時，分明聽到自己兩腿發顫的聲音，必須用盡全力才勉強支撐身體。他們怕這個人進來宣布把他們拉下去殺頭。

但那人並不理他們。那人手裡捧著一個精製的小盒子，直接走到陳夫人身邊。

大家很快看清，那是個精製的小金盒。小金盒上貼有一張字條。

陳夫人看到字條上只寫一個「封」字。

就在前天，她剛剛嚴拒楊廣的調戲，那時她分明看到楊廣惱怒無比的臉色。她知道，楊廣是個非常會記恨的人，而且報復心非常強，連幾個兄弟都不放過。那天，他能放過她，那是因為楊堅還活著，他不敢繼續強逼，並不是因為她掙扎得有力，掙扎得他無法駕馭，而是因為他怕楊堅。現在楊堅已死，這個天下是楊廣的天下了，他想讓誰死，誰就絕對不能活下來——以前他想打倒誰，還得去做很多誣陷的工作，現在他只需一句話、一個字條。

陳夫人看到那個字條之後，立刻花容失色。其他人也跟著心頭一陣緊縮：盒子裡一定是一包毒藥。想不到楊廣的報復來得如此之快，楊堅屍骨未寒，他還沒有登上大位，報復之劍就已經拔出。陳夫人平時並沒有得罪過他，而且在他跟楊勇的競爭當中，也是出過大力的。但現在就拒絕他的一次性騷擾，他就惱羞成怒到這個步。只怕陳夫人喝完這個毒藥之後，就輪到他們喝了。

所有的人都面如死灰！

陳夫人知道不管如何，這個小金盒必須由她的纖纖擢素手打開，然後按規定完成動作，否則只會招來更大的屈辱。

她一臉慘白地打開金盒……

大家都忍不住伸著脖子看看這個毒藥的模樣……

然後，大家看到的是幾枚同心結。

有的人以為是眼花了，再擦亮眼睛一看，是真的同心結。他們徹底放心了，昏暗的大廳上，都是大家舒出的那口氣：終於不會被楊廣拉下去砍頭了。

大家都在交頭接耳，都是死裡逃生的慶幸。

陳夫人卻憤怒地坐在那裡，沒有致謝。

那些宮人一看，要是陳夫人再次惹惱楊廣，不但她的後果嚴重，他們都會跟著後果嚴重。於是他們都停止了交頭接耳，一起過來做陳夫人的說客。可是陳夫人仍然不肯。他們的態度就不斷加重，最後都逼著陳夫人去致謝：你以前是宣華夫人，可是現在你是未亡人，以前皇上寵著你，我們都是你的奴僕，都受你的指使，你讓我們去倒夜壺，我們就得去倒夜壺，那是沒有話說的。可是現在皇上已死，你已經沒有保護傘了，我們不怕你了。你要是再不致謝，看我們如何處理你。你難道不相信我們有處理你的本事？

陳夫人之前就是打死她也不會想到，這些剛剛還供她頤指氣使的宮人們，只片刻之間，就完成了角色的置換，每個人翻身農奴作主人的模樣，對她大加威脅。人情冷暖，真不是「人走茶涼」這四個字說得清的。她沒有辦法，只好欠身致謝，眼裡已經淚珠如串。在這個社會裡，哪怕你是皇帝的寵妃，哪怕你曾經富貴無比，但時勢一變，也會從最高巔峰跌落谷底，所有的人都可以踩你一腳。

當天夜裡，還沒有來得及處理老爸的後事的楊廣，先叫陳夫人過去，陪他過夜，代老爸過了一個晚上的幸福生活。史書在記載這個事時，只有幾個字：「其夜，太子蒸焉。」這幾個字，只把楊廣的暴虐無恥表現出來，並沒有寫出江南美女陳夫人的苦難。

這就是我們史書的風格，寫了很多暴君的行為，但忽略了人民的苦難。

辦完這一切，楊廣這才心滿意足地出來宣布發喪。

因為只有發喪之後，他才能即位。

楊廣即位的當天，楊約剛好前來述職。

楊廣馬上派他到長安，把原來的守將全部撤換。楊約這次進入長安另一個更重要的任務就是，把楊勇解決。

楊勇這時並不知道老爸已經在仁壽宮壽終正寢，仍然還在那裡呼天搶地向老爸喊冤，盼望老爸哪天能回心轉意，讓他來個撥亂反正、沉冤昭雪，但他等來的是楊約。

楊約看到精疲力竭的楊勇還在那裡披頭散髮地喊冤時，心裡不由得暗暗冷笑。他拿出一道說是楊堅下給楊勇的聖旨——當然是假的，對著楊勇大聲宣讀。內容其實只有兩個字：賜死！

楊勇終於萬念俱灰。當然，身為廢太子，他在被廢掉的那一天，他就應該懂得他今天的下場。但他仍然苦苦掙扎——他已經苦苦掙扎了四年，但都無效。

到了這時，他日夜擔心的時刻終於到了。

他有深厚的史學功底，對歷史上皇子被賜死的例子知道得很多，以前他讀史時，看到這些情節，絲毫不以為意，總以為那些太子、皇子被賜死的事，離他很遙遠，跟他不會有什麼關聯。後來，他一當太子，就可以在朝中參與軍國大事，比史上很多太子都有權。當他權力在手、在太子宮中花天酒地跟幾個佞臣玩得不亦樂乎時，他更是不會想到他會有被賜死的那一天。他當了整整二十年的有權太子啊。你翻開歷史看看，哪個太子能像他這麼有權有勢過？他那時覺得他的地位已經穩如泰山，除非他自己死去。然而萬萬沒有想到，在太子之位上行使權力二十年之久的他，仍然在以老媽和弟弟為首的一群人的合謀之下趕下臺，而且趕得很容易，一點波折也沒有。他的身邊沒有一個支持者——唯一支持他的高熲又比他先下了臺。他只能在關禁閉的地方，怨恨他的弟弟，恨楊素，甚至恨他的母后。恨這些人太不擇手段。這主要是他把政治鬥爭看得太簡單了。他總以為不擇手段、喜歡偷襲的人只在江湖上行走，卻不知道，權力場上的人更不擇手段，時刻都想做掉你，讓你防不勝防。江湖上時不時還來一句：四海之內皆兄弟也。權力場上是從來不講父子兄弟情的，而且主演這些血腥大戲的，往往更是父子兄弟。在江湖上行走，是過著刀頭舔血的日子，在權力場上混，又何嘗不是在刀頭舔血？而且這些刀頭大多都是躲在暗處，直到砍下的那一刻，你才知道這把刀的來龍去脈——大多都是從兄弟那裡砍過來，砍得你目瞪口呆，砍得你後悔莫及。

楊勇最後的死法是楊約將他縊殺。

楊約處理完楊勇、把部隊都集結起來牢牢控制在手之後，才宣布大隋偉大的領袖楊堅已經駕崩的消息。

楊廣聽到之後非常開心，對楊素說：「令史之弟，果堪大任。」

不過，楊廣還是虛偽了一場，追封楊勇為房陵房。這就等於向社會宣布，我是很看重兄弟情義的。我老爸把他廢了，大臣為他請願封他一個爵位，但老爸堅決不答應。現在我一當班，馬上就追封他為王。我比老爸寬大有人情味多了。這就是政客，能在一個曾與自己生死相搏的政敵身上，搜刮最後一層政治資本。

楊廣處理完楊勇之後，就下令將柳述和元巖除名。這兩個傢伙在高層混了很多年，高層權鬥在他們眼前演了一幕又一幕，但對其凶其險，並沒有深刻體會，到了這個時候，還毫無警覺，以為有楊堅口頭傳達的聖旨就可以萬事大吉，把凶險的事都拋到腦後，依然按部就班，結果就倒大楣了。如果這兩個傢伙腦子好用，在這個時候，就會先利用楊堅的名義，把楊素控制住，掌握住仁壽宮的局勢，沒有了楊素的幫襯，楊廣大事去矣的可能性就很大了。但這兩個傢伙，居然完全忽略了楊素的存在。於是，他們就只好完蛋。楊廣把他們除名之後，貶柳述到龍川，把元巖流放到南海。

這個處理決定下達之後，柳述這個狂妄之徒只在那裡淚流不止，然後無言以對，但他的老婆蘭陵公主卻承受不了，表示不同意。楊廣要求蘭陵公主跟柳述離婚，再找個好丈夫，堂堂一個公主，雖然年紀不小了，但仍然是不愁嫁的。可是蘭陵公主堅決不同意，說她願意與柳述生死與共，而且不再去朝見她這個可恨的兄弟，還上表說，她願意跟老公一起赴貶所，同甘共苦、生死與共。

楊廣覽表後大怒。老子連幾個兄弟都敢陷害至死，你以為我會看在你的臉上放過柳述嗎？他理都不理這個妹妹。最後蘭陵公主也絕望了，而且絕望至死。這個公主人很是剛烈，在臨終時，還上表請求死後葬在柳氏的墓地，活為柳家人，死為柳家鬼。

楊廣更是怒上加怒，在接到妹妹掛掉的消息後，眼睛都不眨一下，心裡直叫死得好，死得活該。葬禮也辦得十分簡單，派幾個人過去，草草安葬。

當年楊堅選女婿時，請韋鼎前來為他挑選女婿，當時韋鼎說只怕柳述職位不保。楊堅直接就說，這個國家的職位都是由他說了算的，保不保由不得柳述的相貌，而是在他手裡。於是，在楊堅的有生之年，柳述的官果然越做越大，手裡的權力僅次於楊素。楊堅可能到死的那一刻，心裡都還有嘲笑韋鼎這次輸給他了。楊堅只想到他還活著，只覺得這個天下所有人的生殺予奪都由他說了算。卻沒有想到，皇帝也有死去的一天，更沒有想到，死了的皇帝就跟平民百姓的死一樣。他手中比天大的權力生時可以掌握在手裡，死卻不能帶著走。他永遠沒有想到，他死之後，連他那兩個最寶貝的夫人都保不住，何況這個女婿？

4

楊廣即位之後，底氣也有些不足，群臣對他似乎也有些不服。

太史令袁充原來就是晉王黨，這時看到楊廣有點尷尬，就上奏：「皇帝即位，與堯受命年合。」呵呵，我們新任皇帝即位的年分跟當年堯帝即位的年分是一樣，我們馬上就會進入堯天舜日的盛世了。這是個可喜可賀的大事啊。

照他設計，只要他的這個奏章遞上去之後，那些一向首鼠兩端又以利益為重的大臣們一定就開始組織，去向楊廣道賀。沒想到，禮部侍郎許善心卻說：「國哀甫爾，不宜稱賀。」

宇文述一聽，這傢伙現在居然也敢頂風作案，叫御史臺彈劾他一番，讓他看看國哀甫爾，宜不宜處理大臣。於是，許善心就被降為給事郎，降品二等。

楊廣一共有五兄弟，其中楊俊被元配下毒而死之外，楊勇被他殺掉，楊秀也被他陷害成平民一個，現在手裡還有點勢力還享受著皇子待遇的只有楊諒一個了。

楊諒是楊堅的小兒子，一向受到楊堅的寵愛，在并州總管任上一直做到現在。他這個總管可不是普通小州的總管，而是大總管。崤山以東直到海邊、南到黃河，共五十二州，都是他的轄區。而且楊堅還給他一個特權，便宜從事，完全可以不拘於律令——也就是說，可以讓他任性胡來，他的情緒就是法律。楊諒雖然深受楊堅的寵愛，但他看到楊廣把楊勇平定之後，又把楊秀打成陰謀家打翻在地，五個兄弟現在只剩下他和楊廣了。他怕楊廣接下來就會把矛頭指向他，因此心裡都很鬱悶。後來，他理解到，鬱悶是解決不了問題的，這個世界沒有救世主，想要躲過二哥的刀子，只有靠自己。這個想法一進入心頭，就揮之不去了。他馬上決定加強自己的武裝力量。他雖然可以便宜行事，但也不能太亂來，尤其是在擴張武力這件事上，必須得到老爸的認可。

并州東北面跟高句麗接壤，北面跟突厥相連，目前這兩個集團都是大隋的對手，大隋一向都防備他們。楊諒就以此為藉口，說現在突厥的實力越來越強悍了，我們必須大力修整軍備，以防範突厥的進攻。他仗著楊堅對他的寵愛，呈給楊堅一個報告，也不等楊堅批覆，就大發工役，大規模地製造兵器，還招收了大量的亡命之徒，讓他們都穿上軍裝，成為自己的直屬部隊。這麼一輪下來，他的私人武裝就有了幾萬人。他擴軍打得轟轟烈烈，但打仗的水準太差。後來，突厥真的前來侵犯，楊堅就派他抵抗。楊堅以為，他這麼積極備戰，一定是有一手的，打一打前來搶劫的突厥應該沒有事。沒想到，不但楊諒高估了自己，楊堅同樣高估了這個小兒子。楊諒信心滿滿地帶著他親手締造的子弟兵前去打擊突厥，結果反被突厥打擊得大敗而回。幸虧突厥只搶物資，沒有長驅直入，把幽并一帶占為己有，看看已經搶到這麼多戰利品了，遠遠超過了預期目標，就一聲呼哨，又旋風般地撤退回去，否則麻煩就大了。

打了敗仗，就必須有人出來擔責受處分。

楊堅當然不會處分他的這個寶貝兒子。於是，楊諒手下的一批將士就成了代罪羔羊。楊堅一口氣處分了八十多個軍官。楊堅十分惱火，你們這這些手下平時吃什麼的？仗打成這個樣子，弄得小兒子沒有面子，他這個老皇帝也丟盡了面子。他一氣之下，把這八十個人通通發配嶺表——北方不適應你們，就到南方去吧。這些人當然無話可說，每個人都得收拾包袱準備南下。可是楊諒卻不願意。因為這八十多人都是他手下的部將，他就是準備用他們來對付楊廣上臺後的不測，於是緊急上奏請楊堅放他們這一馬——勝敗乃兵家常事。

楊堅看到楊諒的請求，那根敏感的神經馬上就活躍了，對楊諒也充滿了警覺，怒氣勃勃地說：「你身為藩王，就應該遵從朝廷的命令，按朝廷的相關規定去執行，怎麼可以因私而談論朝政、為這些犯錯的下屬求情而廢棄國家法令呢？我看你也不是個好孩子，一旦沒有了我，一定就會輕舉妄動。就憑你這個水準和人品，到時人家抓你就像從雞籠裡抓雞那麼容易。你的心腹再多，也沒有什麼用。」從這些話來看，楊堅對這個兒子的內心看得很透徹。

楊諒並沒有從老爸的這些話裡得到一點警醒，繼續按照自己的思路進行下去。當時，他手下還有幾個死黨，一個是王頍，是原來南北朝名將王僧辯之子；另一個就是蕭摩訶，曾經是南陳第一猛將。王頍目前是楊諒的諮議參軍，是楊諒的心腹，吃楊諒的飯、為楊諒做事；蕭摩訶在南陳時，是軍方第一強者，一向自傲——大隋的這些將軍跟他比起來，並不比他更生猛，只是他生不逢地，最後被這些人打敗，成為一個很沒有面子的降人。由於楊堅當時手下人才多，平了南陳之後，又已經無大仗可打，因此他降過來後，根本沒有再發揮的餘地。前一段他兒子又玩了個造反，差點被連坐拉下去砍頭，心裡超級鬱悶。他看到楊諒心裡有這些想法時，也靠攏過去。楊諒也是個頭腦簡單的人，很快就把兩人當成自己的心腹，有什麼想法，都先跟他們商量。在楊諒的觀念裡，這兩個人都曾經是政壇大老，一個精於玩政治，一個是戰場好手，以後作亂，還怕誰？

他沒有想到，真的要玩兵變政變之類的，最需要一個心思縝密的謀主，先把整個藍圖畫得異常周密，然後才是其他的。指揮打仗的人固然重要，但並不適合做總策劃。打仗的人叫軍事家，而謀主叫陰謀家，領域並不一樣。

楊諒也是個很迷信的人，心裡有想法之後，也經常關注天空的變化。他看到火星處於井宿之位，就覺得心頭一動，急忙請來精通這方面知識的傅奕，問這是什麼意思？

傅奕說：「天上的井宿，在黃道帶上，是火星執行時的必經之路，一到這個時間，它總會出現在這裡，是很正常的天象規律。如果進入地上井的位置，就另當別論了。」

楊諒本來以為這是個怪異的天象，沒想到原來很正常啊，心頭大是鬱悶。

楊堅對他都這麼警惕，楊廣對他就更加提防了。現在兄弟中能有實力跟楊廣較勁的，就是這位小弟弟了。所以，楊廣必須除掉這個小弟弟。

他用的仍然是老計謀，派車騎將軍屈突通帶著蓋了楊堅的玉璽的詔書去召楊諒進京。

沒想到，楊堅對這個寶貝兒子還真心疼，怕他中了人家的圈套，事先就跟他有個祕密約定，就是在召楊諒的敕書上做個暗號：即敕書的敕字旁邊另加一點，而且還要與玉麟符相契合，才可以應召。符就是兵符。開皇七年，楊堅把大隋劃成四大個區，分別由四個兒子當總管，東方總管領青龍符，西方總管領騶虞符，南方總管領朱雀符，北方總管領玄武符。後來，并州、揚州、益州三個州都併到楊廣手下，兵符就改為玉麟符。這個密約，楊廣並不知道，所以無從作假。

當屈突通把敕書交給楊諒時，楊諒一看敕字旁邊沒有點，馬上就知道出了事，便盤問屈突通，這個敕書真的是我老爸親自叫你送來的？

屈突通沒有料到楊諒會有這麼一問，當場就卡住在那裡，支支吾吾大半天，說不出話來。

楊諒冷冷一笑，當場就說屈突通你拿個假敕書來就想騙得了我。現在你自己回去吧。

楊諒知道他的二哥已經決定弄他了，他當然不能在這裡等著二哥派兵前來抓他，就在屈突通離開之後就宣布起兵。

他的司馬皇甫誕知道這個公子爺玩別的可以，但萬萬不能玩起兵這事情，一玩必死，就勸他不要起兵。但楊諒能聽他嗎？

站在楊諒的角度看，他現在只有兩條路可走，一是自動放棄權力，乖乖跑到長安，聽從楊廣的安排。但他能這麼做嗎？況且楊廣看到他急流湧退之後，能讓他好好退下來嗎？他對楊廣的人品是很了解的，他不能自動到長安去送死。另一條路就只有起兵了。

司馬誕還在勸他：「我認為大王的實力遠不是朝廷的對手。現在君臣之位又已定，大王再輕舉妄動，後果會很嚴重的。到時大王只怕想當個老百姓都難啊。」

楊諒一聽，老子正在謀劃大事，你說的都是不吉利的話，先關起來再說。有話你在監獄裡隨便說。

楊諒雖然只是一個花花公子，辦不成什麼大事，但他畢竟當并州總管多年，大家又都知道他是楊堅很喜愛的兒子，因此很多刺史也甘願成為他的死黨。嵐州刺史喬鍾葵聽說楊諒準備舉事，就第一個出來響應。楊諒的司馬不顧一切地勸阻楊諒，喬鍾葵的司馬陶模也一樣。他看到老喬摩拳擦掌，急忙出來反對：「老大，漢王這是在圖謀不軌啊，誰跟他誰就是反賊。老大一向深受國恩，國家出現這樣的事，理應挺身而出，報效朝廷才對。怎麼反而去幫漢王？」

喬鍾葵大怒，突然瞋目喝道：「司馬是不是想造反？」當場拔出兵器，對著陶模的腦袋。陶模也是個不怕死的漢子，盯著閃著光芒的刀刃，神色自若，繼續滔滔不絕。喬鍾葵一看，覺得老陶也是個漢子，就放過他。

可是軍士們卻不服，紛紛對喬鍾葵說：「你不斬陶模，大家心裡不服。」喬鍾葵雖然敢對陶模暴跳如雷，但卻不敢得罪這些士兵。要是沒有這些士兵跟過去，他就沒有一點價值了。他就把陶模關起來，對士兵們做個交代，說得勝後來處理他，看他服不服氣。

在喬鍾葵的帶頭下，當時楊諒轄區共有十九個州宣布跟著楊諒革命。

如果楊諒是個有頭腦的人，善於利用這些勢力，結局如何，真不好說。然而他只有起兵的決心——而且這個決心很頑固，死都不拉不回頭，當他把這些勢力都鼓動之後，智商馬上就暴露出來。

他的第一謀主王頍還是有點頭腦的，對他說：「老大下屬的這些將士，他們的家屬都在關西，做夢都想打回家去。如果我們要利用他們，現在就應該長驅直入，目標直指長安。這就是我們嘴裡常說的那樣：迅雷不及掩耳。如果只想打算割據山東，成為另一個北齊，就應該重用關東人。」

從王頍的這個建議看，老王的智商雖然比楊諒高一點，但絕對不是一個可以做決斷的人。他同時提出的兩個方案，第一個方案是很重要的。從當前的形勢看，以楊諒目前的實力，唯有趁楊廣還沒有站穩腳跟，突然襲取長安，也許還存在勝利的可能；如果只想當北齊，割據山東，只怕不過幾天就會被楊廣打得路都沒看到：一來他的山東實力根本不足以跟全國對抗；二來他手下根本沒有幾個能打仗的好手——連跟突厥的搶劫軍團作戰，都被打得滿世界跑，能跟楊素這樣的強者一決高低嗎？所以，割據山東的建議，就是往死路上玩的建議。

當然，如果楊諒是個優秀的老大，就會馬上採納第一個建議。可是楊諒實在太不優秀了。他聽到王頍的兩個建議後，覺得好像這兩個建議都很好，一個都捨不得劃掉。於是在猶豫多日之後，就來個「兼用二策」。各位看官都能一眼就看穿，這是兩個不能相容的策略啊。一個是向東發展、鞏固地盤，一個是向西突擊，舉全力攻下長安，達到掌控全域性的目的。現在倒好，二策並用，使得本來就很薄弱的力量又分散了。

本來，突擊長安，就是要迅雷不及掩耳——就是一個快字。楊諒在猶豫之後，時間就已經被浪費不少了，接著又分散了力量，然後還大聲宣布西向長安，說是楊素造反，他要去「誅之」，好像很師出有名，其實都是在做用無功。

他的另一個手下裴文安對他說：「老大，現在我們實力的分布是：井陘以西的力量都在王頍的掌握之中，而山東的武裝力量也是我們的。現在應該全部動員，進入戰鬥狀態，分派弱兵屯守要害，命令將領們隨時戰鬥攻搶地盤。老大率精銳部隊直入蒲津關。我願意擔任先鋒，老大率主力繼之。風行雷擊，頓於灞上。如此一來，咸陽以東之地，指揮之間可定，盡為我有。京師就暴露在我們大軍面前，首都裡的軍民必須震恐驚惶。楊廣連調集軍隊的時間都沒有。在這樣的情況下，他們只會上下相互猜疑，離心離德，我們在關中陳兵以待，發號施令，誰敢不從？不用十天，大事可定。」

裴文安這一番話說得氣勢磅礴、風捲殘雲，只聽得楊諒熱血沸騰，馬上大悅，下令按計行事。

楊諒的這個轉變，對於他而言，絕對是往正確的大道上轉了過來。

於是，數路大軍一齊出動：大將軍余公理出太谷，趣河陽；大將軍綦良出滏口，趣黎陽；大將軍劉建出井陘，攻略燕趙；柱國喬鍾葵出雁門。另外任命裴文安為柱國，跟紇單貴、王聃一起，指向長安。

急報傳到長安，楊廣也急了。他當然急了。因為現在他剛剛即位，一切都還沒有做好準備，這個老弟就向他發難了，揮大軍直指長安。他不著急，他還是楊廣嗎？他急令丘和為蒲州刺史，去鎮守蒲津。丘和是鮮卑人，在北周時就已經當到開府儀同三司，是個資深的老將。丘和雖然很資深，但之前並沒有在歷史舞臺有過什麼精彩的表演，現在突然被委以重任，足以說明現在楊廣的陣營裡已經沒有什麼人可用了。

丘和畢竟是在江湖混過的，也知道兵貴神速，刻不容緩，接到命令之後，立刻就到新部門報到。丘和對兵貴神速的理解很透徹，但對自己的水準卻沒有足夠的了解。以為自己當了刺史之後，就完全可以上戰場把來犯之敵全數殲滅。他來到蒲津時，楊諒的大軍也逐漸殺到。

楊諒這時居然來了靈感。他看到城門緊閉，便想出一個小計，只派出幾百個騎兵，戴著女人蔽身用的面罩，說是楊諒的宮人返回長安，請開門讓他們通過。

偏偏那幾個保全又都是粗心大意，沒有一個人有危機感，看到城外這些人都是女人，就打開城門把他們放了進來。

這些人進城之後，立刻亮出身分。守城將士一看，原來是把敵人放進來了，無不慌成一團。而楊諒事先又已經派人偷偷進城，拉攏了一批人。這些人看到楊諒的隊伍進城，立刻宣布響應。

丘和出門一看，不覺大叫苦也。他才剛上班，辦公室的椅子還沒有坐暖，跟手下將士還沒有講幾句話，除了身邊那幾個人外，別人還沒誰認得這個新刺史，全城就成了敵占區，哪還能發號施令？他當機立斷，換上衣服，變裝而逃。而且他逃跑的時候，連城門都不敢經過，直接翻越城牆，跑得路都看不見了。

蒲州長史高明義和司馬榮毗的反應就有點遲鈍了。當他們理解到在情況不妙時，楊諒的士兵已經衝過來，把他們全部抓住。

可以說，楊諒的這一步做得非常漂亮，順利完成了裴文安制定的計畫。只要按這個計畫繼續進行下去，他的勝算就會越來越大。

然而，楊諒的腦子卻在這時發生了短路，突然改變原計畫，沒有帶著部隊直奔長安，而是叫紇單貴率兵去拆斷河橋。

大家一看，就知道楊諒已經沒有了進取心，只想在蒲津城固守。

而此時，力主直搗長安的裴文安率部挺進，已經離開蒲津關一百多里。楊諒同樣把他召回。他聽說楊諒突然改變計畫，不由得大驚，只能急忙返回，對楊諒說：「老大啊，兵貴詭速。我們這番急攻蒲津，就是要出其不意。現在老大突然不進，我又不得不返回，我們的先機就這樣白白浪費掉了。看來只有那四個字了。」

楊諒問：「哪四個字？」

「大勢去矣！」

楊諒看到裴文安說得萬分絕望，不由得一呆，一時也無言以對。

裴文安更是無話可說。跟這樣的老闆混，混到這個地步，明明有一手好牌，硬是親自把它打成爛牌，你就只有自認倒楣了。

楊諒看到裴文安不再說什麼，就頒布了個任命文件：王聃為蒲州刺史、裴文安為晉州刺史、薛粹為絳州刺史，梁菩薩為潞州刺史，韋道正為韓州刺史，張伯英為澤州刺史。把幾個本來有著強烈進取心的手下，全部任為地方官。

楊諒一停止進攻之後，他轄區裡那些反對黨迅速竄起跟他對抗。領頭的就是代州總管李景。李景手下的力量並不雄厚，但膽子很雄厚，在楊廣還沒有對楊諒做什麼部署時，他就高調宣布武裝討伐楊諒。楊諒大怒，派劉暠去打李景。

劉暠也知道李景沒有多少兵馬，提了一軍就自信滿滿前去挑戰。當他高喊口號殺到代州時，李景派兵也殺將過來。事實證明，口號喊得大，水準未必高。只一個回合，李景就將劉暠「擊斬之」。

這是楊諒自舉事以來，第一次跟政府軍交手，而且跟的是一支力量薄弱的政府軍交手，結果是完敗。

楊諒也有些把持不定了，就把喬鍾葵叫來，把三萬最精銳的部隊給他，讓他前去為劉暠報仇。

李景這時手下的士兵只有幾千人，而且城池也不緊固，被喬鍾葵幾番猛攻，雖然拚命抵抗，但城牆仍然有多處崩毀。李景雖然灰頭土臉，狼狽不堪，但他硬是指揮這些有限的力量，一邊抵抗一邊補修城牆。士兵們也知道，楊諒絕對不是善良之輩，現在跟他玩到這個地步，如果打了敗仗，讓他們的士兵殺到城裡，他們最先做的就是屠盡他們這些人，因此也是每個人奮力死戰，硬生生地把喬鍾葵擋在城外。

喬鍾葵多次進攻不果，也有些疲軟下來。

李景手下的戰士雖然不多，但卻有幾個得力的手下。一個是他的司馬馮孝慈，一個是他的司法呂玉並，還有一個儀同三司侯莫陳。馮呂兩人肌肉發達，善於硬拚，侯莫陳則擅於謀劃，是防禦戰的高手。三人聯手，手腦並用、攻守相宜，共同對付喬鍾葵。最後，李景全部放開，把全城的安危都交給三人，自己只是坐在辦公室裡，什麼事都不用去想。他自己經常做的就是跑到戰鬥第一線，做說客，鼓舞士氣。

一切跟裴文安的預測一樣。

5

當楊諒對長安採取守勢，自動叫停雷霆計畫時，楊廣方抓緊時間緩過一口氣，然後祭出殺手鐧，派出了楊素。

楊素這時也沒有多少兵馬。他現在能弄到手的只有五千輕騎。他是戰場老手了，打過江南，也打過突厥，是目前全大隋戰鬥經驗最為豐富的老將。他知道，憑這幾千人出去跟楊諒正面對打，他只會打敗仗。他必須出奇制勝。

蒲州是關鍵點，只要拿下了蒲津城，陷斷楊諒向長安挺進的道路，就可以把主動權牢牢掌握在手。

楊素毫不聲張，親自帶著五千人連夜開路，向蒲州出發。

如果楊諒安排鎮守蒲津的人是裴子安，楊素的這次夜襲恐怕很難得手，可是楊諒卻偏偏讓王聃和紇單貴這兩人當蒲津的守將。這兩個傢伙看到老大已經放棄進取，又撤了河橋，而長安方面又沒有動靜，斷定近期蒲津無戰事，於是都放心睡大覺。

楊素連夜趕到了河邊。他看到河橋已經全部拆除，但河邊碼頭上還有很多商船停泊，不由得非常開心：「謝謝你楊諒。拆了河橋，還留下商船。這種智商也從事造反事業，那是在找死。」

他下令在船裡鋪上厚厚地草層，使得馬進去之後沒有聲音，士兵們都口銜枚，然後渡過河。此時，蒲津城裡的守軍，還在安然大睡，一派和平的景象。

天還沒有放亮，楊素的部隊便已渡河完畢。他馬上下令攻城。

紇單貴聽到城外殺聲大起，急忙起身衝出，以最快的速度組織一隊人馬，胡亂衝出迎戰。楊素看到這傢伙頭腦發昏到這個地步，更是非常開心，馬上揮兵迎頭痛擊。

紇單貴被一陣痛打之後，頭腦也清醒了，眼睛也明亮了，透過迷濛晨霧，看到對方的指揮官居然是大隋第一軍事強者楊素，一時大驚失色。他是大隋體制內的高官，當然知道楊素的厲害，現在看到自己被這個第一強者襲擊，自己再這麼慌亂地抵抗下去，只怕不過兩個回合就徹底完蛋了。於是他撥轉馬頭，帶著兄弟們敗逃出去。

城裡就只剩下最高領導者王聃了。

王聃聽得城裡亂聲大起，這才醒來，一邊披衣一邊出門看，發現街上的人到處亂跑。士兵們都已經丟下武器逃命。他派人去叫紇單貴，回說老紇已經不知去向了。城內也已經沒有多少兵馬，而且攻進來的還是楊素。王聃這才知道情況已經嚴重得無以復加。他也想跑路，可是他很快發現，他已經無路可逃了。於是，他只好出來向楊素投降。

楊素出來的時候只帶了幾千人，其任務也只是攻下蒲津，免得楊諒突然醒悟過來，以蒲津為跳板，大軍直壓長安。現在蒲津已經拿下，楊諒的主力也不在附近，只要努力守住蒲津，楊諒想要再攻下蒲津就沒那麼容易了。而現在長安城裡的事務很多——尤其是主持討伐楊諒的大計，還需要楊素全盤統籌。本來，楊廣是很不想讓楊素率兵出來的。但楊素知道，蒲津之戰，至關重要，如果不能一戰而克，就會打醒了楊諒，讓他突然覺悟，那麻煩就大了，因此他才決定親自當這個夜襲行動的指揮官。他來的時候，就向楊廣保證，一定按時完成任務。到他拿下蒲津時，果然跟他的預算沒有一點誤差。

楊素回到長安之後，馬上被任命為并州南道行軍總管、河北道安撫大使。他在非常短的時間內，結集了幾萬部隊，宣布討伐楊諒。

歷史情節發展到這一步，楊諒的命運幾乎就可以確定了。

在楊素沉著那張威嚴的臉宣布討伐楊諒叛亂集團時，楊諒並沒有拿出什麼有效的方案來。楊諒雖然老早就謀劃著造反事業，可是他陣營的很多人並不看好他，並沒有在造反之事上跟他保持高度一致——就連他的內兄豆盧毓也覺得他造反是在找死。當楊諒準備宣布起兵時，豆盧毓就對他苦苦勸諫，叫他懸崖勒馬。楊諒當然不從。豆盧毓看到楊諒態度十分堅決，知道自己再多嘴下去，腦袋就有不保的危險。在楊諒緊鑼密鼓地謀劃著造反事業時，他也在為自己的前途作打算。他不再做這個妹夫的說客，而是偷偷地對他的弟弟豆盧懿說：「如果我單獨一個人離開并州，回到長安，當然會免除災禍。但這只是為我自身安危著想，對國家沒有什麼貢獻。不如假裝順從楊諒，再伺機而動，為國除害。」

他的這個想法，很快就讓他的哥哥顯州刺史豆盧賢知道了。豆盧賢對楊廣說：「我的弟弟豆盧毓一向對朝廷忠心耿耿、心裡裝的是國家的大局，一定不會跟隨楊諒作亂。但他現在迫不得已，一定會假裝順從。只要陛下讓我從軍討伐楊諒，我會想辦法跟他取得聯絡，一裡一外，共同瓦解楊諒的亂軍。」

楊廣這時正為楊諒的事頭痛。自己才剛剛宣布登基，皇帝公章還沒有蓋幾次，這個傢伙就先過來向自己挑釁，而且聲勢浩大，弄得自己真的措手不及——如果楊諒不是頭腦進水，在占領蒲津關後自動勒兵而回，只怕現在自己已經被圍困在長安城內，臉色慘白地過著朝不保夕的日子，手忙腳亂之際，突然看到豆盧懿請求從軍去跟豆盧毓裡應外合，哪能不答應？

豆盧懿看到楊廣答應自己的請求，知道自己的兄弟有救了。他馬上偷偷派人去見豆盧毓，並把楊廣的詔書給他看，商量著如何裡應外合。

在豆盧兄弟做這些事的時候，楊諒一點也不知情。

楊諒準備去介州，就讓豆盧毓和朱濤負責留守。他以為，豆盧毓是自己的內兄，雖然曾經苦勸過自己，那是因為當時沒有看清形勢，出於顧慮，這才苦苦勸諫。現在自己的形勢一片大好，他一定不會背棄自己——況且近來他一直沒有什麼不合時宜的言論，對自己也很順從。於是，他放心地把留守重任交給了這個內兄，同時也把自己置於死地。

豆盧毓看到楊諒離開之後，馬上就對他的搭檔朱濤說：「老大這幾天來的所作所為，完全都是叛逆行為，而且他很快就會失敗。如果繼續跟他做下去，就會跟他一起失敗，最終結果就是慘遭族滅。所以，我們必須乘機起兵，把他做掉。」

朱濤的眼睛被他的話驚得睜到最大限度，結巴地說：「你，你沒有、沒有弄錯吧？你、你還記得你是漢王的內兄吧？漢王信任你，把大事託付給你，你怎麼會有樣的想法？」

朱濤說過這些話後，突然發現豆盧毓臉上殺氣大盛，馬上理解到自己已經大事不妙，立刻拂衣而起，奪門而去。豆盧毓當然不會讓朱濤逃跑，隨即追上，手斬朱濤。豆盧毓殺了朱濤之後，便把皇甫誕從獄中放出來，當自己得力的助手，一起商量如何把他的妹夫解決。兩人又迅速發展了另一個同黨——宿勤武。然後宣布關閉城門，不讓楊諒再進城了。

在幾個人忙碌著處理這些事的時候，有人迅速的通報楊諒。

楊諒聞報，咬著牙齒在那裡大半天之後，下令回去襲擊豆盧毓。

豆盧毓看到城外的楊諒大軍，就騙守城的士兵們說：「這是敵人來了。大家努力守城。」

楊諒當然不會看到城門關閉了就自動退兵，他下令攻城。

這時豆盧毓的布局還沒有完畢，一切都還在準備當中，城中很多守軍並不知道豆盧毓已經造楊諒的反，都仍然把自己當成楊諒的子弟兵。在這樣的情況下，豆盧毓就陷於了被動局面。不過，楊諒這時仍然弄出個烏龍。他最先攻擊的是南門。南門守將稽胡只是個基層軍官，從沒有見過楊諒，因此並不了解楊諒。他看到城外有人進攻，馬上就下令放箭，讓楊諒的部隊無法前進。雖然楊諒大聲呼喊，叫稽胡快快開門，我是漢王楊諒。可是稽胡更加不相信，你說你是楊諒，我還可以說我是楊諒的哥哥呢。叫士兵們射得更猛了。

楊諒看到自己喊話之後，城上的箭更是如雨而下，這才理解到，平時不走基層，高高在上，不讓基層將士認識，也是一件要命之事。幸虧這些城都有幾個城門。於是他又轉向西門。楊諒知道，如果一來就攻城，城上的士兵仍然會箭雨招呼。於是，他一來就亮出自己的招牌。

這一次，他成功了。

西門上的很多將士真的認識他，看到是老大回來了，馬上把大門打開。

楊諒終於得以帶著大軍蜂擁而入。

此時，豆盧毓和皇甫誕兩人正急得不知如何是好。這兩人雖然有解決楊諒的決心，但由於時機掌握得不好，急於求成，在楊諒還沒有離得很遠的情況下，就著急地開始工作，而且程度太差，致使楊諒能在短時間返回，攻進城裡。在楊諒進城時，兩人還沒有找到幾個同盟軍。於是，他們只能束手就擒了。楊諒看都不看兩人一眼，直接下令斬首。

楊諒在這邊玩得心臟差點承受不了，最後有驚無險地奪回州城，手按胸口暗叫僥倖不迭。他派出的另外幾路部隊也是進展不順。綦良那一路先是猛攻慈州，但猛攻了幾輪之後，不克。他馬上就沒有耐心了，轉而進攻相州，結果又不克。這傢伙根本不是一個稱職的作戰指揮員，毫無迎難而上的勇氣，看到相州不能攻克，但又一聲呼哨，帶著大軍去攻打黎州。

除了綦良這一路之外，還有一路是余公理帶著，從太行山來到河內。這傢伙的行動比較慢。

楊廣派史祥為行軍總管去對付余公理和綦良。

相比於余公理，史祥的打仗經驗就豐富多了。在滅陳之戰時，他身為王世積的部下，率水軍進九江道，跟陳兵決戰，取得勝利，最終攻破江州。之後，他又身為楊廣的部下北上，跟突厥兵對陣，也取得了勝利。楊廣對他很放心，這次就讓他出來獨當一面。

史祥帶著他的部隊來到河陰。而此時余公理就駐紮在河陽。兩軍遙遙相望，余公理的部隊遠比史祥為多。

史祥看著對面的余公理大營，對部下說：「余公理輕而無謀，仗著人多勢眾，十分驕橫，何足為慮？要打敗這樣的一支驕兵，實在是輕而易舉。」

在史祥做戰鬥動員的時候，余公理什麼都不做，好像自己對面來的不是一支拿著殺人武器的軍隊，而是一支耗費公款的旅遊團。

史祥在南岸上大量收購船隻，大張旗鼓地做進攻的前期準備工作。余公理這才有點警惕，覺得自己不做點應對工作，好像也不大對，於是也進行了一番戰鬥動員。

史祥根本不管余公理，繼續做好自己的工作。他雖然說余公理不足為懼，但也知道打仗不是開玩笑的，更知道如果正面渡河強攻，犧牲會很大。因此他耍了個花招，暗地裡挑選一支精兵，繞道到下游很遠的地方偷偷渡過河。沒想到，這個行動卻被余公理探知。

余公理哈哈大笑，你居然想偷襲老子？便率兵去迎戰。

兩軍在須水相遇。史祥看到余公理大隊人馬趕到，自己的陰謀詭計破功了，但他並沒有慌亂，更沒有就此打退堂鼓，而大聲對士兵們說：「敵人雖然人多，但他們倉促前來，現在還跑得氣喘吁吁，陣未列成，我們完全可以打敗他們。」於是，揮兵奮擊。余公理的部隊抵敵不住，被打得大敗。余公理這才知道，自己雖然識破敵人的詭計，可是士兵們的戰鬥力太差，這麼狂奔過來，等於送死。他看到史祥的部隊殺得太猛，只好落荒而逃。

史祥一戰而把余公理擊潰，乘勝而進，直逼黎陽。

正屯兵於黎陽的綦良之前幾經轉戰，好不容易發現此地敵人的力量很薄弱，正想大打一場，沒想到自己大打一場的前置作業還沒有做好，史祥就打了過來。余公理帶的那麼多人都被史祥打得路都沒看到，自己這個蜻蜓點水式的功夫，哪能是史祥的對手？綦良越想越是害怕，最後他這個心態也影響大家，弄得全軍惶恐，未等敵人殺到，就已經全面潰散。

楊諒派出的另外兩路兵馬，就這樣被史祥一個人輕鬆解決。

楊廣看到楊諒兵馬就是這個戰鬥力，信心馬上大振，決定向楊諒進攻。

當然，操盤手仍然是楊素。

此時，幽州總管竇抗的態度仍然不明朗。

楊廣怕楊諒失敗後，向關外逃逸，因此很想把幽州控制在手。但因為中間隔著楊諒的控制區，又不能直接派兵去進攻幽州。他想派人單騎過去，設法把竇抗拿下。他問楊素，誰可以完成這個任務？

楊素推薦李子雄。

楊廣立刻就拜李子雄為上大將軍、廣州刺史，然後再任命長孫晟為相州刺史，一起發兵山東，幫助李子雄完成任務。長孫晟說他的兒子目前還在楊諒軍中，他必須避嫌，不能接受這個任命。楊廣雖然也生性多疑，但此時用人之際，又看到長孫晟說這話時很坦蕩，讓他覺得很放心，便對長孫晟說：「老先生心中一向大義凜然、以國為重，絕對不會因為兒子而做損害國家大義之事。我信任先生，才把重任交給先生。請先生不要推辭。」長孫晟這才接受了任務。

李子雄接受任務之後，隻身前往幽州——這時固然沒有兵員撥給他使用，而且他也不能帶著一支部隊浩浩蕩蕩而去，因為他要穿過楊諒的占領區。何況，現在竇抗又沒有宣布自己站誰那邊，你要是帶武裝過去，等於是跟他撕破臉，逼得他倒向楊諒那一邊。所以，他只能孤身而去。

不入虎穴焉得虎子。

這不但需要勇氣，更需要智慧，如果拿捏不精準，腦袋就會瞬間落地。

李子雄悄悄來到幽州，並沒有驚動任何人，只是住進了驛站，迅速招募到一千多人，然後才派人去請竇抗來見面。

竇抗這時並沒有宣布自己的立場，而是採取不表態的中立態度，睜著大眼觀望，以便在局勢明朗時才公開表態。這時李子雄派人來請他過去，他心裡雖然有點不情願，但又覺得現在不是撕破臉的時候，就跑到驛站跟李子雄見面。李子雄早就在那裡埋伏了一群大漢。當竇抗滿臉笑容地過來後，兩人還沒有把寒暄的話說完，李子雄就一聲斷喝。埋伏的甲士一齊出動，當場把竇抗抓住。

李子雄拿下竇抗之後，馬上宣布自己就任幽州第一首領，然後帶著幽州步騎三萬，從井陘西出，向楊諒的地盤發動進攻。

楊諒這才叫苦不迭。幽州本是他控制的地盤，他居然沒有好好地做竇抗的說客，讓竇抗成為自己的死黨，現在居然讓李子雄解決，使得楊廣勢力對他形成的夾擊之勢。

楊諒雖然野心很大，反抗楊廣的決心也很大，但軍事水準實在太弱，策略眼光連鼠目都比不上。本來好好一盤棋，這時已經全爛了。他地盤內的井陘還有個硬骨頭張祥。他叫劉建去攻打張祥，已經打了一段時間。此時，張祥也已經快撐不住了。只要劉建再加一把勁，就可以拿下井陘。沒想到，李子雄突然殺過來，劉建猝不及防之下，只好在抱犢山下跟對李子雄對決，被李子雄打得大敗，逃得路都沒看到。

楊廣集團的另一個硬骨頭李景，他已經被圍困很久了，也像張祥一樣有些難熬了，雞毛信一封接著一封地飛向長安。楊廣急令朔州刺史楊義臣去救李景。

楊義臣帶著兩萬人連夜出發，挺進西陘。

負責猛攻李景的就是楊諒最頑固的死黨之一，喬鍾葵。

喬鍾葵現在帶著楊諒手下最精銳的部隊，這幾天把李景圍得苦苦掙扎、危在旦夕，心裡大是暢快，現在看到楊義臣又前來，心裡一點懼色都沒有，馬上率兵去迎戰。楊義臣這才發現，對方的兵力不但比自己多，而且都是精銳部隊。自己這麼硬撞上去，那是明顯地在送死。他是來救李景而不是來送死的。他馬上想出了一個辦法，把軍中的牛和驢都集中，叫幾百個人拿著戰鼓，帶著這些牛和驢躲到山中。

一切安排妥當之後，楊義臣放馬過去，跟喬鍾葵對打。

喬鍾葵一看，哈哈，近來老子天天吃肉，牙縫大得厲害，你這點兵真不夠塞老子的牙縫呢。當然啦，不夠塞牙縫也得打。他下令全軍衝上去，敵人太少了，誰落後誰就沒有立功的機會。喬鍾葵的部隊高呼小叫著，向楊義臣的部隊衝殺過去。

當他們衝到山谷下準備跟楊義臣的軍隊零接觸時，楊義臣令旗一揮。躲在四面的那幾百人，突然驅趕牛驢、並猛擊戰鼓衝出。片刻之間，山谷之間，塵土飛揚、差點把天空都遮蔽住了，再加上驚天動地的戰鼓之聲，響徹山間。喬鍾葵被聲勢瞬間鎮住，心裡大驚：原來楊義臣有埋伏，難怪敢這麼囂張地前來挑戰。大意也是害死人啊，我怎麼就沒有想到這裡是可以設置埋伏的。

喬鍾葵都是這個心態了，其他人還能好到哪裡去？在喬鍾葵的帶頭逃跑下，全軍立刻進入潰散模式。楊義臣縱兵而擊，大破喬鍾葵。

楊諒最精銳的部隊就這樣被一鼓而擊潰，整個集團的人心也陷於渙散的境地。

楊素抓住這個機會，決定大舉進兵。當時，楊諒的晉州、絳州、呂州都由重兵把守。楊素走了步險棋，只各派兩人帶著偏師到三州那裡耀武揚威，就把三個州的兵力全部牽制而不敢動彈。

即使到現在，楊諒的部隊人數仍然多於楊素，如果楊諒手下有個優秀的指揮官，楊素想要取勝仍然十分困難。而且楊諒手下也有這樣的人才，一個是王頍，另一個就是蕭摩訶。這兩個人都是楊諒的死黨，一個是策略家，一個是戰場猛人。楊諒在起事之前，都把他們當成親密同袍，有事就跟他們商量。楊諒之所以敢膽氣爆棚地宣布舉事，一大半就是因為聽了他們的教唆。本來，很多人都以為，楊諒宣布作亂之後，即使不把所有的大事都交給他們，但也會對他們言聽計從。沒想到，他只言聽計從了幾天之後，就不再把他們的話當話了，以致王頍這幾天來都活在鬱悶之中。如果是別的人，看到自己不聽從王頍們的建議、導致敗仗不斷之後，一定會把這個局勢交給王頍們，讓他們來力挽狂瀾。但楊諒不是別人，他仍然不願意重用手下僅有的兩個人才，而是把最後的希望寄託在那個名不見經傳的趙子開身上。

為什麼會如此？我想，還是疑心作怪。

此時，楊諒仍然手握二十萬大軍。

楊諒毫不猶豫地把十萬部隊交給了趙子開。

歷史證明，趙子開比趙括更菜。趙括還會紙上談兵，還能在那裡跟白起對壘很久，即使最後大敗，他對秦兵的殺傷力也是巨大的，以至秦國人惱羞成怒，一夜之間將俘虜的四十萬趙卒全部坑殺，留下了一齣至今還讓人談之色變的歷史慘劇——如果趙括的對手不是白起，結果如何，還真不好說。趙子開拿到兵符之後，行動也很迅速，帶著十萬大軍來到指定地點。趙子開這時還記得，楊素是個猛將，手下的士兵都被楊素折磨得不怕死，要是跟他硬拚，一定不會好到哪裡去，因此就採取了堅守的戰術。他在所有的小路上都設置了柵欄，在險要處設置重兵，兵營連綿五十里，等楊素前來強攻。他反覆察看了自己的部署，認為楊素的兵力再多幾倍，也攻不破他這個防線。

趙子開的想法的確不錯。如果楊素真的硬攻，一定攻不下來。

可是楊素除了硬攻之外，還有別的辦法。

楊素不但生猛，而且腦袋也非常靈光。

他端著那張陰沉的老臉，看了一下形勢，馬上就看得出，要是直接強攻，除了大量死傷之外，不會有一點進展。他馬上就想出一個辦法。

這個辦法其實也是老招式，命令諸將帶著主力在這裡牽制趙子開，自己則率領一支奇兵，潛入霍山，再攀著懸崖前進。你一看，就知道這個計謀是鄧艾當年伐蜀時的創意。當年連姜維都中了圈套，楊諒和趙子開能避免嗎？

趙子開看到敵人在自己的防線外不敢動彈，心裡很高興，老子就把他們堵在這裡，看誰更有耐心。沒想到，楊素本尊已經迂迴而入，從他意想不到的危險之外，悄然突進了他的防線之內，出現在谷口上。

楊素在谷口那裡紮營，自己板著臉坐在軍營大門，派軍司到軍營挑選三百人守營，其餘的人都跟著他去衝鋒陷陣。士兵們都知道，他們現在的人數實在太少了，敵人太多了，要去衝擊敵人，陣亡的機率實在太大，因此每個人都要求留守軍營。你們去殺敵立功，我在這裡為你們準備慶功酒，祝你們旗開得勝，弄得軍司處理了很久才擺平。

楊素在那裡坐了很久，看到軍司挑選三百個人居然挑選了大半天，便把軍司叫來，厲聲問他為什麼行動這麼緩慢？軍司把情況跟楊素說了。

楊素大怒，都這麼貪生怕死，我們還打什麼仗？馬上把留守的三百人叫來，滿臉橫肉地喝令帶下去，全部斬首。你們也不看看，現在誰是你們的老大？你們難道忘記了老子的規矩？老子的規矩就是誰怕死先殺誰。

他殺完這些人後，用血淋淋的事實狠狠地教訓了全軍一番，然後下令再挑選留守人員。

這一次誰都不願當留守人員了。

楊素那張肅殺的臉仍然不動聲色，既然都不願當留守，我們就不用留守了——打了敗仗，這個地方也守不住，打勝了又何必留守。他帶著部隊急馳而進，突然出現在楊諒軍的北面。

而趙子開這時都一心一意地盯著南方——那是楊素主力部隊的大營。他看到楊素主力仍然在那裡一動不動，連一點挑戰的意思都沒有。他心裡得意地想，哈哈，楊素這個老軍頭，也沒有辦法了。現在他一定在那裡鬱悶地長考著。你就長考吧。我有耐心等你的長考的結果。

趙子開正得意忘形，突然聞得北面殺聲大起，開始以為自己的耳朵有問題了：可能是太緊張了，造成耳鳴現象。可是挖了耳朵，再凝神而聽，那聲音越來越真切。有人來報：「老大，楊素殺進來了。」

「你說清楚點。楊素從哪裡殺進來的？」

「從北面……」

趙子開叫道：「你有沒有看錯？他怎麼可能從北面進來？」

「老大，他真的是從北面過來的。至於他是怎麼過來的，小人真的不知道。老大想知道，只有去問他了。」

此時，楊素的部隊已經殺了進來，而且都鳴鼓縱火，把聲勢做大做強。

如果趙子開是個合格的戰地指揮官，應該讓自己冷靜，根本不用再看，就知道楊素之所以這麼突然出現，一定只帶著一支小部隊的奇兵而已，他只要全力組織抵抗，楊素這支部隊立刻陷於他大軍的合圍之下，不用幾分鐘就可以將之一個不漏地全殲。

勝負其實就是在他一念之間。當然，這一念之間，必須有著無比過硬的抗壓性和豐富的戰場經驗，以及高人一籌的智商指數。趙子開卻一樣都沒有。

趙子開的腦袋裡只想著，為什麼楊素突然從北面進來，他究竟從哪裡進來啊。難道他真的會飛。

趙子開的腦子越來越暈，組織反擊的黃金時間就從他的思考中徹底消逝。軍營都亂成一團，大家沒有接到最高指令，都到處亂竄，片刻之間，十萬大軍，亂成一鍋粥，在被人家大砍大殺的同時，還自相殘踏，死傷無數。最後，連最高統帥趙子開都成了失聯人員。

楊諒十萬大軍就這樣一朝潰滅。他沒有理由不潰滅，派一個毫無戰鬥經驗的傢伙去對付當代名將，不完敗那真是豈有此理了。

楊諒任命的介州刺史梁羅聽說趙子開全軍覆沒了，膽氣全部蒸發，才看到楊素部隊的旗幟，就棄城而逃。

楊諒聽說趙子開已經完敗，十萬大軍一朝打了水漂，也是大為恐懼。其實到了這個時候，他仍然有扳回局面的機會。

對於那些強者來說，即使沒有機會，也能創造出機會，而對於蠢材而言，即使有一萬個歷史性的機會，也是白白浪費掉的。楊諒現在手裡還有十萬部隊，而且他手下仍然還有王頍和蕭摩訶這樣生猛的人。但他卻繼續不重用可用之材。他看到趙子開都失敗了，就不再使用別人，而是自己擔任最高統帥。大家已經知道，前幾年他的老爸為了培養他，讓他擔任統帥去討伐高麗，可是才到半路就玩完了；後來又派他當討伐突厥的最高統帥，結果他連部隊的營地都沒有到過。可以說，與趙子開比起來，楊諒的軍事水準只有更差。

他率著十萬大軍駐紮在蒿澤，跟楊素對壘。

他才來到蒿澤，就下起了大雨。楊諒看到大雨下個不停，生活十分不方便，心頭就有點鬱悶——他是楊堅最小的兒子，從小就得到楊堅最大的疼愛。楊堅用最大的疼愛把他疼愛成一個全國第一花花公子。他一向養尊處優，每天做的都是開心的事，每天都在享受著無人能比的幸福生活，何曾如此困頓地在軍營裡受大雨的折磨？楊諒越來越覺得太難受了，覺得再在這樣的地方生活下去，他會難受得死去，還是引軍回去吧，等哪天天氣好了，宜於打仗了再出來。

王頍一看，打仗可不是兒戲，更不享受啊，是生死相搏，連性命都隨時丟掉，哪能如此任性？他對楊諒說：「老大萬萬不可。現在的形勢是這樣的，楊素孤軍深入，士馬都已經疲憊不堪，如果我們以精銳部隊向他們猛攻，其勢必克。現在主動權都掌握在老大的手中，為什麼要望敵而逃？這是示敵以怯，對我們子弟兵會造成不可估量的打擊啊。老大千萬不能退，一退就不可收拾了。」

王頍一眼看穿了局勢，可是他卻看不穿他的老闆。

楊諒聽完王頍的話後，擺擺手，表示「不從」。這樣的生活環境，實在不宜於一個皇子生存的。於是，為了追求幸福生活，楊諒就把最後的機會丟掉了。

他帶著大軍退守清源。你一看清源這個地名，就比蒿澤強多了。他在清源那裡很舒坦地睡了個覺，覺得身上的晦氣已經清除乾淨了。

楊諒覺得很爽。王頍卻有大難臨頭之感，他知道楊諒之敗就在眼前，現在就是神仙也救不得這個花花公子了。他對他的兒子說：「情況已經大事不妙。我軍就要進入最後失敗的時候了。到時，你一定要緊跟著我。」

楊素看到楊諒無端退去，把大路讓開來，不由得非常開心。他馬上揮軍進擊。楊諒果然不堪一擊，被楊素大破了一場。楊素就在這一戰中活捉了蕭摩訶。蕭摩訶當年追隨陳霸先，從南打到北，在戰場上神威凜凜，戰無敵手，是當時最著名的猛將之一，但陳霸先死後，他的戰績就每況愈下，在陳倩和陳頊手下時，還偶有尚佳的表現，而到陳叔寶一朝時，就黯淡無光了——在隋陳最後一戰中，終於成為敵人的俘虜。當他再次追隨楊諒造反時，雖然得到楊諒的尊重，但戰鬥指揮權卻沒有交給他。在整個楊諒造反的各次戰鬥中，他基本上都是看熱鬧的觀眾。於是，他又成了一次俘虜。

楊諒吃了敗仗之後，退保晉陽。

楊素這時就更加囂張了，緊隨楊諒的屁股後來追殺上來，把晉陽緊緊包圍。

你想想，楊諒還緊緊掌握著主動權時，尚且無能為力，到了這個時候，這個花花公子還有什麼辦法？他在晉陽城裡待不了幾天，就承受不了了，問手下還有什麼辦法嗎？連王頍都已經沒有辦法了。

既然大家都沒有辦法，那就舉白旗吧。

於是，他派人跑到楊素的大營裡請降。楊諒的其他手下，看到老大都舉白旗了，誰還敢怎麼樣？於是都主動跑過去自首。

於是，一場讓楊廣睡不著覺的動亂就這樣平息。要知道，楊諒所轄的區域大部分都是燕趙之地，是史上有名的出產精兵地區，而且他手下又有幾十萬人，再加上還有王頍、蕭摩訶這樣的猛人，如果弄不好，還真被他打到長安來。幸虧這個老爸成功地把這個老弟培養成一個志大才疏的花花公子，有兵不會用兵、有人不會用人，把一張好牌全力往爛處打，終於讓他輕鬆地取得了勝利。

楊諒垂頭喪氣辦理了投降手續，王頍卻不願投降。他帶著他的兒子出城向北狂奔。他想投靠突厥。他不敢走大路，只是在山中行走。走著走著，方向雖然沒有錯，但前頭已經無路可走了。他悵然看著前方，已經無法投足，又怕回頭碰上敵人，便放棄了逃生的努力，對他的兒子說：「我的韜略智計並不在楊素之下，但老大卻從來不採納我的建議，以至到了今天這個地步。我不能成為楊素的俘虜，以成豎子之名。我死之後，你一定要倍加小心，不要去親戚朋友的家。」他說過之後，就在兒子的面前自己動手，結束了自己這個毫無意義的生命。

他的兒子把他的屍體埋在石洞裡。這個兒子埋完老爸的屍體，在山中亂轉幾天，越轉越覺得絕望，最後只好又走出大山。王頍的這個兒子，生存能力很弱，出了大山，連叫化的能力都沒有，接連餓了幾天，終於不再理老爸臨頭的教導，跑到一個王家的故人那裡，求一碗飯。那個老爸的朋友看到他來了之後，果然就像他老爸預料的那樣，把他賣給了朝廷。他很快就被抓獲歸案。接著他又被迫把他老爸的屍體交出來。楊廣下令把這個首惡分子的屍體拉到晉陽，接受梟首之刑。

王頍身為楊諒的第一謀主，只是在籌備時期發揮很大的作用，到了實質階段後，楊諒基本上就把他的建議當耳邊風了。他料敵很精準、提出的對策也很正確，但他看楊諒的目光太差了。很多高智商的人，看別的都很準，唯獨看不準老闆。看不準老闆，結果就只有悲劇收場了。

楊諒很快就押解到長安。大臣們每個人都知道楊廣對敢跟他作對的兄弟是從不留情的，因此都投其所好，紛紛上奏，強烈要求把楊諒處死。不殺他，實在不足以平民憤。

他們都以為楊廣一定會一臉笑容地接受他們的這個強烈要求。

沒想到楊廣這時頭腦已經成熟了很多，硬是表現得很大度，裝出一副很傷感的神態對大家說：「終鮮兄弟，情不忍言，欲屈法恕諒一死。」於是下令把楊諒除名為民，將其從宗室中開除出去。當然，楊諒最終並沒有享受到普通平民的待遇，而是被關押，不久就死去。他先是不自量力，舉兵作亂，然後在關鍵時刻，怕苦怕累，硬是放棄最佳機會，讓孤軍深入的楊素得手，結果為了幾天的幸福生活，丟掉了大好前程，然後又悲慘地丟掉了生命。而且不光丟了他自己的性命，還丟了很多人的生命。楊廣雖然對楊諒表現了一絲寬大，但他對楊諒部下的處理完全都不留情。在肅清楊諒流毒的時候，被處死和流放的超過二十萬家。記住，不是二十萬人，而是二十萬家。

楊堅因為疑心太重，怕這個出產精兵之地、又靠近突厥的地方由其他強者鎮守，會對他們楊家產生威脅，這才把他最疼愛的小兒子部署到這裡，成為他們楊家最有力的保障。即使他大行而去之後，只要兄弟同心，他們楊家的天下就會固若金湯。沒想到，他才死了不到一年，兄弟兩人就大動干戈，殺了個你死我活。到了這時，他的幾個兒子，楊勇、楊俊、楊諒都已經死了，而楊秀至今仍然被關押、愁眉苦臉地吃著牢飯，只有楊廣一個人在皇帝之位，活得很幸福。只是這個幸福也已經不長了。

楊堅個人事業很成功，但在對兒子的養育上很失敗。

第七章 東征北討，韋雲起破契丹；煬帝南遊，龍舟駐江都

1

平定楊諒之亂後，仁壽年號也宣布告終。

楊廣終於迎來自己的新時代。他確定了自己的年號：大業。這個年號看上去的確是大氣磅礴，拿來當口號喊，很能振奮人心。楊廣這時也的確很有點雄心，很想當一個有作為的皇帝。他下詔免除婦女及奴婢的賦稅、部曲的賦稅，還規定男丁二十二歲才算成年人。

大家一看，這個新皇帝的確有點新氣象。

可是接下來的氣象就更新了。

楊廣也是個很迷信的人，他剛登基不久，心裡也想著不但自己長命百歲，他們楊家的天下也要萬年長。所以，他時刻都讓那個章仇太翼都跟在他的身邊當他這方面的總顧問，隨時為他指點迷津。

有一天，章仇太翼對楊廣說：「陛下是木命，雍州是為破木之衝，真不宜久居。」

楊廣一聽，心頭馬上就緊縮，問：「怎麼辦？」

章仇太翼說：「讖語有云：『修治洛陽還晉家。』」這其實是在勸楊廣遷都洛陽。

楊廣一聽，馬上「深以為然」。他深以為然之後，便動身離開長安，駕幸洛陽，考察新首都的地址。

楊堅還活著時，就覺得長安作為都城，實在很不方便。關中既跟突厥相近，而且民族成分複雜，亂子又多，再加上動輒鬧饑荒，當年楊堅都差不多在長安挨餓。最後他不得不帶著關中飢民向東求食。另外，打下江南後，楊堅覺得由於長安離江南太遠，很難控制南方，導致南方很多年後，仍然發生著不大不小的亂子，這讓他很頭痛。所以，他心裡也一直有遷都洛陽的想法，而且他也經常來到洛陽辦公。我想，如果楊堅能多活十多年，他一定又會修建一個首都。他的這個想法，楊廣一定很了解，而天天跟在他們屁股後面的章仇太翼也會瞭如指掌。現在由他說出來，那是老天爺的意思，讓楊廣遷都遷得理直氣壯、遷得合乎天意。在這個社會上，合乎天意是最大的理由。

楊廣來到洛陽之後，登上邙山，檢視地形，認為邙山之南、伊闕之北、瀍河之東，是塊風水寶地，且宜於部署軍隊、完全可以作為都城的地址。

他馬上下令徵發男丁幾十萬人挖掘河溝，從龍門東接長平、汲郡，到臨清關，越過黃河到浚儀、襄城，直達上洛，用來設置關防，拱衛未來的首都。當然，用來拱衛首都的同時，也加強了中原與南北水道的交通。

之後，他下詔於伊洛建東京。大家知道，修建一個首都，是要花費非常大的物力財力的——當年陳叔寶修幾個宮殿都可以把國庫清空，最終成為亡國的形象工程之一。楊廣這時似乎還記得這事，因此他還特地下詔：「宮室之制，本以便生，今所營構，務從儉約。」要求在修建宮室時，一定要能節儉時就節儉。其實大家都知道，當初楊堅也這麼要求過，可是楊素在修建時，就把仁壽宮修得史無前例的豪華，楊堅最後只是罵了一頓，表示自己的態度之後，便進去享受幸福的新生活了。

隋朝在歷史舞臺上占位的時間雖然很短暫，但卻有著豐富的修建首都的經驗。楊堅才剛剛登上皇位，就在一塊本來沒有人煙的地方修建了大興城。大興城的總設計師宇文愷現在仍然還生龍活虎，水準比以前更上一層樓，後來楊堅在修建仁壽宮時，又找到了一個不計後果、只看進度的指揮官楊素。有了這兩個人，再修建東都洛陽，對於楊廣來說，那是小意思了。

大業元年三月，楊廣任命楊素以及納言楊達和宇文愷全面負責修建東都工程專案。這次修建的都城比以前修的大興城，規模雖然稍小，但楊廣也是個心急的人，規畫一出，就想立竿見影，所以需要的勞力更多。為了保證工程專案的進度，楊廣下令每月徵發二百萬役丁，參加東都的建設。

於是，全國各地的勞力都源源不斷地開往洛陽。楊廣命衛尉劉權、祕書丞韋萬頃當宮城的工地的總監。這兩個總監帶著兵夫和民工進場，光在宮城周圍的四面，就有七十萬人在拚命工作，勞動號角震天動地，打罵之聲也不絕於耳。新城的城牆延綿三十多里，城高四十六尺。只用了六十天就宣布完工。至於東都的土工監則每天役使八十萬人，外加木工、瓦工、金工、石工又十多萬人，每天都在那裡不分晝夜，熱火朝天地工作。洛陽附近沒有什麼木材，那些大木頭多從豫章境內採伐。這些木材大到什麼地步？要把一根木頭送到工地，需要兩千個勞力。他們先在木頭底下裝鐵輪，然後推著前進，每一副鐵輪只前進一兩里路就壞掉了。所以，必須有幾百人負責帶著鐵輪跟隨，以便隨即換上。每天只能前進二三十里。由此可知，當時建造宮殿的艱難程度以及所費的人力財力。

同時，楊廣還命令宇文愷和內史舍人封德彝營建顯仁宮。

宇文愷不但精通土木工程的設計施工，也很能揣摩皇帝的聖意。他知道，楊廣那個節儉詔書只是做表面文章，其實真正的內心是要豪華到極致——你要是光看那個表面文章，按表面文章去做，楊廣就會龍顏不悅。他一不悅，你的後果如何，就不用多說了。因此他接受了這個任務之後，馬上按照豪華奢侈的風格進行設計施工。宇文愷設計的顯仁宮，首先是規模龐大，整個專案南接阜澗，北邊則跨越洛水。宇文愷以朝廷的名義下令，大發長江之南、五嶺以北的奇才異石，全部運往洛陽。還特地下令，搜求海內的嘉木異草、珍禽異獸，來充實皇家的園林，把這個地方打造成全球頂級的生態園林。

東都的園林就是西苑。很多人一看到西苑兩個字，可能都以為這個園林大概就是大型房地產專案那麼大吧。告訴你，西苑的周長整整兩百里，苑裡居然挖了一個周長十多里的湖泊，稱之為「海」，在「海」裡還修建幾座大山，分別命名蓬萊、方丈、瀛洲等山，這些假仙山都高出水面一百餘尺。還在這些山上，修建臺觀殿閣，不管從哪面望過去，都宛若仙境。又從苑的北面修建了一條龍鱗渠，將水曲折蜿蜒地引入海內。當然，這條有著美好名字的龍鱗渠並不孤獨地存在、看上去像一條荒野河流，楊廣在這條河的沿岸建造了十六院，所有的院門都臨渠而開——用現在的話說，就是水景房，每個院子由一名四品夫人主持，院內當然也不會那麼樸素，而是都建有堂殿樓觀，非常華麗。每到秋天，宮中樹木的葉子落下，楊廣就叫人們剪綵綢為花，綴到枝條上，顏色舊了又換上新的，讓人看過去，常如陽春。就連池內也剪綵綢做成荷、芰、菱、芡。於是，清風吹來，微波蕩漾、荷葉田田，非常怡人。楊廣對這個人造美景十分喜歡，建成之後，常帶著成群美女出來遊玩。有時，池內結冰了，管理人員為了博得楊廣的歡心，都加班趕工清除池冰，布置上綵綢，在呵氣成冰的大冬天，也能把這裡布置成鮮花盛開的春天景象。十六院那些美女們，為了得到皇上的恩寵，每個人努力動腦筋，做成各種美食，以求皇上臨幸。久而久之，美食大賽就成了十六院的經常性競技專案。這些美女最後得到楊廣臨幸的次數十分有限，但她們的廚藝倒是與日俱增，為美食文化作出了很大的貢獻。楊廣後來常到這裡來，當然不是為了臨幸那十六院美女，而是喜歡這裡的月光如水。在之後的皇帝生涯中，他經常帶著數千宮女騎遊西苑。他在這方面很得陳叔寶的真傳。不但在玩樂的規模上超過了赫赫有名的大玩家陳後主，而且也能像剛剛死去的陳叔寶那樣，精通音樂。他曾在這裡創作了那首〈清夜遊曲〉，然後就在馬上演奏，瀟灑絕倫——當然這已經是後話了，按下不表。

楊廣看到洛陽都城的模樣之後，心裡大是歡喜。不過，他覺得交通仍然是個問題，於是就又叫皇甫議徵發河南、淮北諸郡民一百多萬，開通濟渠。可能很多人對於通濟渠這三個字有點陌生，其實它的前身赫赫有名，就是戰國時的鴻溝。鴻溝也不是天然的河流，而是戰國時期不間斷地開鑿出來的運河，是戰國時期最大的水利工程。楊廣在決定開挖通濟渠時，受到朝臣的反對，但他仍然強硬執行。這個工程仍然由宇文愷主持。這個工程從「西苑引谷、洛水達於河（即黃河），自板諸引河通於淮」，全程一千多公里。以前魏國開鑿鴻溝時，主要是用於灌溉農田，所以那個運河只能稱之為溝。但楊廣對通濟河的要求卻高——可以讓他的龍舟在河道上乘風破浪前進。龍舟船體龐大，運河必須鑿得很深，否則無法通行。更要命的是楊廣下令執行之後，就要求在非常短的時間內完工通航。於是，大家只好拚死去勞動了。從大業元年三月宣布開工，到八月就全面竣工了。不用半年時間，河面足有四十步的大運河就出現在世人面前。在當時全靠人力挖鑿的情況下，可以說是創造了人類開鑿運河的奇蹟。當然，這個奇蹟是付出了非常大的代價：工程監督官吏都是楊素之類的鋼鐵硬漢，一到工地，就只看進度，不管人命，在督促勞動時，無所不用其極，最後服役的壯丁死去一大半。相關部門裝著死去役丁的運屍車，東到城皋、北至河陽，一路連綿不斷，其狀慘不忍睹。

2

楊廣雖然不愛惜人民的生命，但他喜歡美麗的環境。他覺得通濟渠雖然已經輕波蕩漾，他完全可以懷攬美女，坐在船上，蕩起雙槳，頭枕著波濤，輕輕地入眠，但如果河道兩邊都光禿禿的，沒有一點美感，幸福感和獲得感就大折扣。於是，他下令在通濟渠兩邊都築有御道，再栽種柳樹，使得大運河兩旁都景色宜人，皇上大人在河裡坐船累了，就可以上岸來，邁著方步走在綠柳成蔭的御道上，大是心曠神怡。當然，還得有飯店，皇上不可能老是睡在龍舟上過夜。因此他又從長安開始，修建四十多所離宮，一直修到江都。

楊廣花費巨資修通濟渠，主要就是為了方便交通，讓天下物資源源不斷地送到洛陽，使得洛陽徹底免除當年大興城饑荒的隱患，同時也是為了他坐著龍舟出去遊玩。因此，當時又把通濟渠稱為御河。他在修建運河的同時，還派黃門侍郎王弘到江南，為他建造龍舟和各種船隻幾萬艘。

一切準備就緒，楊廣決定乘著龍舟下江都。

當年的八月，楊廣在進入剛剛修成的仁壽宮幾天之後，展開了他首次龍舟下江都的旅行。這一次，作為運河的首航，儀式感還是做得很足。

他選在八月十五日那天出發。按照媒體的報導，大隋皇帝楊廣神采奕奕地從顯仁宮裡健步而出，迎著清爽的金風，邁向清波微揚的御河。此時，王弘指揮著龍舟前來迎接。

他乘坐著小朱船，從漕渠出洛口，然後登上龍舟。龍舟上有四重樓，高四十五尺，長兩百尺。龍舟最上層是正殿、內殿、東西朝堂；中間兩層有一百二十個房間，都用金玉裝飾得金碧輝煌；下層是宮內侍臣的住所。他的皇后蕭氏乘坐的翔螭舟，規制比龍舟要小一點，但裝飾則完全一樣。另有浮景船景九艘，船上的樓也有三重，都是無比豪華的水上宮殿。其他大大小小的船隻幾千艘，取的名字也很有意思：漾彩、朱鳥、蒼螭、白虎、玄武、飛羽、青鳧、陵波、五樓、道場、玄壇、板、黃蔑等等，這些船上的乘客都是後宮、諸王、公主、百官、僧、尼、道士、蕃客各色人等，剩下的就是內外百司供奉之物。大家知道，這些船在當時的動力基本上都是人力。為了讓這幾千艘大大小小的船向前進，楊廣總共用挽船的民夫八萬人：其中挽漾彩級以上的有九千餘人，稱為殿腳，都身穿錦彩製作的袍服。又有平乘、青龍、艨艟、艚、八棹、艇舸等幾千艘船供十二衛士兵乘坐，並裝載兵器帳幕，由士兵自挽，不給民夫。你可以想像一下，河裡數千艘船在緩緩而前，岸上近十萬縴夫在躬身彎腰拉縴，完全可以說是揮汗如雨了。這支船隊首尾相接二百多里，燈火把江河陸地映照得一派輝煌，騎兵在兩岸護衛行進，旌旗蔽野，河裡岸上，交相輝映，盡顯大國氣象。雖然也有供給船，但由於人口太多，航行速度又緩慢，因此供給船上的物資遠遠不夠供應，再加上皇上大人能老吃那些陳舊的食品嗎？御膳是必須新鮮美味的。因此船隊經過的州縣，五百里內都必須進獻食物。各地的長官當然會把接待皇上當成一生中最重要的大事來辦，以示自己無限忠誠。於是，大家都費盡心機，尋找著水陸珍奇，奉獻給偉大的皇上。這些人都以服務皇上的名義，盡力搜刮，於是富裕一點的州，往往能送上一百多車的美食，讓後宮們都吃得發膩。他們吃不完，又不好意思推託，只好在臨出發時，暗中把食物埋掉。

楊廣絕對是個很會享受的人，更是個很講究排場的皇帝。他威風凜凜地率領有史以來最龐大的皇家艦隊臨幸江都之後，更是意氣風發——自古以來都沒有哪個皇帝有此風光。大江大河之上，之前除了幾次大的戰爭之外，哪有過如此龐大的船隊航行？當年有限幾次的舳艫千里、旌旗蔽空，無不是殺伐之氣充盈。即使當年曹操在大船之上，釃酒臨江，橫槊賦詩，把一世之雄表現得淋漓盡致，可是之後就強擄灰飛煙滅。周郎固然羽扇綸巾，擁著初嫁小喬，最後借一縷東風，火燒敵艦，成就功名，但也是惕惕然如履薄冰，那瀟灑也只是表面而已。王睿樓船下益州，雖然直搗建業，但也只是一介匹夫，為了些須功名，拿下孫浩之後，還得跟王渾爭功得不亦樂乎，顯得沒有格局，哪像他楊廣這樣以皇帝之尊，率後宮百官，坐著高大華麗的龍舟，直下江都，勝似閒庭信步，不慌不忙，從頭到尾，都在彰顯著天朝大國的氣象。

楊廣對宇文愷很滿意，把他從將作大匠提拔為開府儀同三司。他還命令吏部尚書牛弘再議定輿服、儀衛制度，要求這些制度一定要跟那支龐大而華麗的龍舟隊配套，以便把皇帝排場做足。牛弘制定完畢之後，楊廣命開府儀同三司何稠為少府太卿，讓他專門負責督辦這些事，並把成品送到江都。楊廣以平定江南奠定自己的政治基礎，再加上他長期擔任揚州總管，曾經長住江南，對江南有著深刻的體驗，深知江南是個好地方，比長安更宜於居住。在他看來，長安只宜於勤儉持家的老大在那裡吃苦耐勞地當皇帝，而江都則是可以讓你享受幸福生活的地方。

長安是人間煙火。

江都是人間天堂。

身為花花公子出身，他不喜歡人間天堂，那真是咄咄怪事了，真辜負了「花花公子」這四個光榮稱號。

3

何稠的確是個人才，他接受任務之後，馬上動腦筋，博覽群書，參照古今制度，按照楊廣的要求進行增刪。在製作皇帝的制服時，他在禮服上都畫上日、月、星辰，用漆紗製成皮帽。何稠設計的儀仗隊更是龐大無匹，足足有三萬六千人。這些儀式的黃麾以及皇后的儀仗、百官的禮服，每個人都華麗異常，集體穿上，閃亮登場時，無不讓楊廣看得心花怒放。

何稠絕對是個皇帝心理學專家。他知道楊廣心裡在想什麼。他下令各州縣大量收集漂亮華美的羽毛。各州縣的主管一聽，就知道皇上愛這一種，呵呵，你叫我去打仗，我真沒有本事，但做這些活路，我們都是能手。大家一聲令下，老百姓便都全員出動，到處捕鳥，以求羽毛，送到江都，讓皇上龍顏大悅。皇上龍顏大悅之後，他們才能飛黃騰達。老百姓們為了搜捕到鳥獸，每個人都腦洞大開，各種捕鳥捕獸的工具都爭相登場，弄得神州大地，到處是天羅地網，不用多久，可用作羽毛裝飾的鳥獸幾乎被捕殺盡絕，深山老林僥倖剩下的那幾隻，就成了瀕危動物。據說，烏程有棵很高的大樹，人們很快就發現這棵樹上有個鶴巢。大家就想把這個仙鶴拿下，扯了羽毛上貢再吃掉牠的肉。可是此樹太高，又沒有可攀登的枝條，要直搗鶴巢真的難如登天。一群捕鳥人在樹下轉了幾天之後，最後形成共識，既然攀不上樹，那我們就把樹放倒吧。於是，大家都回到家裡取出工具，猛砍樹根。

樹上的那隻仙鶴也是非常有靈性，知道這些人勤快地砍伐大樹，就是要得到牠那幾根長長的羽毛。牠怕大樹一倒，牠的後代就會遭殃，於是就忍痛把自己的那羽毛拔下來，飄揚地扔到地上。人們看到這些漂亮的氅毛紛紛落下，都是欣喜若狂，老仙鶴啊，你真夠意思。是的，老仙鶴很夠意思了，可是人們夠意思了嗎？老仙鶴如果也會流淚，此時半空中一定會淚飛頓作傾盆雨了。

人們帶著仙鶴自拔羽毛之後，不但不覺得不好意思，還以此為題材進行了一次創作，說這是天降瑞祥：天子羽儀，鳥獸獻羽毛。把仙鶴被逼得走投無路不得不自拔羽毛的事說成是仙鶴自願捐獻的。無恥吧？很多人有時就是這麼無恥，無恥得連仙鶴都看不起。

為了加工這些儀式和服裝，朝廷整整動用役工十萬人，所費的金銀財帛更是以億計。

楊廣這時就像個線上遊戲的大玩家，看到自己的這些頂級豪華裝備，做夢都在哈哈大笑。他製作的這些排場裝飾品，並不是為了拿來收藏，而是為了炫耀拉風。於是，有時間固然天天出遊，沒有時間也要擠時間出去拉風。每次出去遊幸，都是把排場弄到最大級別，羽儀儀仗隊伍都把大路塞得滿滿的，而且連綿二十多里。

大業二年三月，在江都待了大半年的楊廣決定起駕回京。他從江都出發，一路春色，在如畫的河道裡，向西而行，直到四月二十六日才來到面貌一新的東京。當他率著千乘萬騎從伊闕進入首都時，東京全體市民都被他的排場驚呆了。

楊廣看到萬千民眾仰望著他的盛世豪華大妝，心裡更是飄飄然，有羽化而登仙之感。他心裡一高興，第二天就駕臨端門，宣布大赦，而且免除今年租賦。當然他也知道，如果光他一個人的排場，這個盛世就實在太小氣了，便又制定了一套官服，即五品以上文官的車駕以及上朝的禮服和佩玉等等，全部按品級規制；武官的馬要用珍貴的貝類來裝飾，武官本人都必須戴頭巾、穿騎服，盡力展示大國軍人的雄風出來。至於禮樂典章之盛，更是「近世莫及也。」

他那個務必節儉的詔書，墨跡未乾，做出的這些動作，已經奢靡得前無古人。

4

楊廣在做基礎建設、玩大排場時，很捨得大手筆，簡直可以套用「不惜一切代價」這幾個字來形容，但他對官位、品級卻十分小氣。他在大業二年七月下了一個命令，規定百官不能按正常的考核制度升級。誰想提升品級，不但人品好、有德名，還得有顯著的功勞和能力，否則就別想得到提拔。他在這方面卡得緊緊的，即使有些位子空缺出來，需要有人頂替上去，而且有些官員的確夠資格去接替，但他仍然只讓人家去兼任或暫代而沒有幫人家升官進爵，讓那個職務空缺而不補。當時，牛弘任吏部尚書，也只是拿著一個大大的人事公章，手中卻沒有一點權力，難以專行其職。即使如此，楊廣仍然派蘇威、宇文述、張瑾、虞世基、裴蘊、裴矩等人參預掌握官員選拔之事，當時人們把這幾個人稱為「選曹七貴」。這七貴當中，按職務來說，應該是官居納言的蘇威最大，然後應該是吏部尚書牛弘，但這七人幫當中，最能說得話的卻是虞世基。可能很多人對虞世基這個名字不怎麼熟悉，但一定會知道他的哥哥。他的哥哥叫虞世南，是史上有名的書法大家。虞世基父親和叔叔在南陳時，就是名氣很大的大名士，可以說虞世基也算是世家子弟。他從小就表現得十分沉靜，喜怒不形於色，而且很有學問，也像他的哥哥一樣，善書法，尤善草隸。他先後當過南陳的太子中舍人、尚書左丞。如果南陳不亡，他是可以在江南那裡吃香喝辣地把這輩子過完的。沒想到，陳叔寶太不爭氣，沒幾年就被大隋滅了。南陳一亡國，虞家也就跟著衰落下去。當虞世基變成大隋公民時，他的一切又得從零開始，弄得「家貧無產業」，只好「每傭書養親」——即去當人家的槍手，靠微薄的報酬來養家餬口。生活突然這麼急轉直下，他實在是受不了，因此就過得萬分鬱悶。後來，他不知走了哪個門路，成為楊廣的死黨。楊廣即位後就讓他當了內史侍郎，得以專典機密，參掌朝政。他生於名士之家，本來應該非常具風骨，而且也曾經「沉靜而氣貌沈審」，頗有名士風度，可是被一番折磨得一窮二白之後，馬上理解到，在這個世界上混，所有人的富貴都是皇帝給的，他想讓你富貴，你想不富貴都難，他要是不讓你富貴，你馬上窮困潦倒。因此想讓自己的富貴萬年長，只有使出渾身解數巴結楊廣。於是，大家馬上發現了本來「沉靜」的虞世基在楊廣面前變得「言多合意」。言多合意就是專挑楊廣喜歡聽的話來說，說得通俗點就是專門向楊廣拍馬屁。這類人博學多才，拍起馬屁來，更能引經據典、博徵旁引，創意不斷，每次都能讓巴結的對象有著不同的感受，而楊廣現在正需要這樣的人。於是，虞世基立刻就進入了官場的快車道，短時間內飛黃騰達，虞家也瞬間從一窮二白的貧困戶成為人人豔慕的大土豪。於是，大家看到的虞世基，是一個「恣意奢靡，雕飾器服」的富貴形象。他的身上終於「無復素士之風」。一個人的變化就這麼迅速，也這麼醒目。當他咬著牙把自己變成一個奸臣時，他在朝廷的話語權馬上就大為提升，雖然他的官位沒有蘇威和牛弘高，但他完全可以不把這兩個楊堅時代的大老放在眼裡。每當七人在一起討論人事的時候，不管其他人怎麼說，最後都由他拍板說了算。即使是蘇威那樣很有個性的人，也不得不在他面前收起脾氣、夾著尾巴做人。

虞世基獨霸人事選拔大權，當然不是為國家選拔有用人才，而是為自己大撈好處。大家都知道虞世基的這個想法，誰想得到提拔就都走他的門路。虞世基對於人家送過來的求官資金，一向不拒絕。他收到這些行賄資金之後，就按照數額多少來提拔，給的錢多就提拔得快，甚至可以越級和破格提拔。如果誰不送錢，也去請他幫忙，他也只是拿筆來幫對方登記一下名字，然後就沒有然後了。

虞世基在楊廣的手下得意忘形，不可一世，覺得自己真的生對了時代。可是楊廣的太子楊昭卻很鬱悶。楊廣全心全意去經營東都時，他讓太子楊昭留守長安。

楊昭雖然是楊廣的兒子，但性格並不強悍。楊昭於開皇四年生於大興宮。楊堅對自己的幾個兒子雖然不怎麼樣，但卻是一個很喜歡孫子的老頭。當年楊勇的長子出生時，他就把楊勇的長子留在宮中撫養，後來楊勇硬是要回去，這也成為他恨楊勇的一個因素之一。楊昭出生後，楊堅也把楊昭留在宮中撫養。楊昭三歲時，在玄武門的那具石獅子旁玩，剛好楊堅和獨孤皇后雙雙經過那裡，而楊堅又剛好腰痛發作。楊堅痛得幾乎倒下去，只好把手搭到皇后的肩上。這個畫面在當時絕對是兒童不宜的。楊昭看到之後，就悄悄地走到邊上躲避。而且這個鏡頭出現了幾次，他每次都自覺迴避。楊堅看到之後，就感嘆地說這小孩天生有長者之心性，究竟是誰教導他這樣做啊。後來，楊堅準備替他娶個老婆。他聽到之後，馬上大哭出聲來。楊堅覺得奇怪，幫你娶個老婆，又不是把你嫁出去，怎麼哭出來？往時要嫁個公主，都沒有誰這麼哭過啊。

他問楊昭為什麼哭？

楊昭說：「當年漢王未婚時，天天在爺爺身邊，但他一結婚就出去了。我也怕結了婚，就得離開你老人家身邊啊。」

楊堅一聽，就更加感動了，說這個孫子真是至情至性的人啊，對他更加寵愛。

到了開皇十七年，楊堅為他娶了行軍總管崔弘度的姪女為妃。結婚當天，楊堅大宴群臣，而且還大力賞賜了大臣們。

楊廣被立為太子之後，楊堅就讓楊昭襲楊廣的晉王之位，並授內史令。

楊廣登基之後，於大業元年按照老規矩立他為太子。楊昭天生有力，能引強弓，但性格與老爸完全不同。他生性謙沖，言色平靜，沒有誰看到他動怒過。即使某個人做錯了事、甚至得罪了他，他也只是說了這三個字：大不是。楊堅幾個兒子都很講排場，生活奢靡無度，但生來就在皇宮裡長大的楊昭卻十分節儉，他每餐的菜單都很簡單，所用的帷布、蓆子也十分普通。他下屬哪位官員家裡如果有老父母，他都要親自詢問是否安好，而且都把這件事放在心上，一到逢年過節，他就幫這些官員的老父母發慰問品，深得下屬的愛戴。

楊廣回到洛陽後，楊昭就從長安來到新的首都入朝。楊昭雖然武力很高強，拉的強弓沒有幾個人能比，但他由於長得肥胖，行動十分不便，身體狀況也不是很好，對父母又是非常孝順，因此來洛陽住了幾個月之後，就捨不得離開父母，要求繼續在東都陪伴父母大人。可是楊廣不批准。楊昭就不斷地跪求，但跪求也無效。楊昭不但身體差，心理素質更脆弱，看到老爸這樣對待自己，心頭無比悲傷。他悲傷了幾天，那個肥胖的身體就垮了下來。

楊廣知道楊昭病得有些嚴重，用了很多藥都無濟於事，就請來幾個巫者去看。這幾個大師瞇著眼睛念念有詞之後，很快就得出結論：是廢太子楊勇的鬼魂作怪。

弄得楊廣也沒有辦法了。這個哥哥生前玩不過自己，死後卻拿自己的兒子出氣。

楊廣沒有辦法，楊昭的病就更加沉重了。沒幾天，楊家少有的很有君子之風的楊昭就宣布掛掉。他這時二十三歲。後來，史家對他的評價還是很高的。魏徵說：「元德太子雅性謹重，有君人之量，降年不永，哀哉！」從魏徵的這個話上看，估計他心裡一定還有些話不好說，那就是如果隋朝由楊昭來當皇帝，歷史就會是另外一個樣子了。可惜，楊昭沒有這個命。於是，後來的歷史片段只能交給大唐了。

楊昭死後，關於楊廣的心情有幾種說法。有的說，楊廣接到兒子的死訊後，只是哭了幾聲，灑了幾滴淚水敷衍了事之後，便又回歸尋歡作樂的模式，跟平日沒有兩樣。另一個說法是，楊廣很悲傷，特地命令虞世基寫哀冊文，以表示自己的哀悼。他給楊昭的諡號是「元德」，表示他還是認可這個兒子的為人的。楊昭死後不到一個月，他就把楊昭的三個兒子都封為親王。再後來，楊廣還在楊昭的陵墓旁建造寺廟。這些都充分說了明楊廣對這個兒子之死，還是很痛惜的。

5

楊昭固然很倒楣，而楊素這段時期也很鬱悶。

楊素在楊廣與楊勇的爭鬥中，旗幟鮮明地站在楊廣的立場上，是楊廣奪嫡的操盤手之一，可以說，如果沒有楊素的加入，楊廣是不可能這麼順利地把楊勇弄下去的——尤其在楊堅生命最後時刻準備再換掉接班人時，更是楊素從中決策，為楊廣扳回了局面。到楊諒舉事，長安兵力薄弱、無將可用之時，又是楊素親自出馬，除了全盤操作之外，還率領奇兵，冒大險，出奇勝利，徹底粉碎了楊諒的造反事業。楊素在現在的朝廷中，不管從資歷還是功勞看，都沒有誰可以跟他比肩。楊素有雄才大略，但也是一個很有脾氣的人，誰得罪過他，他是堅決不會放過對方的。

可能很多讀者都已經不記得那個李綱了，但楊素卻還牢牢地記得。他記得李綱是因為李綱之前曾多次在朝廷中敢反對楊素和蘇威——本來，在大隋朝廷中，只要得罪過楊素和蘇威中的一個人，就夠他受了，李綱居然同時得罪了兩人，而且還不止一次地得罪，能活到現在，只因李綱深受楊堅的欣賞。現在楊堅已經死了，李綱沒有了保護傘，迫害他的時間就到了。

其實早在楊堅還活著時，楊素就已經著手加害李綱了。他很陰險地幫楊堅提了一個建議，就是讓李綱去當劉方的行軍司馬，以便得到鍛鍊。楊堅當然沒有想到楊素這是迫害李綱的開始。

楊素為什麼要把李綱放到劉方那裡？因為劉方是驩州（今越南一帶）道行軍總管。那裡情況比較複雜，非常容易出現亂事。只要有亂事，就有處理政敵的機會。

李綱就這樣被調到劉方的手下。

劉方深刻領會楊素的意思，不斷地找李綱的碴，天天折磨李綱，多次把李綱折磨得死去活來。

李綱到新部門沒有幾天，劉方治下的林邑國老大梵志果然宣布造反。劉方決定率兵去平定梵志。

他命令欽州刺史甯長真出鎮驩州，命李暈、秦雄率步騎挺進越裳（今越南境內），牽制敵人主力，自己則與李綱等人率舟師直插比景（今越南平治天省箏河口——廣溪），登陸之後，搶占海口。梵志正在陸地上跟李暈他們鬥得不亦樂乎，突然看到劉方的軍隊出現在後方，不由得大吃一驚，急忙抽出幾支部隊去搶占險要，堵住這個漏洞。劉方對這些慌忙而來的敵人完全不放在眼裡，下令猛攻。林邑兵本來就手忙腳亂，而且大多都是沒有經過戰鬥訓練過，突然看到眼前的敵人旗幟鮮明、軍容整齊、兵器精良、殺聲震天，膽子就更加收縮了，被對方一打，就紛紛敗下陣來，剛剛搶占到的險要也全部宣告失守。敗退後的林邑兵只好以闍黎江為天險，在南岸上立柵，與劉方對峙。

如果對方是個經驗的將領，劉方就只能在北岸上跟人家繼續對峙了。可是林邑的這些老大，雖然有作亂的膽量，但並沒有配套的軍事能力，即使占了有利地形，也不能很好地利用，只是在那裡瞪著不知所措的眼睛，盯著對岸。

劉方是戰場老將，看到對方這個情況，知道這些敵人都是沒見過大場面的，便下令大張旗幟、猛擂金鼓，聲勢頓時氣吞河山。林邑兵從沒見過如此壯盛的軍威，都嚇得面如土色，膽顫心驚，然後覺得兩腿都發軟，手裡的武器也拿不穩了，完全不在戰鬥狀態，哪能跟敵人拚命？不知是誰，大叫一聲，丟下武器就跑。這個動作迅速蔓延開來，其他士兵也都呼啦啦地跑得路都沒看到。一時之間，兵營大亂，士兵全部潰散。

劉方率部隊不費一兵一卒，就突破天險，涉江而進。

當然，梵志並不甘心失敗。

他拿出自己的國之重器——大象軍。

隋兵在大步追擊的路上，突然看到林邑兵坐著大象四面圍攏而來。大象的腳步把地面敲得十分隆重——他們也是第一次看到這麼多大象挺著白白的大牙，向他們奔來，不由得也被嚇傻了，紛紛退避。

劉方一看，如果不破這個象陣，他真的無法取得勝利。

於是，他吩咐大家在路上挖了很多小坑，然後在小坑上蓋上草。一切準備就緒之後，再去向林邑兵挑戰。林邑兵一看，中原人真不記取教訓，剛剛被大象嚇跑，現在又過來。難道你們真的敢跟大象對抗？你們既然敢來，我們就敢過去。

他們又驅象前來迎敵。

果然，隋兵還沒有跟大象接觸，就紛紛敗退。當然，這次他們是假裝敗退。但林邑兵戰鬥經驗太欠缺，根本看不出人家是假裝敗退。

隋兵很快就把大象軍引進挖有小坑的地方。大象們紛紛陷於小坑，然後轟然倒下，象陣瞬間亂了套。

劉方下令用利箭射向大象。大象的皮很厚，箭無法射死牠們，但能讓牠們覺得很痛。

大象一疼痛，就不再聽象兵們的指揮了，四處胡亂奔騰，陣形大亂，結果亂到自相殘踏的地步。劉方下令全面進攻，把林邑兵殺得大敗，斬首近萬人。雙方接著再戰，劉方接著取得勝利。接下來劉方更是開了外掛，踩著林邑兵的尾巴猛砍猛殺，從區粟打到六里，最後打到大緣江。林邑兵渡河之後，又在對岸上立柵據險以守。沒想到，仍然攔不住劉方的攻擊。林邑兵只好不斷敗走，劉方不斷地勝利前進，一直越過當年馬援立的桐柱。

八天之後，劉方打到了林邑國的首都所在地，並將之圍困。

大業元年的四月，梵志終於撐不住了，放棄首都，逃到海上。劉方的大軍進入城池，繳獲廟主牌位十八牧。林邑雖然是小國，經濟文化完全不發達，但他們做的這些牌位卻很捨得下本錢——十八牧牌位都是足金打成的。劉方拿走了金牌之後，很缺德地「汙其宮室」，然後刻石碑記錄了這次南征的功績，才宣布班師北還。

這次南征林邑，從仁壽四年底開始，直到大業元年的四月才結束，歷時半年。由於林邑炎熱多雨，劉方以及他手下的部隊都是來自於北方，很不適應這樣的氣候。長期以來，雖然克服種種困難，取得了勝利，可是戰士們都患了腳病。他們沒有被敵人殺傷多了，但因病而死的，多達四五成。劉方自己也病得很厲害，最後也死於班師的途中，楊廣聽說劉方死了，也甚為痛惜，特意下詔褒揚，其辭曰：方夙承廟略，恭行天討，飲冰遄邁，視險若夷，摧鋒直指，出其不意，鯨鯢盡殪，巢穴咸傾，役不再勞。肅清海外，誠績可嘉。

劉方是楊素力薦去主持南方事務工作的，一定是楊素的死黨。楊素之前把李綱分配到劉方手下，就是想讓劉方把李綱折磨至死，而劉方也在貫徹著楊素這個指示精神，多次把李綱折磨得死去活來。楊素原本以為，李綱不久就會被劉方折磨得悲慘地死去。沒想到，卻出了林邑之亂，劉方只好暫停對李綱的折磨，不得不以國事為重，進軍林邑，等打了勝仗再把李綱弄死。沒想到，勝仗的確是打了，但他自己也死了，而李綱卻還好好地活著。楊素很生氣，但又不好直接派人去把李綱做掉——畢竟李綱不但沒有犯什麼錯誤，反而是在平定林邑時立了大功。在這個時候，你做掉人家，的確是非常不妥。於是，楊素就對李綱來個不理，讓李綱繼續在南邊，既不貶謫，也不升遷。楊素的意圖就是讓李綱老死在邊遠地區。蘇威卻不同意，他覺得這樣太便宜了李綱。他又派李納到南海，說是讓他主持處理林邑事件的遺留問題。這是個臨時性的工作，照說不用多久完成任務後就可以召回了。可是蘇威好像忘記了這件事一樣，很久都沒有派人再去過問李綱。李綱處理完這些遺留問題後，也沒看到朝廷的使者過來，就決定自己回朝廷匯報情況。

蘇威等的就是這個時候。他看到李綱回來之後，馬上彈劾李綱，罪名是擅離所職，然後將他移交司法部門，準備將之問罪。

李綱這才知道，這兩個傢伙一個比一個陰狠缺德，但他到現在還能有什麼辦法？只能在那裡坐等人家大刀砍過來了。

蘇威和楊素心裡暗自高興，你以前跟我們來硬的，我們惹不起。我們玩陰的，要比你過硬多了。哈哈，你就等死吧。

兩人正在那裡準備好酒，只等李綱被咔嚓的時候，開壇痛飲，歡呼勝利。沒想到，楊廣卻突然宣布大赦。結果李綱只是被免掉官職。李綱從關押地出來之後，對這個官場看得淡了，便跑到鄠縣隱居下來。大隋朝廷好不容易出現一個正直的大臣，就這樣被逼得隱居山林。

6

南方的林邑剛剛擺平，北方邊境也出了狀況。

大業元年冬天，契丹突然不甘寂寞，大喊大叫著衝擊營州。當時，楊廣剛剛平定楊諒之亂，北部的一切還在調整當中，一時無法部署兵力去應對。他只好命令韋雲起到突厥那裡，帶著突厥的部隊去打契丹。契丹雖然也跟突厥一樣，都是北方游牧民族，但他們畢竟不是一家的，而現在突厥的啟民可汗又很老實地當大隋的分支機構，完全可以利用一下。

韋雲起到任之後，啟民可汗就發二萬騎兵前來由韋雲起指揮。

二萬騎兵的確有點少。但他現在只有這麼多人了。韋雲起知道，突厥兵雖然每個人都很強悍，但整體在一起的時候，戰鬥都很不強，以致多次被人家以少勝多。其中重要的原因是，這些草原騎兵鬆散已經成為習慣，一向無組織無紀律，碰到戰鬥時，大家都是一哄而上，全無章法，一旦敗退，就更加不可收拾。所以，必須訓練他們一下，讓他們知道組織紀律的重要性。韋雲起將士兵分為二十營，分四路進軍，每營相隔一里，不得混雜，只要聽到鼓聲就行動，聽到號角聲就停止行動，如果不是有公事，不得騎馬奔走，他把這幾個規矩公布之後，再三申五令，要求每個人都務必遵守，否則依軍法處罰。他宣布之後，馬上擊鼓出發。突厥軍有一個小軍官不把這個軍紀當一回事，聽到鼓聲後，仍然慢吞吞地沒有衝出去。

韋雲起正擔心沒有範例，看到這個小官後，馬上把他抓起來，當場斬首示眾，讓所有人都知道，他的命令不是開玩笑的，如果誰以為是開玩笑，那就是拿腦袋開玩笑。

面對血淋淋的事實，突厥漢子們都倒吸一口氣。那些平時大咧咧成習慣的突厥將帥們進來拜見韋雲起時，每個人都徹底收起他們的習慣，「皆膝行股慄，莫敢仰視」，跟鉅鹿之戰後，諸侯們去見項羽時一樣。

韋雲起要的就是這個效果，他知道可以跟契丹一戰了。

契丹人雖然敢作亂，但他們的頭腦並不複雜。在他們的觀念裡，他們跟突厥的關係是不錯的，現在他們在名義上又依附於突厥，算起來是兄弟一家親，誰打他們突厥也不會打他們，所以他們對突厥並不防備，更不知道韋雲起正帶著突厥兄弟前來砍殺他們。

韋雲起完美利用了契丹的這種心態。他深入契丹境內之後，派了一個突厥人去對契丹老大說，他們現在準備到柳城那裡跟高麗人做一個大生意，請兄弟們放心。他對全軍嚴令：誰洩露了實情就砍誰，沒得商量。

契丹一聽，沒事的。兄弟們過去吧。高麗那邊的人參很好，你們多要一點回去吧，那東西最能滋陰壯陽，誰用沒想到啊。

韋雲起率著這支突厥軍隊，抓緊時間前進，到了離契丹五十里處，下令發動進攻。契丹人一點防備也沒有，被韋雲起一頓砍殺，毫無招架之功，最後四萬人成為俘虜。韋雲起這次也殺紅了眼，把俘虜中的男人全部殺掉，剩下的女人和牲畜，一半分給突厥人，一半則帶回長安，向楊廣報功。

楊廣非常開心，把百官召來，對大家說：「韋雲起用突厥兵平定契丹，實在是高明啊。韋雲起真的可稱得上才兼文武，是個大才。現在朕要親自舉薦他。」大家都知道，他對手裡的官帽一向很愛惜，跟當年的項羽都有得一比，現在他對韋雲起這麼慷慨，只能說明韋雲起真的太有才了。而且，利用突厥兵打契丹，從此之後，契丹人對突厥就會產生無窮無盡的仇恨。這兩家的仇恨越深，對大隋就越有利。

楊廣破格提拔韋雲起為治書侍御史，之前，他只是通事謁者。

楊廣很高興，韋雲起也很高興，但楊素卻陷於了極端的鬱悶當中。

楊廣透過玩陰謀，成功地把哥哥拉下馬，內心世界也跟他的老爸一樣，總是不安穩，疑心就不斷地茁壯成長。楊堅靠當權臣成為皇帝，他疑心的重點當然放在功臣那裡，堅決不讓功臣手中有大權。而楊廣則靠自己是皇帝的兒子當資本搶班奪權，因此他對宗室人士也大加提防。他即位之後，對大隋宗室諸王都看不順眼，看到他們時，眼裡都充滿著惡毒的猜忌光芒。大家看到他那個目光掃來時，都不由得渾身顫抖——誰說天威難測，他們只用眼角的餘光就可以測得出來。尤其是滕王楊綸和衛王楊集，怕得最厲害。楊綸是楊瓚的次子，也是楊堅的親姪子，「性弘厚，美姿容」，還頗通音律，是個才貌雙全的公子哥。而且手裡也從來沒有什麼權，但因為他人品好，很得人心，所以楊廣對他就十分猜忌。楊集是楊堅哥哥楊爽的兒子，僅僅就因為這個位子，就被楊廣無端地猜忌。楊綸和楊集不是笨蛋，他們當然看出楊廣對他的看法。他們是宗室人士，經歷過多次宮廷爭鬥，知道一旦被皇帝猜忌，你的死期就不遠了。以前楊諒一懼怕，就舉兵造反，可是他們手中卻沒有武裝力量，根本不能走造反的道路。他們驚懼了很多天之後，仍然沒有辦法。最後，楊綸就請來一個叫王深的大師，讓王大師看自己的相。王大師吃飽喝足，抹完大嘴之後，睜著那雙眼睛，認真地掃描了一番楊綸那布滿驚懼神態的臉後，捋著那把精製的鬍鬚，說：「王相祿不凡。」

楊綸有點不相信。

王大師繼續說：「老大是滕王。滕即騰也。此字足為善應。你放心就是了。」

楊集則請來一個叫俞普明術士，先是卜問凶吉，然後「章醮祈福」——就是設個祭壇，擺點供品，然後作法祈福。

楊綸看到楊集這麼做了，覺得自己也該這麼做一下。他有兩個佛門朋友，一個叫惠恩，一個叫崛多，都精通占候——就是根據自然界的變化來預測人的禍福。他跟兩個和尚在一起的時候，就讓他們幫自己禳解困境。

兩人的這個動靜就有點大了。楊廣對他們既然有了猜忌，當然對他們採取嚴密的監控措施。所以，楊集這麼一擺弄，相關部門就在第一時間掌握了情況，馬上就向楊廣報告：楊集和楊綸厭蠱詛咒君王。

楊廣命黃門侍郎王弘專門處理此案，務必窮治。王弘看到楊廣的臉上殺氣騰騰，就理解到楊廣的意思就是要把這兩個堂兄弟逼上絕路。於是很快就把他兩人定了死罪。

楊廣把公卿們都召來，讓大家一起表決。

大家都不敢說什麼。最後楊素出來表態——他是第一大臣，他不表態誰表態？而且他對楊廣的了解比其他人的更深刻。他知道楊廣對這兩個堂兄弟已經恨之入骨，否則就不會這樣大動干戈了。他說：「這兩人覬覦朝廷，圖危社稷，為惡有狀，其罪莫大，無可赦免，應該以法論罪，把他們處以極刑。」

楊廣一聽，心裡很是喜歡，但他這時還算冷靜，覺得這麼一治罪之後，這兩個人無論如何也不能再做出什麼來了，自己何不寬大一點，撈個好名聲？於是，就說：「念在他們是公族的份上，死罪就免了。」於是，把他們從宗室名中開除，流放到邊遠州郡。

楊素沒有想到，楊廣會否決他的意見。往時自己提的意見，楊廣基本上都是毫無保留地採納，現在居然連這個意見也被否決。楊素是政壇老鳥了。他還當楊堅手下時，就是個揣摩聖意的高手，以至於楊堅對所有功臣都懷疑而且排擠甚至打殺之後，對他還是很信任的——雖然後期對他也產生了懷疑，但只不過是稍奪其權，仍然讓他在第一大臣的位子上待著，後來楊堅在仁壽宮病危時，也讓他前去侍疾，說明楊堅對楊素還是很信任的。楊廣即位之後，對他也是信任有加，重大問題都交給他全權處理，比如平定楊諒之亂；重大專案也都由他去完成，比如東都的建設。因此，楊素不但在楊堅時代，立下了很多人一生都難以企及的大功，就是在楊廣即位不到兩年間，也為楊廣立下了最為關鍵的豐功佳績。他很久以前就已經位及人臣，弄得楊堅都無法對他本人賞賜下去了，只好讓他的兒子們來分享他的功勞。

大家知道，人是自私的動物，而皇帝又是全世界最自私的人。到了這個時候，楊廣能不忌憚楊素，他還是楊廣嗎？他還是現任皇帝的楊廣嗎？楊素雖然很能揣摩聖意，但由於楊廣是他全力以赴幫扶上位的，就以為不管如何楊廣都會對自己有點感恩之情，即使要猜忌，也得過幾年時間吧？現在才剛剛上位不到兩年，蜜月期還在進行中，應該沒有什麼問題。所以，在楊廣徵求對楊綸和楊集的處理意見時，他就先出來說話。

沒想到，楊廣居然否決他的意見。在外人看來，楊廣是在表演一次寬宏大量——玩的是政治手腕；而在楊素看來，楊廣已經不願再聽到他的話了——玩的也是政治手腕。

楊素完成東都的專案後，楊廣進他為司徒，表面上對他崇敬有加，其實心裡已經對他大為不爽了。除了楊素之外，所有人都看出苗頭來了。很多大臣都已經準備好瓜子，隨即充當專業觀眾，看看以後的歷史情節是如何發生的。

楊廣也在尋找機會。他也知道，這個機會不好找。楊素是官場老鳥，連精明如楊堅都被他糊弄過去，自己要在短期內抓到過硬的把柄也是很難的。

但那個太史卻幫他製造了一個機會。

太史在仰觀天象之後，對楊廣說：「陛下，大隋的分野將大喪。」

楊廣的腦子裡當然也裝滿了迷信觀念，一聽到這個話，不由得楞了半晌。大隋分野有大喪，如果真的如此，那這個大喪就會應在他的身上。他當然不願死。

當然，大師們還是有解決辦法的，就是找個夠資格的人去當皇帝的擋箭牌，把這個大喪包攬過去。至於找誰，就看皇上聖意了。

楊廣一摸腦袋，第一時間就想到了楊素。哈哈，老天爺啊，你這個大喪來得太對時候了。不然老子還不知道如何處理楊素呢。真是天賜良機啊。

他馬上改封楊素為楚公。為什麼是楚公而不是別的公？原來，按當時分野看，楚地與隋地在同一分野內。現在讓楊素當楚公，就是要讓他來當楊廣的替身，順便把大喪這口大黑鍋放到楊素的背上。

不知道是這個安排發揮作用，還是別的原因，被改封楚公後的楊素真的病了。

楊廣知道後，心裡非常開心，便在第一時間派御醫過去給楊素治病，說楚公是大隋帝國老一輩革命家，是國之重器，要不惜一切代價把他的病治好。他的病好了，國家就好了，朕的心情也就爽了。可是等御醫回來之後，他就把御醫叫到某個角落，問御醫楚公的病為什麼沒有更重下去？口氣都是恨不得楊素馬上死去，早死一秒好一秒。

到了這時，楊素對楊廣的想法已經徹底看透了。他知道，即使這病不把自己弄死，楊廣也會用另一個辦法處理自己。總之，一個位及人臣的人，是不應該繼續活下去了。他決定讓自己死去。於是，他拒絕吃所有的藥，任疾病在自己的身上往死裡嚴重下去。最後，他連調養一下身體也不願意了。他在最後時刻，把他的弟弟楊約叫來，說了最後一句話：「我豈須活邪！」一代名將，兩朝功臣，最後說出的話居然是自己不該活命。

在當時的政治環境中，楊素在兩個疑心很重的皇帝的手下混，能混得屹立不倒，一來是他的確有過人之處，二來他的確也有能力，以至於楊家父子都離不開他。後來很多人都以為，以他當時的水準和威望，完全可以在適當的時機，取代皇帝之位。只是他不願作為而已。其實，這話對楊素是太高估了。楊素在楊堅時代的後期，確定是大隋朝廷中最有能力也最有權力的大臣，功勞和威望，也是無人能比，手段也十分果決老辣。可是這些人卻忽略了幾個關鍵處。第一個關鍵處，楊素他雖然能打仗，玩政治也很有一套，甚至比職業政治家李德林、高熲、蘇威都還厲害，但他有個致命的弱點，為人太過狂妄又殘暴，朝中的人大致都得罪完了，手下士兵對他除了懼怕仍然是懼怕，使他成為一個不得人心的傢伙。得人心者得天下。他這樣的人能得天下嗎？另外一個關鍵處，楊堅和楊廣雖然沒有打壓他，但內心一直對他很警惕，讓他也不敢有所動彈。作亂是需要有人跟你打的，他這樣的人有人願跟他去拚命嗎？所以，他根本不敢有這個想法，他只想把這個第一大臣做到死的那一天。他的確把這個職務做到死的那一天，只是他死得實在太鬱悶了。

楊廣看到楊素死翹翹了，心裡長長地舒了一口氣，朝廷中最大的威脅就這樣被他以迷信活動弄死，真是天助我也。如果不是這個分野大喪，能解決楊素，那是要大費周章的，如果把他逼急了，到底鹿死誰手還真難說。現在楊素這樣死了，真是死得你好我好大家好。

於是，楊廣追贈楊素為太尉公、弘農等十郡太守，為他舉行的喪禮十分隆重，好像對楊素的死萬分痛惜。

之前，楊廣乘著龍舟下江都，又從江都溯流而上，弄得排場十分壯觀，看上去心情非常愉快，但他最愉快的還是在楊素死後。這個讓他時時擔心的老功臣一死，壓在他心口的那塊石頭終於被搬走了。

他發誓從此之後，放開心懷把皇帝的幸福生活過得天花亂墜，絕對不辜負皇帝這兩個字。更何況，這兩年來，大隋境內大獲豐收，看上去更是形勢一片大好。為了保存豐收的糧食，楊廣在鞏縣東南的平原上修建了洛口倉。這個食糧儲藏區方圓二十多里，共開鑿了三個千糧窖，每個糧窖可裝糧食八千多石。洛口倉還設定監官和鎮守的士兵一千人。接著，楊廣又在洛陽北七裡設定回洛倉，倉城方圓十里，開鑿了三百個糧窖。他看到這兩個大倉裡都裝滿了糧食，不管出現多大的饑荒，首都都不會出現糧食緊張了。

潛在政敵被清洗了，糧食問題也解決了，接下來就只有歡樂了。

楊廣雖然沒有經過北齊時期，但他知道北齊後主高緯是個大玩家。這個大玩家曾經開發過很多有趣的歡樂專案，比如：魚龍、山車等雜戲，當時稱之為散樂。北周宇文贇也是個大玩家，他的寵臣鄭譯曾經把精通魚龍、山車這些雜戲的藝人召過來，為宇文贇助興。

後來，楊堅代周之後，要求牛弘定樂，非正聲清商九部舞的樂曲舞蹈，都全部摒棄不用。於是，這些雜戲就不再登大雅之堂。楊廣覺得這些正聲太古板，不夠歡樂——人生在世，時刻都那麼莊嚴肅穆，豈不太累了？當然，他也是讀過很多書的，也知道這些想法可以有，但不能說出口，要恢復這些雜戲，還是必須找個天大的理由。

楊廣是個聰明人，找這樣一個理由，那是小菜一碟。他很快就找到了個冠冕堂皇的理由：突厥的啟民可汗要入朝，我們必須以豐富多彩的聲音來展示大國的風采。現在我們太常的音樂太單調，不足以彰顯大國氣象。於是，就命令太常少卿裴蘊去完成這個任務。

裴蘊也是個揣摩聖意的專家，接旨之後，就深刻領會了楊廣的指示精神，馬上迎合聖意，提出自己的建議：蒐集原來天下周、齊、梁、陳樂家子弟都編為樂戶；六品以下官員直至庶民百姓，有擅長音樂的，都到太常寺當班，為繁榮大隋帝國的音樂事業作出貢獻。

楊廣馬上下令照此辦理。

於是，國內各地的樂人，都源源不斷地匯集東都。東都像正在召開一次全國音樂家代表大會一樣。

楊廣更是在芳花苑翠池旁檢閱散樂，表示他對這些民間藝術的高度重視。

其他雜技人才也都跑到東都街頭，大顯身手。於是，這些日子裡，只要走到東都街頭，你就會看到很多精彩節目：突然會有舍利獸在眼前跳躍，忽然大水激出，然後鼉、龜鱉、水蛇、蟲魚等水族紛紛冒出，滿大街亂跳；再往前一看，一條鯨魚在半空中噴著煙霧，連日光都遮擋住了，你正驚奇間，那條鯨魚已化為黃龍一條，在空中飛舞。那邊的節目也很精彩：兩個人頭頂著長竿，竿上有人在輕鬆地舞蹈著。大家正看得目不轉睛，生怕那兩個舞者都會一不小心落下來，那兩人卻突然縱身一躍，跳到對方的竿子上，繼續舞蹈，弄得滿大街彩聲雷動。再往前一看，又是幾個魔術大師在大顯身手：一隻巨大的神鰲揹著一座大山，在前頭晃動，真不知道他們是如何把這神鰲和大山搬到這個街上來的，幾個魔術師還在那裡吐著千變萬化的火焰，讓人們看得眼花撩亂。每個人都在心裡想，這麼多年，這些神奇的藝人都躲到哪裡去了？到現在居然紛紛出來，讓人家徹底知道高手在民間這句話真不是白說的。

這些日子裡，大街上的藝人們真是多如狗。他們都穿著錦繡繒彩的衣服，舞蹈者身上環珮叮咚，還點綴著花色的羽毛，非常引人注目。

老百姓們當然大開眼界，楊廣更是心花怒放。他覺得還不過癮，下令京兆、河南兩地專門為進京參加文藝匯演的藝人們製作各式各樣的表演服裝。由於藝人太多，需求量大，兩京的錦緞綵綢都全部缺貨。

在這個文藝非常繁榮的日子裡，本來就才藝高超的楊廣當然不甘寂寞，加班趕工，創作了多篇兒童不宜的豔詩。然後讓當時全國第一作曲大師白明達為他的作品譜曲，並教人演奏。這些曲子都非常哀婉愁怨，非常具感染力。楊廣一聽，非常高興，覺得白明達真的吃透了他作品的內涵，拍著白明達的肩膀說：「哈哈，當年北齊的高緯偏安一隅，都還高度重視文化事業，封樂工曹妙達為王。現在朕使天下大同，四方來朝，哪能比高緯不如？我一定要好好地重用提拔你。你要好好地做，為我們的音樂事業多作貢獻。」

他對功臣的封賞和提拔，一向都很小氣，但在玩樂方面，還是很大方的，比他的老爸出手豪橫得多了。

第八章　帝威遠震，楊廣北巡制諸胡；西域連橫，裴矩經略展謀圖

1

楊廣像辦活動一樣，把那些散樂全部恢復過來，讓東都每天都熱鬧得像過節一樣，豐富了東督百姓的精神文化生活。當初他決定恢復這些康樂活動的理由就是等啟民可汗來訪問時，向他大力地展示一下天朝上國的風采。

現在這些排場都已經準備就緒，於是啟民可汗就得應景現身了。

大業三年正月，啟民可汗正式入朝。

楊廣大規模地向啟民可汗陳列、表演禮儀和那些技藝。啟民可汗雖然當了突厥多年的老大，在草原上為所欲為，可是身為游牧民族中的一員，他大多時間都得跟他的子民過著馬背上的生活，一年四季，逐沫奔波，除了晚上喝多了馬奶酒，在月光下圍著火堆唱唱跳跳之外，基本上沒有別的娛樂活動，至於從西域

傳來的那些讓你以為神仙下凡的魔術表演，更是聞所未聞，見所未見。當他隨著楊廣去觀摩這些節目時，那雙可汗的大眼睛，更是一眨也不眨，這個世界居然如此精彩，老子他媽的這幾年真是白活了。大隋這才叫衣冠上國啊。

啟民可汗這麼一仰慕，心情立刻激動，當場要求以後他也要穿著大隋的朝服，準備向漢化的方向邁出關鍵的一步。可是楊廣卻微笑著不答應，你們還是保持自己的特色啊。

啟民可汗第二天又帶著他隨從的官員集體請願，說一定要穿天朝上國的衣冠。

楊廣龍顏大悅，哈哈，老子辦一場文化運動，就讓這個草原漢子心悅誠服，對牛弘等人說：「現在公卿服飾制度完備又完美，致使單于都情願改易朝服，可說達到了前所未有的統一效果，這都是你們的功勞啊。朕一定要好好地賞賜你們。」然後真的給了牛弘他們很多財物，讓大家的眼睛都紅得發火。

楊廣為了發展文化娛樂活動，是捨得下本錢的，他看到海內的樂工都蒐集完畢，就又派朱寬等人出海，求訪異國風俗。朱寬乘船出海，到達流求後，才返回大隋。當然，後來很多人認為，朱寬的這次出海，並沒有到流求，而只是到了臺灣或者是東南亞某個島國。不過，有一件事，似乎也可以間接說明朱寬是到了流求。因為第二年，倭國的老大多利思比孤就派使者來到大隋，進行訪問。這個使者跨海而來，再爬山涉水，終於來到洛陽，向楊廣遞交了國書。接到一個海外國家的來朝國書，讓非常好功的楊廣滿心歡喜：哈哈，當年劉邦打敗項羽，覺得自己威加海內就已經了不起了。現在朕的大隋已經威加海外了。劉邦地下有知，也該服了吧？

可是當他打開國書時，臉上就怒火大熾。因為他看到的第一行字就是：日出處天子致日沒處天子無恙。

如果是哪個朝臣說他是在「日沒處」，他會馬上把這傢伙的全族一個不能少地斬滅。只是礙於人家是海外島國，屬於化外蠻夷，沒有文化、不知禮義，堂堂天朝皇帝，哪能跟一個沒有文化的蠻夷老大認真？他不悅之後，還是勉強把這個國書看到最後一個字。

楊廣從國書中得知，現在倭國老大就是推古天皇，而這個使者卻有一個女人一樣的名字：小野妹子。小野妹子這次不遠萬里來到中土的目的，並不是為了向天朝上國進貢稱臣，而是帶著謙卑的態度，學習中原文化的，爭取把落後的倭國建設成一個高度文明的現代化國家，免得以後老是把中原王朝稱為「日沒處」，顯得太沒有禮貌，還讓人家難堪生氣。他們這次學習的重點科目是佛學。為什麼是佛學而不是別的？因為他們聽說「海西菩薩天子重興佛法」——連皇帝都高度重視佛學，那佛學一定是最高級的學問了，前來學習取經，當然要學最高級的東西回去，只有這樣才能彎道超車，讓倭國在文明的過程中，迎頭趕上。他們一共「遣朝拜，兼沙門數十人前來學佛法」。他們把楊廣稱為菩薩天子，好像楊廣是個佛教徒一樣。其實這是他們對楊廣的誤解。實際上，楊廣絕對不是虔誠的佛教徒、包括他的老爸那個在寺廟裡出生的楊堅也不是。他們恢復佛教、聽任佛教全面發展，完全都是為了政治的需求。楊堅為了擺脫北周制度的桎梏，便把崇佛當作突破口，使得佛教得以全面恢復。不過，佛教大致恢復之後，又分成幾個派別。這些派別，又隱然形成固定的政治勢力，比如三階教，讓楊堅父子又高度緊張。高熲之所以被拉下馬，跟他是三階教的堅強信徒也有些關係。楊廣為了對抗三階教，自己把江南的天臺宗拉入自己的勢力範圍。當時，天臺宗的大宗師叫智顗，其父是南梁的一個官員。他本名叫陳德安。據說他是個天生的佛教信徒，七歲的時候，就愛往僧團居住的地方跑，看那些和尚莊嚴地念著佛經。和尚們跟他很投緣，就傳授他普門品經文。只一遍，他就能誦持之。

他十七歲那年，都還在叫陳德安。那一年，正值南梁末年，兵荒馬亂，他的家庭也被動亂弄得家破人亡，顛沛流離。他就在那個時期看破了紅塵，跑到荊州長沙寺佛像前，發願為僧。十八歲投湘州果願寺出家，授以十戒。不久，他隨慧曠學律藏。律藏就是佛陀為調伏弟子煩惱、專治生活惡習所制定的教團規則，有點宗教教規的意思。到南陳初年時，他聽說慧思大師南下，在光州大蘇山講法，就又跑過去請教。他隨慧思日夜研習，佛學造詣更為精深。之後，他正式拜於慧思門下，修習禪法，證得法華三昧。根據智顗的解釋，此法以懺悔滅罪為主，故須六時修五悔。六時指：晨朝、日中、日沒、初夜、中夜、後夜；五悔指：懺悔、勸請、隨喜、迴向、發願。要修這五悔，其法有三：一是身開遮，開用行、坐二儀而遮止住、臥二儀。二是口說默，口誦大乘經典而不間雜其他事緣。三是意止觀，分為有相行、無相行二種。（1）有相行，依據勸發品，以散心念誦法華經，不入禪定，無論、坐、立、行，皆一心念誦法華文字，並於日夜六時懺悔眼、耳等六根之罪障。（2）無相行，依據安樂行品，入於甚深之妙禪定，觀照六根，以達實相三諦之正空。幾年之後，慧思去南嶽，就叫智顗到建康弘傳禪法。於是，他就帶著法喜等二十七人東進金陵，展開佛教的祥法宣講活動。兩年之後，他受請瓦官寺開講《法華經》。此時，他的佛學造詣已經非常高，有了自己的體會，開始樹立新的宗義，奠定了另開一宗的基礎。

他能奠定開宗立派的基礎，固然與他的學養修為有關，但也跟他在金陵開壇說法有關。這是當時南朝的首都，是南方權力的中心。佛教傳到中土這麼多年，其興衰起落都跟權力有關，基本上是在看權力的臉色生存的。當權力高興，佛教就忽如一夜春風來，千樹萬樹梨花開；當權力不高興時，頃刻之間就如秋風掃落，到處花殘月缺。我想，以這些大師的智慧，是深知其中的關鍵的。宗教要生存，必須依賴權力的加持。沒有權力的許可，他們連肉體生存都有問題，何談開宗立派當一代大師？

智顗在瓦官寺待了八年，寫出了《六妙法門》等光輝的專著後，才離開建康，前往天臺山。他就在開臺山的北峰，創立伽藍，栽植松慄，引入流泉，晝夜禪觀，開創了佛教的天臺宗。他後來也被稱為天臺大師。到了南陳至德三年的三月，已經大名鼎鼎的天臺大師又來到金陵，住靈曜寺。此時，陳叔寶先生也成為他的粉絲，請他到太極殿講《大智度論》和《仁王般若經》，一班名僧在現場作陪，大師氣象，躍然而出。

南陳滅亡後，智顗到廬山上隱修。

開皇十一年，楊廣成為揚州總管。他此時已經暗藏野心。高熲屬於楊勇的太子黨，也是三階教的重要成員。楊廣深知，宗教也是一個不容忽視的政治力量。既然楊勇有三階教，那我也得找個宗教力量當靠山。他這時負責江南的軍政事務，當然只能在江南這邊組織力量了。於是，天臺大師就進入了他的視野。當時，智顗大師的名頭已經響徹大江南北，是大江之南的第一宗師，成為各界人士的偶像。如果把他收入麾下，不但完全可以跟三階教分庭抗禮，而且可以收割江南的人心。

楊廣就派人到廬山，堅請智顗大師出山，到揚州傳戒。

智顗當然不會拒絕。他很快去面見楊廣，並為他授菩薩戒，被楊廣授予「智者」的光榮稱號。楊廣皈依智顗，完全都是為了自己野心以及大隋的政治需求，一來與北方的三階教抗衡，二來藉此收攏江南人心。

於是乎，不管是江南的天臺宗，還是北方的三階教，都與政治結上了不解之緣。

楊廣如此重視佛教，弄得海外的人都以為他是真正的佛教徒，最後還稱他為菩薩天子。從他的行事當中，他哪個毛孔跟菩薩相近？但他的這個假佛教徒形象，對倭國造成了非常大的影響，以至他們專門派人前來學習佛法，直到唐朝時期，雙方的佛門弟子都還在密切地交往著。據說，由於倭國這些使者在大隋遊學時，深切感受到佛教瀰漫在各行各業中的氛圍，並認為五彩斑斕的文化中，唯有佛教最光彩奪目。他們把這些消息帶回島國，促使古代日本一系列的政治體制不斷地改進完備。倭國在同時期制定了冠位十二階時，完全受到當時漢儒的影響，十二階的實際內容是：以德、仁、禮、信、義、智各分大小，組成十二個等級官銜。而他們在第二年制定的二七條憲法，主要內容不但包括了對官僚和貴族的道德規範，而且也融入一定程度的佛教觀念。十七條憲法制定七年之後，他們覺得自己對佛教的了解還不夠深刻，又派出大規模的佛教使團赴中土留學取經。這也間接說明了倭國的確是一個努力而且善於學習他國文明的國家。

2

楊廣把文化事業做得轟轟烈烈，那些投機鑽營的人馬上就知道怎麼去巴結這個很有文化的皇帝了。

還記得那個雲定興吧？他的女兒曾經是楊勇的寵妾。楊勇被打倒之後，他和閻毗當然都被連坐——

全家皆沒官為奴婢。楊廣後來大興木土，覺得人才不夠用，突然記得有人說這兩人的腦子很鬼靈精怪，能設計出很多有創意的東西來，就召見了他們，讓他們當宇文述的手下。

宇文述靠巴結楊廣上位，是楊廣最得力的死黨之一，他也是個愛財的腐敗分子。雲定興很快就摸清了宇文述的底線，他製作了一張綴有明珠的帳幕送給宇文述，然後做出各種諂媚動作盡力巴結宇文述，把宇文述的馬屁拍得很舒服，想不愛他都難。後來，宇文述居然跟他稱兄道弟，而且雲定興年紀比宇文述大，弄得宇文述還以兄事之。

過了幾天，楊廣覺得老是過著和平生活，天天太平盛世，也有點無聊，就想去征討四夷。征討四夷得需要很多兵器。宇文述馬上向楊廣推薦雲定興，說他聰明機靈，又勤快嘴巴還乖，做事保證讓你十分滿意。楊廣馬上就同意。於是，雲定興便從楊勇的死黨轉變成楊廣的寵臣。

不久，雲定興就快速有效地完成了任務。

宇文述在楊廣驗收所有武器之後，對雲定興說：「老兄所造的武器，都很合乎皇上的心意。可是皇上仍然沒有讓老兄出來當官，這是有原因的。」

雲定興說：「什麼原因？」

宇文述說：「就是因為長寧王還活著。」

長寧王就是楊儼，也就是楊勇的兒子、雲定興的外孫。

雲定興一聽，原來是這幾個外孫擋了老子的升遷之路，難怪自己這幾天來，盡力巴結、努力工作，都是徒勞無功，他馬上對宇文述說：「那幾個小子都是廢物，留著不但浪費糧食、還撥出氣體汙染空氣。請轉告皇上，盡快把他們殺掉。」

其實這是宇文述想把楊勇的幾個兒子除掉的，但又怕雲定興不高興，這才玩了這麼一招——這可是老兒自己要求殺那幾個外孫的，到頭須怪不得誰。

宇文述馬上就過去對楊廣說：「陛下，房陵王的那幾個兒子都已經成年了。現在你要出征，他們就成了問題。如果陛下帶著他們出征，戰場局勢，瞬息萬變，也不好掌控他們；如果把他們留下，似乎也很不妥。還請陛下儘早決斷。」

楊廣一聽，的確是這樣，就派人拿著毒藥先把楊儼毒死，然後又把楊儼的七個弟弟流放嶺南，但這幾個王子才到半路，就被楊廣派出的殺手全部滅口。

3

楊廣自己玩得很開心，認為也該讓老百姓寬鬆一下。他認為老爸以前法律太過嚴苛，必須修改。他讓牛弘制定了一部新的法律，這部法律共十八篇，史稱《大業律》。自從楊堅當皇帝以來，還是很注重法制建設的，看上去很有以法治國的味道。但你是知道的，楊堅制定了很多法律，也天天高呼以法治國，可是老子對這些法律並不怎麼重視，脾氣一發作，就把法律當屁用，常常以自己的情緒處理別人，看誰不順眼，就在朝堂上把人家痛打至死，讓大家看到，他的脾氣就是法律。現在楊廣又修改法律，而且把法律修改得更寬鬆了，看樣子他還是很尊重法律的。

當楊廣宣布頒行這套新律時，老百姓的確都高興，覺得楊廣真是個體恤百姓的好皇帝。

可是他們這個好感覺還沒有退燒，朝廷無休止的勞役就接二連三地來，大家都得沒日沒夜地去幫朝廷挖運河、修宮城。官員們為了討好楊廣，都不惜一切代價趕工期、抓進度，役工們都被逼得累死累活，很多人都活活累死在工地上。法律很寬鬆，但官員們管理起百姓來，一點也不寬鬆。他們這才知道，在這樣的社會裡，法律仍然只有屁用。而且，由於到處建設，到處抓役夫，管理人員也就越來越多，也越來越亂。

有一次，牛弘問劉炫：「我看《周禮》時，發現其中記載的是，士多而官員少。現在吏員比從前多了一百倍也不止，可是仍然無法應付這麼多事務。這是什麼原因？」

劉炫說：「古人的辦公跟現在是不一樣的。當時中央委任官員須要有責任也要有成績。只須在年終考核成績，平時案卷不用重新審理，文牘也不求繁多瑣碎，吏員的責任只是掌握工作要點，也就是說只掌握大方向，或者說是總體調控而已。現在各級政府的考核太多，官員們都疲於應付，還擔心考核資料做不到位，又被駁重新製作，有的文件考慮不周密，就不遠萬里去追查印證，甚至還得考查很多年以前的舊案。所以官場有一句話：老吏抱案死。事情繁雜瑣碎，是為政的弊端，也是吏員多而效率低的原因。」

牛弘說：「北魏和北齊時代，官吏們辦事都很從容，現在都是匆匆忙忙，不得安寧。才幾十年時間，差距就這麼大？」

劉炫答：「以前州只設長吏、司馬，郡只有郡守、郡丞，縣也只有個縣令。其他應配備的僚屬，都由最高領導者挑選任命，每州吃財政飯的不過幾十個人。現在呢？大大小小的主管和普通辦事員，全部由吏部掌管，所有零碎的事務都屬於考核範圍。從這個事情看，想減少官員，就必須先減少事務。如果事務仍然那麼多，考核仍然那麼頻繁和瑣碎，想讓官員們辦事從容又有品質，是不可能的。」

牛弘一聽，深以為然。

牛弘也像很多主管一樣，都知道這個弊端，但卻沒有辦法去革除這弊端。

4

楊廣對這些事基本上都不理。他非常熱愛出巡。前幾個月，他跑了東邊，這一次，他換了個方向——北方。他率著那支龐大的隊伍，一路北上，炫耀著他的豪華。大業三年四月二十一日，他駐紮在赤岸澤。他在這裡等啟民可汗遣使來朝見，讓這個突厥可汗再大開眼界一次。

五月初九，啟民可汗派他的兒子拓特勒前來朝見楊廣。

楊廣走了一段之後，發覺北方的路太難走了，一路下來，哪比得下江都的水路那麼拉風。於是，他又下令發河北十多郡的男丁，開鑿太行山，打造了一條馳道，直達并州。

他看到他一聲令，大國民工就浩浩蕩蕩地開往工地，移山填谷，意志比愚公還要堅定，內心世界無限自豪：大國就是好。當大國皇帝就是好！

五月十八日，啟民可汗又派一個姪子前來拜見楊廣。

突厥可汗一路不斷派人侍候，這讓楊廣的虛榮心得到非常大的滿足。

楊廣繼續北進。

五月二十三日，啟民可汗的特使再來面見楊廣，請求讓他親自出塞奉迎大隋皇帝，但楊廣覺得還不到時候，就沒有答應。

楊廣的豪華巡遊隊繼續前進。他所到之處嘴裡都提倡節儉，誰信誰就倒楣。

他來到雁門時，雁門太守丘和早有準備，給他進獻了十分精美的食品，讓他吃得很高興，把丘和大肆地表揚了一番。

然後他來到馬邑。馬邑太守楊廓一來牢記著皇帝的教導，二來這裡也真的找不到什麼與眾不同的特產，便因陋就簡，給巡遊團擺的都是經濟實惠的家常菜。大家一入桌，看到這些菜，本來早就準備好的食欲，通通煙消雲散。楊廣心裡就更有氣了，朕好不容易到你這裡來一趟，你居然連個好菜也沒有準備。可是他事先到處宣揚節儉，這時又不好發作，只好一臉鬱悶地草草就餐，然後起駕而去。他離開馬邑時，順便宣布了一個任命：任丘和為博陵太守。雁門是邊境，條件很艱苦，而博陵是北方要衝，地理位置很重要。所以雖然都是太守，但誰都願意當博陵太守而不會選擇到雁門那裡當差。他還對楊廓說：「你的水準比丘和差了不只一條街，以後你要多多到博陵那裡取經，好好向丘和學習。」

其他太守一看，馬上就深刻領會到了楊廣的意圖，從此，不管楊廣的巡遊團到哪，都能吃到最好的食物，而且一次比一次豐富奢侈，吃得讓楊廣龍顏大悅——這才是和平的盛世的大國氣象。

七月十一日，楊廣率著他的吃喝巡遊團隊又來到榆林。

在這裡，他舉首向北，就是廣袤的突厥草原。雖然這幾天來，啟民可汗對他服服貼貼，不斷地派子姪和使者前來朝見，還跪求讓他親自前來奉迎，但楊廣總覺得這還不足以彰顯大隋的威武。他知道突厥是個徹頭徹尾的戰鬥民族，之前不管是對北齊還是對北周，總是不斷騷擾，弄得高氏和宇文氏頭痛不已。即使到了他爹時代，突厥也讓他爹費了不少心力，又是和親又是離間，還外加武力征討，長孫晟幾乎把一輩子的精力都放在對付突厥上。到他這一代，突厥才終於臣服。但現在突厥已經分成東西兩部，東突厥是啟民可汗當家，對大隋是無條件服從，把分支機構當得很優秀——甚至還幫大隋出兵去契丹。但西突厥就沒有這麼孝順了。他們現在沒有做出什麼事來，是因為實力還不夠雄厚而已。現在自己這個豪華重灌的巡遊隊中，除了陪同人員之外，基本上都是軍容整齊的威武之師，剛好可以帶著他們踏進突厥地盤，向這些沒有文化的胡人耀武揚威一番，然後再從容地過境突厥直達下一站涿郡。

當然，他還是照顧啟民可汗的。因為之前啟民可汗請求前來奉迎時被他一口回絕，現在自己又突然率兵長驅直入，啟民可汗會有什麼想法？他現在只是想嚇一下那些突厥民眾以及心裡有想法的人，並不想恐嚇啟民可汗——本來，啟民可汗的政治立場已經穩定，要是因為自己這麼一來，啟民可汗情緒一波動，最後會做出什麼事來？他又派突厥問題專家長孫晟前去告知啟民可汗。

啟民可汗這時對大隋可謂赤膽忠心，他奉詔之時，激動得兩手顫抖，把他帶領的悉、霫、室韋（其實就是契丹同族人，當時契丹為兩部分，南為契丹，北為室韋）等部落的老大都召集起來，宣布這個激動人心的事：大隋皇帝將帶著中央的關懷、帶著中央的溫暖前來我們突厥視察，這可是千古以來從未有過的盛事啊。為了不辜負大隋皇帝對我們的期望，我們一定要舉突厥之力，做好這次接待活動。

長孫晟看到這些北胡老大在那裡都很興奮，知道做統一工作的時機又到了。他看到啟民可汗的牙帳中，雜草叢生，草叢中又骯髒無比，臭氣熏天，就對啟民可汗說：「可汗帳前的這些雜草很香啊。」

啟民可汗俯身下來，用力吸了幾口氣，揮揮手說：「臭得很。」

長孫晟說：「大汗想必也知道，天子巡幸之所，諸侯都必須親自從掃、並修理御道，以示對天子的敬重。現在大汗的牙帳雜草叢生，我以為是大汗故意當著香草留下來呢。」

啟民可汗一聽，這才突然覺悟：長孫晟是在要求自己親自做示範給這些部落老大看的，看看他是如何敬重大隋皇帝的。他馬上大聲說：「長孫大人，這是我的罪過啊。我的肉身都是天子賜給的，現在有為天子效力的機會，豈敢有辭。我們這些邊遠地區的人，一向野蠻慣了，不知道法度，以後全靠大人的教導了。剛才要不是大人的提醒，我還真不知道我已經是犯了罪。有了大人的提醒，真是我們的幸運。」他的原話是：奴之罪也！奴之骨肉皆天子所賜，得效筋力，豈敢有辭。特以邊人不知法耳，賴將軍教之；將軍之惠，奴之幸也。在這裡，突厥大可汗自稱為「奴才」。

自稱奴才的啟民可汗馬上就做起奴才的活來：拔出佩刀，自殁其草。

其他部落老大看到啟民可汗都這樣了，都爭相訪效，帶著本部落的民眾，一路為楊廣清道。於是，從榆林北境到啟民可汗的牙帳，再向東到薊城，全體突厥人都出動，開闢了一條長三千里、寬一百步的御道，專供巡遊大帝楊廣北巡。

楊廣開心得差點跳起突厥舞來，大肆地表彰了長孫晟一番。

突厥都服到這個地步，其他部落還敢怎麼樣？

當八月二十日，突厥啟民可汗帶著他的可賀敦義成公主到楊廣的行宮拜見楊廣時，楊廣的外交成就達到了大隋時代的高峰。因為僅僅兩天之後，吐谷渾和高昌都派使者過來，朝見大隋皇帝，並主動向大隋進貢。

楊廣心頭的喜悅已經難以自禁。他登上北樓，只見蕭蕭秋風之中，黃河緩緩而流，漁人在河中打魚。他看得有些忘情，一直到長河落日圓時，仍然在那裡讚嘆不絕。他下令在北樓臺上擺酒席，宴請百官。

他向群臣們徵求北巡的方案。

有什麼樣的皇帝，就會有什麼樣的臣子。

當楊廣才丟擲這個議題時，太府卿元壽馬上說：「陛下，當年漢武帝出關，那是旗幟千里，大漢雄風，至今還在激盪著我們的歷史頁面。我們現在比漢朝強多了，所以我們的場面一定要比漢武帝時宏大壯觀。我建議，御營之外，請分為二十四軍，每天一軍出發，相隔三十里，這樣就旌旗相望，鉦鼓相聞，首尾相屬，千里不絕。這才叫大國出師之盛況。」

楊廣一聽，向卿元壽伸出大拇指，說：「很有創意。」

可是周法尚卻出來反對，說：「這樣是不行的。」

大家一聽，不由得都向這個定襄太守看過去，老周畢竟是嫩，難怪只當了個太守。天下人都知道，今上是個喜歡排場的皇帝，現在卿元壽做出的這個壯大排場，皇帝都已經認可了，你居然敢說不行？你找死也不能這樣找死啊。

周法尚接著說：「軍隊連綿千里，想像中的畫面是很震撼的，可是中間常有山川相隔，如果被敵人衝擊，瞬間就會四分五裂、接著就七零八落，首尾不能相顧。這是取敗之道啊。雖然有當年漢武帝兵連千里的先例，但他只是僥倖而已。」

楊廣一聽，臉上勃然色變，朕北巡就是為了炫耀兵威，以服四夷，你居然說這是取敗之道。他哼了一聲，道：「那你覺得該如何是好？」

周法尚說：「我的意見是，部隊都結為方陣，四面向外防禦，六宮及百官的家屬並在其內。如果突然出現狀況，所當之面，就可以抗擊敵人，再在陣內派出奇兵，衝出陣外打擊敵人，然後以車子為壁壘，再設曲形鉤陣。這跟據守城池的戰術沒有什麼兩樣。如果戰而勝之，可調騎兵追擊；萬一不勝，完全可以屯營自守。這才是萬全之策。」

楊廣本來疑心就重，對自己的安全從來不敢大意，聽了周法尚的話，心裡不由得大呼，這傢伙才是人才啊。馬上說了一聲：「善！」然後提拔他當了左武衛將軍。大家一看，這才知道，老周才是最會揣摩皇上的想法。

啟民可汗年輕時雖然很反覆，但這時把忠誠大隋當成了信仰般地堅定，又上表請求讓他們穿上中原的服飾。說只有讓他一如華夏，他才有歸屬感。可是楊廣仍然認為不可，沒有批准。為什麼不批准？看看他的〈止突厥啟民可汗請變服飾詔〉就知道了：先王建國，夷夏殊風，君子教民，不求變俗。斷髮紋身，咸安其性，旃裘卉服，各尚所宜，因而利之，其道弘矣。何必化諸削衽，縻以長纓，豈遂性之至理，非包含之遠度。衣服不同，既辨要荒之敘，庶類區別，彌見天地之情。用現代的話來說，就是要保留文化的多樣性。內含就是讓天下人知道，這些四夷都已經賓服於大隋，彰顯著大隋的文化自信和統治自信。

他同時又對啟民可汗說：「磧北未靜，猶須征戰，但存心恭順，何必變服。」

楊廣在巡遊江都時，駕著豪華壯觀的龍舟，一路拉風得很，現在出境炫耀，如果就此模樣，也太丟臉了。於是，他又叫宇文愷，你再為朕設計製作一個大帳，讓全體突厥人民看到就目瞪口呆、不知今夕是何夕。

宇文愷本來就是鮮卑人，對帳蓬那是最熟悉不過了。他接受任務之後，馬上就製作成一頂能同時容納幾千人的大帳。

楊廣看到大帳製作完工之後，馬上進駐大帳，讓那幫威武雄壯的儀仗出場，把場面排得史無前例，然後宴請啟民可汗及其部屬。宴會期間，當然不會一群酒鬼單純在那裡埋頭苦幹，大塊吃肉、大碗喝酒，而是一邊喝酒一邊表演散樂，弄得其樂融融、嗨得昏天胡地。

北方諸胡看到楊廣的這個排場，無不目瞪口呆：真是大國風範啊。難怪老是打不過他們，就真的從心裡服了楊廣。他們都把馬牛羊駱駝送給楊廣，而且都比賽誰送得多，結果楊廣的行宮那裡就集結了幾千萬頭牲口。

楊廣知道，這都是啟民可汗帶來的效應，就賞賜啟民可汗兩千萬段帛。啟民的部屬也跟著拿了很多獎賞。楊廣在這些諸胡的仰望之下，虛榮心得到史無前例的滿足，覺得光給啟民可汗物質獎勵還遠遠不夠，於是就又賜啟民可汗一駕輅車以及一匹坐騎，外加鼓樂帳旗等儀仗，並給他一個特權：贊拜不名，位在諸侯王上。這些都是建立過大功的元老重臣、或者是當朝權臣才可以享受到的政治待遇。現在他一口氣全送給啟民可汗了。

5

啟民可汗這幾年來，率領東突厥人民努力做好大隋的良民，楊廣對啟民的忠誠也非常放心，但他心底對北方諸胡仍然有著戒心。他又下令徵一百萬人修築長城。他修的這段長城，西自榆林，東到紫河。

蘇威認為這太耗費人力了，人民會承受不了的——大家知道，蘇威現在雖然是尚書左僕射，算是第一行政大臣，但楊廣早已提拔了一批自己的親信，蘇威這個第一大臣的話語權已經大打折扣了。身為政壇老鳥，蘇威當然知道，現在保護自己最好的辦法就是兩個字：閉嘴。但他仍然忍不住對楊廣勸諫一番，說朝廷這幾年來，又是建東都、又是開通濟渠、還修太行山馳道，每次都是幾十萬、上百萬民工，百姓真的承受不了。所以，長城還是緩一緩吧。

楊廣哪裡聽得進去？你這個第一大臣，本來就是朕的第一員工，最應該帶頭支持朕的英明決策。現在你不但不體諒聖意，反而要拂逆朕意。老百姓受不受得了，老百姓自己會知道。哪用你來說？

他理都不理蘇威，下令按照他的命令列事。

僅僅二十天，這段長城就宣布勝利完工，成為大隋皇帝北巡的一個重大的獻禮工程。

蘇威一看，知道楊廣已經不把他們這些元老重臣放在眼裡了——以前，他向楊堅提意見時，即使楊堅不聽，也會表示尊重。

蘇威很鬱悶，而更鬱悶的是高熲。

高熲是楊堅時代的第一大臣，是楊堅奪帝位時的主要謀臣，為楊堅擺平「三總管」立下了無可替代的功勞，後來又成為滅南陳的操盤手，放眼大隋，沒有誰比他更有資格、更有功勞了。只因為楊堅疑心太重，奪掉他的權力，讓他從一人之下萬人之上的宰臣變身一介草民。

楊廣雖然因為高熲曾被劃歸楊勇陣營，但也知道這位老臣是個人才，即位之後，又重新啟用高熲，拜他為太常卿。

高熲雖然對官場已經看透，覺得脫離官場是畢生最大的幸運。可是當楊廣的委任狀再送到他面前時，他又無法拒絕，只好又穿上官服，繼續出來當人民公僕。很多人以為，他現在只是太常卿，管的只是禮儀音樂之類的事務——等於現在的公德心委員會，手裡並沒有多大的實權，況且又受過一次修理，有教訓在前，一定不會出什麼狀況了。沒想到，人一倒楣，什麼事都會出現。

他當上了太常卿後，楊廣馬上就要求在全國大規模蒐集散樂。這就又跟高熲有關了。

當然，如果高熲舉雙手贊同，什麼事也不會有。偏偏他不記取教訓，硬是保持著自己的個性，認為蒐集這些散樂並沒有什麼用，雖然豐富了眾多人民的精神文化娛樂活動，可是現在我們的天下還沒有太平，老百姓還沒有真的安居樂業，突厥等部對我們還是沒有徹底臣服。完全沒有必要花這麼大的物力財力去歌舞昇平，我們的國家還須要我們去勵精圖治啊。陛下是南征的總指揮，一定知道陳叔寶是怎麼亡國的。

楊廣當然不會聽，直接把高熲這些話當陳腔濫調、當耳邊風了。

高熲很鬱悶。當然，如果他只是把這個鬱悶藏在心底，然後過著事不關己的生活，領著乾薪過日子，他仍然沒有什麼影響。關於這一點，他是政壇老手，一定是已經想到的，否則他在被開除時就不會那麼高興了。可是當他再被拉進這個政壇之後，性格仍然改不了，又忍不住向楊廣提出自己的意見，到處發表自己的言論——而且是在明知楊廣對自己已經不爽的情況下發表的。

他向楊廣勸諫不要蒐集散樂被楊廣當場否決下來之後，就對他的現任主管李懿說：「北周天元皇帝就是因為好樂而亡。殷鑑不遠，怎麼又要重蹈他的覆轍。」

不久，他看到楊廣對啟民可汗的待遇越來越隆重，又對太府卿何稠說：「啟民這個胡擄對大隋的山川地形、內外虛實了解得非常清楚，只怕他將成為我們的後患。」

他這麼連續抨擊楊廣之後，看到楊廣越來越任性了，又在楊雄面前說：「近來朝廷殊無綱紀。」當時很多大臣對楊廣的做法都很不滿，都很憂心忡忡。禮部尚書宇文䪨看到高熲一臉鬱悶，也知道這個元老心裡的想法，便對他說：「北周天元皇帝的侈靡已經夠奇葩了。可是跟今上比起來，那是小巫見大巫了。」直接指出，楊廣再這樣下去，離亡國已經不遠了。

等到楊廣大修長城時，高熲又說：「長城役之役，幸非急務。」他這話說得還是很溫和的，但內心已經充滿了絕望。後來，賀若弼也加入背後議論的行列來，說楊廣對啟民可汗太過厚遇，宴請這個突厥老大時的規模太大，也太奢侈浪費了。不就是一個胡虜老大嗎？值得這麼無比隆重？

楊廣是什麼人？他本來對高熲已經不爽，現在重新啟用，是因為高熲的確是個人才，以為這個人才被老爸打倒之後，他的稜角應該被磨光了，而且楊勇集團已經被徹底剷出，高熲應該不會再抱別的希望，完全接受自己的收編、為自己所用。沒想到，一個人的性格真的很難改掉——當然，虞世基除外。高熲復出之後，不但完全不配合自己，反而天天發表責罵自己的言論。高熲現在的職務雖然不高，但他的影響力明顯地擺在那裡，如果讓他繼續這樣下去，以後楊廣還能放心巡遊嗎？

楊廣對這些人歷來就不放心，一直派人在監控他們。現在看到他們都對他的這些做法不滿，心裡當然大怒。老子當皇帝，就是有這點愛好。如果連這些享受都不應該了，老子還當什麼狗屁皇帝。你們覺得老子是在做亡國的事。老子這麼英明，老子能亡國嗎？老子要是個亡國之君，突厥能這麼服服貼貼地敬畏老子嗎？你們看到過這樣的亡國之君嗎？你們在輔佐我爹時，突厥有過這樣的態度嗎？老子取得空前絕後的豐功偉業，你們不但不誇獎，反而詛咒老子為亡國之君。他越想越是氣憤，最後決定把這幾個當面也說、背後還說的處理元老，罪名是誹謗朝廷。於是，高熲、賀若弼、宇文㢸通通被押赴刑場，執行死刑。蘇威雖然說得不多，但也是他們的老朋友，所以就連坐免官。

幾乎所有的人都沒有想到，曾經幫助楊堅開創一個時代的高熲居然就這樣死去。高熲是歷史上稀有的將相之才，文韜武略，還能明達世務，受到楊堅的重用之後，還盡力推薦人才，蘇威、賀若弼、韓擒虎這些歷史強者都是他推薦給楊堅的。他推薦的這些人都為大隋立下了巨大的功勞，而他自己建立的功勞更是在這些人之上。在楊堅處於精彩時刻的開皇二十年，就是由他全權主政朝廷事務的。朝廷內外的大臣，對他都十分尊敬，都認為，大隋綜合國力有今天的成就，都是他努力的結果。當大家聞知他被殺時，都是哀傷不已。不但同時代的人對他評價很高，就是後來的李世民說到他時，也是敬仰不已：「朕比見隋代遺老，咸稱高熲善為相者，遂觀其本傳，可謂公平正直，尤識治體。隋時安危，係其存歿，煬帝無道，枉見誅夷。何嘗不想見其人，廢書歔嘆……。高熲有經國大才，為隋文帝贊成霸業，知國政者一十餘載，天下賴以康寧。文帝唯婦言是聽，特令擯斥，及為煬帝所殺，刑政由是衰壞。」直接下了一個結論：如果不殺高熲，或許大隋不亡。大隋亡國之時，就是高熲被殺開始的。這話雖然有點過了。但高熲的確是個人才，如果大隋真的把軍政事務都交給他主持，楊廣只是安心去玩耍（當然這個玩耍要有節制），大隋也許還真的沒有這麼快就完蛋。可是楊廣能放心地把權力交給高熲嗎？他現在重新啟用高熲，只是想利用一下高熲的名望撈點政治資本而已，並沒有再讓高熲主持朝廷政務。所以，即使高熲還活著，也跟死去沒有什麼兩樣，唯一有可能的是，能讓他眼睜睜地看著他傾力相助開創的大隋就在他的眼前被打倒在地，然後他有可能被李世民收歸麾下。當然，那時他可能已經是個行動不便的老人了。因為他死的時候，已經六十六歲。

6

楊廣把這幾個敢妄言他亡國的大老全部處決之後，心情大爽，下令從榆林出發，經過雲中，再溯金河而上。大隋剛經歷開皇之治，天下有了幾十年的和平時間，人民努力勞動，物質已經累積得十分豐富，楊廣一奢侈，根本不心疼。當時，隨駕的士兵足足五十萬，馬匹十萬，一路旌旗招展，再加上後勤保障的隊伍，連綿前進，千里不絕。楊廣巡遊雖然理由是要向突厥炫耀大國軍威，其實更多的是玩耍享樂。他並不追求速度，而是更在意放鬆心情、享受生活。因此他是在巡遊途中一邊吃喝玩樂、一邊辦公處理國家大事。處理國家大事，是必須有雄偉壯觀的辦公場地的。因為是一邊巡遊一邊辦公，所以這個辦公場地必須是活動的。於是這個任務又交給宇文愷先生了。

宇文愷很快就製造出一個活動大殿，叫觀風行殿。這個大殿的規模仍然巨大，殿上可容納甲士幾百人，行殿可以離合，而且下設輪軸，完全可以借外力推動前移，其實就是一個巨大的轎車。楊廣一看，這簡直是太妙了。他被這個創意大力地啟發了一番，覺得既然能造出一個行殿來，就可以做成一個行城來。於是，又讓宇文愷設計一個行城。

宇文愷馬上著手修建，還真的為楊廣打造了一座行城。這個行城有多大？周長兩千步，放在那裡真像小城池。這個行城主要材料是木板，用布蒙上，再畫上彩畫。而且行城上觀臺、望敵樓應有盡有，楊廣站在上面，迎著八月胡風，笑聲無比豪邁。

塞外的老百姓一輩子只住在帳蓬裡，天蒼蒼野茫茫，風吹草低見牛羊，何曾見過如此大的行殿和行城，而且這個行城還不斷地向前進，不由得大是驚奇，覺得只有傳說中的神仙才能如此，心裡瞬間裝滿膜拜之情，還離著行營十里，就都不由得趴下來，納頭亂拜，沒人敢騎馬。

啟民可汗更是全力以赴做好一切準備工作，等待大隋皇帝的到來。

八月初九，楊廣終於旌旗招展地來到了啟民可汗的駐地。楊廣在一片歡呼聲中，大步邁進啟民可汗的大帳。啟民可汗親自向楊廣奉酒祝壽，他在楊廣的面前跪伏在地，神態非常恭謹，其他突厥貴族都以漢人的最高禮節在帳門之外袒割（即袒露右膊而割切牲肉），「莫敢仰視」。

楊廣看到自己在這幫胡人面前，簡直是神一樣的存在，大是興高采烈，當場詩興大發，賦詩一首：

呼韓叩頭至，屠耆接踵來；
怎比漢天子，空上單于臺！

當時，皇后蕭氏也來到啟民可汗的可賀敦義成公主的帳內，親切慰問這位遠嫁突厥的公主。

楊廣對啟民可汗和義成公主以及他們手下的突厥貴族大加賞賜。他對大隋的臣子一向很小氣，但這時為了彰顯大國胸襟，他對突厥人的賞賜大方得很。

楊廣在突厥這裡體驗了一番神仙日子之後，啟駕返回。啟民可汗一路相送，直到入塞之後，楊廣這才讓他回去。

楊廣繼續他的巡遊之旅。他現在定的目標是晉陽。他遊玩的方法是很有創意的。他對御史大夫張衡說：「我準備經過你的家門，到你家當當客人。你一定要好好去當好主人啊。」

張衡一聽，立刻領會了楊廣的意思，馬上急奔回鄉，準備好酒好菜，務必讓楊廣巡遊團隊吃好喝好玩好。

楊廣繼續慢悠悠前行。

他到太行山時，覺得山路真不好走，就下令開了一條九十里的直道，讓他一路順暢地開路。

九月十三日，他終於來到濟源。這就是張衡的家鄉。

楊廣進了張衡的府第。他看到這裡的山泉很美，心裡十分喜歡，就下令在這裡逗留三天，就著濟源的礦泉水，盡情歡宴。他心情一暢快，就對張衡大加賞賜，這才啟駕回朝。九月二十三日，終於回到東都。

楊廣這一次北巡，雖然不如之前下江南的一路春光燦爛，但在突厥面前大肆鋪張，讓皇帝的風範彰顯得淋漓盡致，使得突厥那些沒見過世面的人民把他驚為神仙，讓他的心情倍加爽歪歪。他很想把這個心情繼續發揚光大下去。可是突厥只有一個，他又不能老是跑到那裡炫耀。後來，他聽說張掖有很多胡人。這些胡人都是從西域來的，他們來張掖是為了做生意。他就派裴矩到張掖去，主掌外貿事務。

7

裴矩知道楊廣的想法：就是喜歡遠征，到境外去炫耀，讓人家在天朝大國皇帝面前匍匐叩頭。所以，他到任之後，專門跟那些前來做外貿的胡人打交道，以便從他們嘴裡了解到各國的風土人情，以及山川地形。然後他根據這些二手資料寫成了《西域圖記》三卷。這部著作裡，裴矩一共記載了四十四個國家的情況，而且另外還製作了西域地圖，上面包括了西域所有重要的地點，從西傾山開始，縱橫連亙將近二萬里。從敦煌出發，到達西海，共分為三條路：北路從伊吾起，中路從高昌起，南路從鄯善起，總匯到敦煌。他並建議：以我天朝大國的盛德，再加上大隋子弟兵們的英勇善戰，渡過汜水、越過崑崙，那是易於反掌。但因為突厥、吐谷渾還統轄著羌人、胡人之地，阻擋了交通要道，以至於西域各國不能前來進貢。我已經收到很多商人的祕密來信，他們在信裡表達了要當大隋臣屬的良好願望。如果朝廷欲服而撫之，只須派幾個使者過去，一封信就處理好了，不必大動干戈。諸蕃國併於我國之後，吐谷渾和突厥也就應聲而滅。哈哈，混一戎、夏，就在此一舉了。

楊廣一看，這個建議就四個字：雄才大略。如果能混一戎、夏，秦皇漢武在我面前，也要自愧不如了。千古一帝，朕將當之無愧。他雖然雄心勃發，但也知道真的要按照這個氣勢磅礴的方案執行下去，還是要一個過程的——以前打下江南，都還準備很長時間，所以他決定將經略西域的前期工作都交給裴矩去完成。他任命裴矩為黃門侍郎，派他到張掖任最高領導者，專門對諸胡展開招商引資工作——就是替他們輸送利益，做他們的說客，勸他們入朝。

這些經常在張掖的胡人都是生意人，看到有利可圖，哪能不全力配合？他們紛紛組團前來入朝。楊廣命令沿途的州縣都要好好接待這些西域來的大隋人民的老朋友。由於「大隋人民的老朋友」人數太多，而且來得太頻繁，一波接著一波，一波更比一波大，使得沿途州縣都疲於應付，耗費的錢財更是以億計。後人在總結大隋之亡時，都認為，大隋的歷史轉捩點，就在此時。很多史家都把這個過錯套到裴矩的身上。其實裴矩只不過是投了楊廣之所好，最後成為執行者而已。如果沒有裴矩，也會有一個李矩、趙矩出來。總之，只要楊廣有這個喜好，就必然會有這樣的臣子。後來，小說裡就把裴矩寫成一個倒隋的人物。說他故意如此教唆楊廣東征西討，最終使得大隋亡國。

裴矩雖然在教唆楊廣經略西域的方案被後來的史家詬病，但他的確是很有能力的——之前他在嶺南就有過出色的表演，後來在對付突厥時，也做得有聲有色，深得楊堅的喜愛。他應該是大隋少有的定邊之臣，所以楊廣才把經略西域的事交給他。他不但打硬仗厲害，做少數民族說客也很有方法。當時，突厥之下有個附庸叫鐵勒部落。鐵勒部落其實就是匈奴的後代。他們族類繁多，主要有僕骨、同羅、契、薛延等部。這些部落並沒有統一，形成一個匈奴大部落，而是四散在北方，各有老大，各有各的姓氏，人家都稱他們為鐵勒。他們的老大不稱可汗，而叫俟斤。他們的風俗跟突厥大致相同，平時游牧，有時間有精力時，就進行侵略活動，靠搶掠過著幸福的生活。由於他們比較分散，又沒有弄個破產重組，各自為政，看到東西突厥很強大，就都掛靠兩個突厥而存在，但他們仍然保持著高度的自治，有自己的武裝，覺得需要時，就出來製造麻煩，是徹頭徹尾的一個麻煩製造團體。在楊廣準備經略西域、立志超過秦皇漢武時，他們卻不合時宜地出來湊熱鬧，硬是舉兵打進大隋的國境。

楊廣派馮孝慈去迎戰，沒想到卻打了個敗仗，讓楊廣很沒有面子。楊廣正抓著腦袋想，是不是再派人引大兵去把鐵勒這個不知死活的部落滅掉。鐵勒老大卻突然覺悟，自動舉著白旗，向朝廷投降，說自己突然頭腦短路，不知好歹，冒犯天威，實是罪不容誅，請天朝陛下放他們一馬。楊廣這才鬆了一口氣，就派西域專家裴矩代表朝廷去安撫鐵勒。

裴矩跟鐵勒老大舉行會見之後，一番軟硬兼施，讓鐵勒老大又是佩服又是懼怕，拍著胸膛保證以後堅決聽從朝廷的指揮，朝廷指向哪裡，哪怕是刀山火海，他也率著他們勇敢的鐵勒兄弟殺向那裡。裴矩一聽，當然非常開心。

裴矩呈給楊廣的方案中就指出，西域諸國未能暢通無阻地來朝，就是因為吐谷渾和突厥擋了交通，所以必須把這兩個障礙物清除。當然，他也知道，現在還是不宜直接向這兩個集團開火的。大隋帝國可以不出兵，但可以讓鐵勒老大這個笨蛋打打啊。你不是喜歡作亂嗎？你不說是為大隋皇帝去赴湯蹈火嗎？現在不讓你去赴湯蹈火，只是讓你發揮特長去作亂。

大業四年的七月，裴矩又跟鐵勒老大見面。這一次，他直接對鐵勒老大說，朝廷需要你去打吐谷渾。鐵勒老大也不問個為什麼，直接就帶著大軍進擊。

這幾年來，大隋國力強悍，吐谷渾老早就收起膽子，根本沒有做出什麼事來。他們以為他們不製造麻煩了，大隋就不會跟他們一般見識了。沒想到，裴矩卻陰得很，大隋沒有向他們動刀動槍，卻叫鐵勒部落殺過來。吐谷渾一點防範都沒有，被打得一敗塗地。吐谷渾可汗伏允差點連逃跑的時間都沒有了。他逃出首都，進入西平境內。驚魂稍定之後，馬上就知道這不是鐵勒要打他，而是大隋在打他，所以他沒有向鐵勒部求饒，而是派出急使向大隋請降求救。這就是楊廣要的效果——否則他自己還沒有理由出兵呢。他馬上派楊雄率兵出澆河，再派宇文述出西平，說是迎接伏允可汗。

宇文述的大軍很快開到臨羌城，對著吐谷渾人大喊大叫：我們來救援你們了。

吐谷渾人這次又搞不清楚狀況，大隋的部隊也太強盛了，看樣子不是來救我們的，而是來處理我們的。他們馬上害怕得不敢出來投降。伏允可汗不敢投降，又自知守不了城，就只有逃跑了。

宇文述看到他居然弄出這一招，正中下懷：是你把我們請來，然後你又把我們當敵人。我們不當敵人還真對不起你了。下令追擊。到了這個時候，伏允可汗才知道引狼入室這個成語的深刻含義。他事先已經被鐵勒部揍得鼻青臉腫、渾身無力了，再被宇文述的大軍猛砸一頓，哪有什麼還手之力。於是，宇文述連續拿下曼頭、赤水二城，斬三千級，吐谷渾的王公貴族兩百多人都成了俘擄。伏允南奔雪山，（即蜀西山之西雪山。）其故地皆空，東西四千里，南北二千里，皆為隋有。

宇文述馬上把這塊地皮劃歸大隋的版圖，設定州、縣、鎮、戍四級行政單位，然後將天下所有犯輕罪的人都遷到這裡來安居樂業——其實是把這塊當成流放之地。

楊廣得到捷報，心裡很高興。他覺得有裴矩在那裡，他完全可以放心。他對西部工作一放心，便又把精力轉移到他的愛好上來。上一次，他準備東巡時，挖通了通濟河，這一次，他又想挖一條河。這條河就是永濟河。大業四年正月，他宣布開挖永濟河。楊廣比誰都知道人多力量大的道理，當時第一生產力就是人力。想要盡快完成這個挖河工程，只有徵發更多的勞動力。這一次，他徵發河北諸郡的男丁一百餘萬，都扛著挖河工具前去開通永濟河。這條人工河先引沁水向南到黃河，然後向北直達涿郡。由於工程量大，一百餘萬男丁都不夠用，他又下令，婦女也得走出家門，一起出來開運河，為國家貢獻不分男女。

8

在楊廣專心打造永濟河時，裴矩仍然把全部精力放在西域事務上。他是大隋西部政策的制定和執行者。他雖然玩了個陰謀，讓鐵勒成功地成為吐谷渾的死敵，讓他們互相提防，大幅地減輕了大隋西部的壓力。但他最主要的精力仍然放在突厥方面。因為比起吐谷渾和鐵勒來，突厥的實力完全可以輾壓他們——只有讓突厥穩定了，西部才能穩定。

裴矩無時無刻不睜著大眼，關注著突厥的動靜。大家知道，經過長孫晟的長期運作，突厥已經分為東西突厥。東突厥的啟民可汗這時已經變得跟大隋良民沒有區別，但西突厥的老大卻並不怎麼老實。西突厥這幾年來也不怎麼平靜。他們本來的老大叫阿波可汗，可是當年在跟葉護可汗發生衝突時，被對方俘擄了。西突厥人不能沒有老大，於是就又立了一個泥利可汗。泥利可汗是個短命人士，才當可汗不久，就卒了。泥利可汗撒手人寰之後，他的兒子達漫繼承了大位，稱處羅可汗。處羅可汗的老媽雖然不是大隋宗室的公主，但也是中原來的漢人，姓向。她先嫁給泥利之弟婆實特勒。婆實特勒在開皇末年跟著向氏來到長安入朝，準備回去時，剛好達頭作亂，兩人只好繼續留在長安，住在鴻臚寺。

處羅可汗是個政壇新手，毫無政治手段，處理事務時，非常直接了當。於是，很多老爸的舊部都選擇離開他。處羅可汗看到這個情況，就以為一定是自己的威望不夠，所以這些人才不願當他的下屬。要提高威望，只有打仗。往哪打？他雖然頭腦簡單，但仍然知道，大隋是不能打的，東突厥他也打不過。那就只好打一下鐵勒了。鐵勒雖然也是個製造麻煩的專家，但他們的腦子也不複雜，從來沒有想到，處羅可汗居然會出兵打他們，馬上就被打得傻了。處羅可汗挨個敲打鐵勒諸部之後，看到鐵勒部很老實，就加重他們的稅賦，弄得鐵勒諸部都對他咬牙切齒。處羅可汗這時非常敏感，看到鐵勒諸部的眼神很不對勁，尤其是薛延陀部最為可疑，怕他們突然對自己來個揭竿而起，那麻煩就大了。他想，與其等他們造自己的反，不如先處理他們。於是，他把這些老大都召集過來，一共幾百個人，連個理由都懶得宣布，就屠刀排頭砍去，盡數殺掉。鐵勒諸部就是泥做，這時也已經撐不住了，何況他們原本就是一幫散裝的擄掠武裝團體，他們聽說自己的老大們都已經成為處羅可汗刀下之鬼了，立刻行動，宣布與西突厥決裂，立俟利發俟斤契歌楞為莫何可汗、立薛延陀俟斤字也為小可汗，團結起來，跟處羅可汗一決雌雄。

之前，處羅可汗輕鬆地把鐵勒諸部打了個遍，那是因為他們還處於一盤散沙的局面。鐵勒諸部被逐個打了一遍之後，也理解到再這樣各自為戰下去，很方便人家對他們各個擊破，因此就團結起來，共同對付處羅可汗，把處羅可汗打得大敗。他們嘗到甜頭之後，多次向處羅開戰，多次取得勝利。尤其是剛剛被推舉成為鐵勒部大可汗的莫何可汗，武力指數高，衝鋒陷陣時，都跑在最前面，很有號召力。鐵勒諸部每個人都服他，使得鐵勒部的戰鬥力在短期內就一路狂飆，命令四鄰各國都頗為忌憚。結果，幾個相對弱小的團體如伊吾、高昌、焉耆等部落都自動成為他們的分支機構。

如此一來，西域老牌帝國西突厥的狀況就更加覺得不好混了——當然，瘦死的駱駝比馬大，鐵勒們也不能吃掉這個老牌部落。

處羅可汗陷於超級的鬱悶之中。超級鬱悶的處羅，這時想到了他的老母親。而他的老母親這時仍然跟他的叔叔當大隋的暫住居民。他從母親也聯想到了大隋，認為真有必要像啟民可汗那樣，跟大隋處理好關係。現在的情況真的就是這樣，誰跟大隋好，誰就過得好。誰不跟大隋好，誰就過得如履薄冰。他這幾天連續打不過鐵勒，心裡鬱悶，而又沒有當機立斷的政治家手腕，雖然想到要掛靠大隋帝國，卻又找不到路子跟大隋來個破冰之旅。

裴矩那雙眼睛對這些情況都密切地關注著，他很快了解到處羅可汗的心情很鬱悶，馬上使出統一的手段，向楊廣提出，說處羅可汗現在很懷念自己的母親，請皇上派人去慰問他一下。

大業五年二月，楊廣從百忙的挖河工作中擠出時間，派崔君肅為朝廷代表出使西突厥。

處羅可汗雖然被鐵勒打得一點脾氣都沒有了，但看到大隋的使者主動來訪，心底居然又毫無理由地冒出莫名其妙的優越感，居然在崔君肅面前耍起大牌來。在崔君肅向他宣講完詔書後，他居然昂然坐著，沒有起來拜受皇帝的詔書。

崔君肅一看，差點暴起粗口來，你小子把我當成你的讀報員了？便肅然對處羅可汗說：「老大你應該比我更清楚。你們突厥原來是一體的，現在卻中分為二，把分裂活動展開得轟轟烈烈，只要一有機會，挽起袖子就互撕。你們發動兄弟戰爭已經幾十年，仍然沒有誰把對方滅掉。這個原因誰都可以看出來：就是你們東西雙方，勢均力敵。現在你們的老對頭啟民可汗率著百萬之眾，勢力不可謂不雄厚，但他仍然放下身段，對大隋皇帝卑躬屈膝、甘願稱臣。這其中的原因又是什麼？告訴你，就是因為他一時難以憑自己的力量解決你，所以才不惜掛靠大隋，想跟大隋聯合，把你消滅光。現在朝廷群臣都希望皇上接受啟民可汗之所請，出兵西征，就等皇上拍板了。一旦皇上下了決心，則出兵之事就指日可待了。老大想想，如果真的到了那時，老大能把大隋的部隊拒之於國門之外嗎？連老大現在留在長安的老母親都在為老大擔心受怕。她怕皇上出兵之後，西突厥就此亡國滅種，因此每天都守在宮門邊，哭泣哀求，而且還匍匐在地上向朝廷謝罪，請求皇上派使者召見老大，給老大一個重新做人的機會，召老大入朝歸附。皇上為老夫人所感動，這才派我前來。想不到老大居然如此倨傲，不把天朝大國的使者放在眼裡，不把皇上的詔書放在眼裡。這樣下去的結果就是，向夫人之前的所作所為，就是在誆騙天子。可以想見，皇上知道之後，必定天顏大怒，將向夫人伏屍鬧市，傳首西域各國，然後發大隋之兵，跟東突厥的人馬一起，夾擊老大。西突厥消失的日子就不遠了。話就說到這裡為止。何去何從，老大請自便。」

處羅可汗本來就已經覺得危機四伏，只是腦子一時進水，沒有考慮那麼遠，這才端起架子，聽了崔君肅這番都是恐嚇的話，馬上就像被火點著一樣彈跳起來，淚水也流滿了那張粗糙的可汗大臉，向崔君肅再拜之後，跪受詔書。

當然，不是跪拜受詔之後就完了。他還必須表示自己的誠意。表示誠意最有效的動作就是進貢。他派使者跟著崔君肅回去，帶著西域的特產——汗血寶馬。這讓楊廣很興奮，因為汗血寶馬是當年西域進貢給漢武帝的貢品。

楊廣看到東西突厥兩個可汗都向自己稱臣，而且這兩個突厥仍然在保持著敵對狀態，互相牽制，自己完全可以根據需求上下其手，主導著一切，牢牢地掌控著主動權。當年漢武帝能這樣嗎？哈哈，從這方面看來，漢武帝比我差得遠了。

楊廣覺得自己可以遠遠贏過漢武帝了，如果不出巡一趟，真對不起這個心情。

大業五年三月，又是一個春光燦爛的季節，偉大的大隋皇帝又宣布出巡。

仍然是北方。

三月二十二日，楊廣來到五原。他這次巡遊的主要內容就是巡察長城。他從五原出塞，沿長城前進。他當然沒有輕車簡從，一個連功績都可以贏漢武帝一大截的皇帝，有什麼理由跟輕車簡從這幾個字掛鉤？那是給那些毫無建樹、還苦苦支撐、不得不斤斤計較的無為皇帝配套的字眼。

這一次，他出巡的裝備是一座行宮。材料仍然是木板，稱為六合城，城上還載有槍車。每次中途休息，需要住宿時，巡遊團就把車轅朝外作為外圍，內布鐵蒺藜；另外還安裝弩床，都插上鋼錐，錐尖都整齊地向外，上面裝置旋機弩，用繩子繫在弩的板機上，只要有人觸動繩子，弩機就旋轉，向觸動的方向發射。在弩外周圍又設置有弋射的短箭，並裝有鈴柱、木槌、石磐等用來報警。從這些裝備看，楊廣這次出巡的規模沒有減少，但技術等級比以前提升了很多。

9

楊廣到處瘋玩，四處炫耀，他不但想在全國人民面前炫耀，更喜歡萬方來朝的盛況。所以，他到處招攬那些精通外國語言、有跟遠方溝通能力的人才，為他出使到外國，使大隋國威遠播四海。幾乎所有大臣都知道他的這個想法，但真正捨得努力為他去把這些強烈的想法變成現實的只有裴矩和屯田主事常駿等人。裴矩現在是全力以赴，開拓西域，成就斐然，使得常駿也動了念。他覺得自己也該找個機會大做一番。他當然不能再插手西部大開發了，就把目光轉到另一個方向——南部。你往西部，我就開發南邊。

常駿經過一番前期準備，然後向楊廣請求出使赤土。

赤土當時在大隋只是一個傳說，據說為扶南之別種，是南邊汪洋大海中的一個島國，四面波濤洶湧，而且一望無邊，從南國海港出發，必須在海上航行一百天多天才能到達。又據說那裡的土地都是赤色的，所以才叫赤土國。還據說那裡十分炎熱，一日三食，所有的飯都必須即煮即吃，否則，轉眼就會腐敗。再看看這個記載：其國五月日亭午，物影都在南。以此知道太陽是從北面照射過去的，說明該地是在南半球無疑。據後來人們考證，這個地方就是現在的蘇門達臘一帶。另外據說，當年東晉著名高僧法顯大師前往印度求法，回國時，曾搭載商船在此地停留了半年才回來。這裡的人們深受印度文明的影響，大多信奉佛教，而尤重婆羅門。他們的風俗跟大隋很不一樣，男女都穿耳剪髮（大隋的儒家認為身體髮膚受之父母，萬萬不能拋棄），穿長桶裙。父母兄弟死，死者親人都要剃去頭髮（這與一些南部土著的習俗類似），再穿上素服。葬俗是火葬和水葬的結合，將逝者置於竹筏上，填上乾柴，然後放火燒薪，任由木筏帶著熊熊烈火飄流……常駿把自己的計畫上報楊廣，請求派他出使赤土，把大隋的國威帶到南半球炫耀一番。

楊廣看到常駿的奏請之後，立刻准奏。他不准奏的話，他就不是後來被謚為煬帝的楊廣了。

常駿出使赤土的實際時間是大業三年。

楊廣讓常駿帶了很多絲織品作為禮物送給赤土國王。常駿從「南海郡乘舟」，沿著傳說中的海上絲綢之路南行，一直在巨浪滔天的大海中航行了幾個月，這才到達傳說中的赤土國境。

赤土國老大跟他們的天氣一樣，對人非常熱情，他們一定也知道他們北邊有個大國的存在。現在看到這個地球最大的帝國居然也關注到他們，不由得非常開心過望，派了三十艘船前來迎接，在海上就奏樂擊鼓，吹吹打打，弄得熱火朝天，把大國使者迎接上岸。常駿在這些迎客大隊的陪同下，走了一個多月，這才來到赤土國的首都。赤土國的老大早就派他的兒子來到郊外，迎接大國貴賓。常駿進入赤土國的首都後，才發現這個「蠻夷」國家的宮殿非常華美壯麗，所用的物品也是很精緻講究。

常駿跟赤土國的老大舉行了一次隆重的會見。用媒體的話來說，他們就雙方的合作進行了真誠的交流。每天赤土國的老大都盛情款待常駿，好吃好喝好玩的專案天天都有。

常駿來到這裡並不是為了體驗熱帶的炎熱生活的，而是為宣揚國威而來的。他看到赤土國對他很恭敬，還想擴大戰果——出一次海真不容易。於是，他安心住了下來，以赤土為中心，四處交往，跑了十多個南洋國家——用現在的話說，都建立了良好的外交關係。

到了第二年（大業四年），常駿必須回國覆命了。

赤土國老大派他的兒子那邪迦跟常駿回訪。這個王子見到楊廣時，送給楊廣的禮物有金芙蓉冠和龍腦香。當然，由於隔著大海，往來實在太麻煩，否則估計楊廣也要駕龍舟到赤土走一圈，一路向大海裡的蝦兵蟹將以及鯊魚、鯨魚等海鮮們炫耀。

他不能跑到赤土那裡耀武揚威，就只好在自己的地盤裡做主，當自己的建築狂魔。他上位以來，除了挖兩條大河、再修長城之外，做得最多的就是修宮殿——這個建築專案他是從沒有停過一天工。此時，大隋有東西兩京，還有個江都也算是準行政中心，宮殿和苑囿雖然已經豐富了，但他住了幾天之後，新鮮感一消失，馬上就不喜愛了。每次他進住這些宮殿，亂轉一圈、左顧右盼一陣子，就覺得這些宮殿裡沒有一樣是合意的。他需要的是，每望一次，都有眼前一亮的效果。但他看了多次之後，這個感覺就不再出現，讓他很鬱悶。於是，他就遍求天下山川圖冊，親自察看，盼望能找到某個勝地能夠讓他修建宮苑。不久，他真的發現汾水之北那塊地皮很好。於是，在大業五年四月，他下詔在汾州之北、汾水的源頭營建汾陽宮。

10

楊廣雖然忙於做基礎設施建設，但還是記得培養一下接班人。他的太子楊昭死後，按照規矩他的另一個兒子楊暕就順位而上。楊廣也像某些父親一樣，自己什麼壞事都敢做，但卻盼望自己的兒子是個有為青年。他宣布讓楊暕為太子前，就把原太子楊昭的吏兵兩萬多人，都分配給楊暕。然後，他還為楊暕挑選了一批幕僚擔任輔佐。這幫幕僚的帶頭大哥就是柳謇之。當時楊暕還是齊王，因此柳謇之就成齊王長史。

當楊廣把齊王長史的委任狀交到柳謇之的手中時，他很嚴肅地對柳謇之說：「現在把齊王交給你教育。如果齊王人品、業績俱佳，那麼富貴就當然進入你的家門，你想擋都擋不住。如果齊王有什麼不好的地方，你同樣會被定罪。」

楊廣有了這個想法，對楊暕的寵愛程度與日俱增。大臣們基本上都是優秀的機會主義者，每個人目光如炬，馬上知道楊廣心裡的想法，於是都提前去巴結楊暕。只要有機會，就都往齊王府上跑。於是，通往齊王府的路上，發生擁堵的事已經成為正常現象。楊暕雖然是楊昭的弟弟，雖然很小的時候，也深得爺爺楊堅的歡心，長得憨厚老實，一副正能量的樣貌，但他的人品比他哥差多了。他還在楊堅時代就被封為豫章王。但有一點，他也跟楊昭一樣，武力指數還是不低的，騎射水準很高超，還讀了不少經史之書。按照他的這個資質，如果好好做人，像他哥哥那樣，大隋或許又是另一番模樣。但他看到大家都組團組隊前來向自己朝賀時，心裡就開始得意忘形——他也許已經忘記了楊勇的故事。當年楊勇接受百官朝賀，惹得楊堅大怒，成為被拉下馬的導火線之一。他不但公開接受百官的拜謁，而且還把一批小人帶在身邊，好事從來不做，只專門找不法的事來玩得不亦樂乎。他身邊最親密的下屬是喬令則、庫狄仲、陳智偉。他每天給他們分配的任務是：求聲色。這幾個人做這項工作，做得很出色。他們一天到晚四處跑動，耳聽八方、眼觀六路，像中央情報局的特務一樣，到處打探哪家有美女。一旦有所發現，就馬上對人家說，奉準太子之命，帶你們家的美女過去。然後不管三七二十一，把美女帶走。他們並沒有帶給楊暕，而是直接帶到自己的家裡，「淫而遣之」——也就是說玩弄之後，才爽歪歪地放走。庫狄仲和陳智偉覺得光在中土這裡放縱已經不過癮，還帶著幾套刑具，跑到隴西，抓到諸胡的老大們，先讓他嘗一遍發達地區刑具的厲害，然後才讓他們交出名馬。如果不交，發達地區的刑具還會層出不窮。最後，他們真的拿到幾匹好馬，狂奔而回，進獻楊暕。楊暕也覺得他們鬧大了，叫他們退回原主。

這兩人能物歸原主嗎？他們把馬拉出來後，直接拉回自己的府上——既然準太子不要，那我們就不客氣了。當然，他們對外的宣稱是：齊王為了表彰他們的忠心耿耿，特地獎賞他們這幾匹馬。

而楊暕對他們的這些行為，完全不知情——他要是知情才怪。

到了這時，一個當年楊廣的模樣，基本上也被楊暕打造出來了。

很多人都以為，即使楊暕再怎麼胡鬧，他手下人再怎麼添亂，也不會影響到楊暕的無比光明的前途。也許他這些行為，對他的前途沒有造成致命的影響，但緊接著發生一件事，使得他的夢想徹底破碎。

這件事並不是他弄出來的，而是他的那個姑媽——樂平公主。也就是著名的楊麗華。楊麗華當年雖然非常反對楊堅的禪讓，但最後她也無可奈何地接受現實，並跟楊廣保持著很好的兄妹關係。她知道楊廣很好色。有一次，她對楊廣說，她發現了一個姓柳的美女。

如果是在平時，楊廣那雙色瞇瞇的眼睛一定大放光芒，立刻把柳美女納之。可是當時不知他在想什麼，有點心不在焉，對樂平公主的話並沒有什麼反應，更沒有作出明確的答覆。

樂平公主以為楊廣不喜歡這個美女，她又不想讓這個美女浪費掉，就把她推薦給了楊暕。

楊暕一看，姑媽真是好姑媽，這個美女，本尊笑納了。

本來故事到此就應該劃上了個句號。沒想到，樂平公主劃上了句號，楊廣那邊卻沒有劃上。他有一天突然記得，好像樂平公主向他推薦過一個美女。如果這個美女不漂亮，公主會這麼隆重地推薦嗎？他又把公主叫來，說：「你那天給我推薦的美女在哪裡？快快把她給我叫來。」

樂平公主一聽，就有點為難了：「這，這……」

楊廣笑著說：「怎麼了？不就是一個美女，能難倒我們大隋的長公主？當然老爸你都敢衝撞。」

樂平公主說：「那天你沒有答覆。我就把她介紹給齊王了。現在她在齊王的府上。不好又去叫過來吧？」

楊廣聽到，立刻產生瞬間被噎住的感覺。如果是別人「納之」了，他還可以叫對方送過來，但現在是在兒子的府上，他還好意思搶嗎？他雖然搶過老爸的兩個夫人，但那也是在老爸已經大行之後，他才當遺產去繼承的。他不好意思去齊王府上搶回美女，但對楊暕的印象已經產生了質的變化。

這事本來跟楊暕無關，但楊廣卻因此而生了楊暕的氣。

楊廣一生氣，就開始找楊暕的碴。

汾陽宮建成之後，楊廣帶著一行人又跑到新落成的宮殿那裡玩。他還要在那裡舉行一次盛大的圍獵活動。身為準太子，楊暕當然也跟過去。楊暕本來騎射技術就很強悍，是個打獵的好手，再加上他手下又有原本東宮的那一群士兵。他在打獵的時候，也從中挑選了一千多人出來，在獵場上大打出手，做得有聲有色，所獲最豐。到圍獵結束的時候，他把一大堆戰利品堆放在楊廣面前。如果是別的人，一定會對楊暕的成績大聲稱讚——如果沒有發生「柳美女事件」，估計楊廣也會大肆地表揚一番。但現在楊廣對楊暕的心情已經不一樣了。本次打獵，雖然楊廣做了精心準備，也把規模做成十分巨大，可是他本人這幾年來酒色過度，把全部精力投放在玩耍方面，打獵的水準已經徹底下降，在這次圍獵當中，基本上是一無所獲。他看到自己連根獸毛都沒有打到，而楊暕卻打到這麼一大堆的獵物，立刻把這事跟柳氏美女聯想，心裡大是憤怒。但又不好直接對楊暕發怒，就罵他身邊的隨從，這獵是怎麼打的？

那幾個隨從被罵得急了，只好辯解：「都是因為齊王的士兵擋住了，野獸不能衝到我們的面前。所以我們都沒有下手的機會。」

楊廣心頭大怒，你小子還在培養階段，就開始搶老子的鏡頭了。要是讓你繼續這樣下去，老子活在這個世界上來有什麼意思？不廢掉你，朕就不是你的父親。

當然楊廣也還是個講理的人，也知道自己不能因此就宣布處理這個兒子。他也必須走一定的過程，也就是要找到楊暕的一些過失，才可以理直氣壯地宣布處理這個不知天高地厚的兒子。

根本不用去想就知道，要找楊暕這樣的人的過失，那是輕而易舉的事——即使他身上沒有什麼明顯的過錯，但他身邊那幫小人做的壞事還少嗎？

楊廣很快就查到楊暕的一個錯誤。按照當時的制度，縣令如果沒有特殊原因是不能離開縣境的。但伊闕縣的縣令皇甫詡卻經常離開他的工作職位。他是楊暕的親信，他離開縣境的原因都是來陪楊暕的。而且還跟著楊暕來到汾陽宮。

楊廣的人馬上就以此為抓手，遵照楊廣的指示彈劾楊暕。

楊廣接到彈劾奏章後，二話不說，下令相關部門帶著一千多甲士衝進楊暕的府第進行搜查，尋找其他證據，務必「窮究其事」——也就是一查到底，毫不手軟、絕不姑息。

這些人很輕鬆地找到了其他證據。

原來楊暕的王妃韋氏之前已經死去，楊暕又跟韋妃的姐姐勾搭，而且還勾搭出結晶，產了一女。這也就算了，偏偏楊暕這時已經心懷鬼胎，想當繼承人想得很急迫。他請來一個算命大師，讓大師把自己後庭的女性全部詳細地掃瞄了一遍，然後問這些美女哪個最富貴？那個大師指著韋妃的姐姐說：「此產子者當為皇后。」

楊暕一聽，心裡自是高興。可是他高興之後，又突然想到，他那個死去的哥哥也生了三個兒子，這三個兒子中的一個也有被立為皇太孫的可能——這樣的例子歷史已經出現過多次。他得想辦法讓這個可能歸零。當然讓這個可能歸零最好的辦法，就是讓哥哥的三個兒子都從這個世界上消失。他不可能派出刺客，把這三個姪子全部做掉。於是就只好又來那個老招式，請來一批神祕人士，在某個角落暗中作法，希望透過這種手段讓他們死去，徹底清除自己的威脅。結果那三個姪子還在生龍活虎，楊暕的事卻東窗事發，被專案組一一查到，然後上報楊廣。大家知道，皇室成員玩這些迷信活動的，一向是罪大惡極，歷史上很多人都曾因為玩這個而被砍了腦袋。

楊廣自己也曾玩過這個，也曾盼望自己的老爸早死，現在看到自己的兒子居然也拿起這個法寶來，想靠這個法寶來登上帝位，這還得了？如果他真能成功地解決楊昭三個兒子，明天就能把自己也解決，這還得了？楊廣本來對楊暕已經沒有好感了，現在又看到這個證據，不由得怒火沖天，下令嚴懲楊暕集團。當然，楊暕畢竟是楊廣的兒子，嚴懲的結果就落到其他人身上了：喬令則那幾個人被斬首；那個被算命大師說有皇后相貌的王妃的姐姐被賜死，齊王府中的所有幕僚通通被流放到邊遠的地方。齊王長史柳謇之被開除公職。

這些事做完之後，楊廣對大家說：「朕現在膝下只有一子。否則一定會把楊暕棄市，以明國法。」其實當時楊廣還有一個兒子叫楊杲，但年紀還很小，才一歲左右，遠未成年。

當然，楊廣一生氣，對楊暕的態度就明顯地改變了。他雖然還沒有削掉楊暕京尹之職，但已經不再讓楊暕參與時政了。楊廣此時對楊暕已經充滿了戒心，專門派人全天候監控楊暕，只要發現在楊暕有一點點過失，就向他報告。即使監視得如此嚴密，楊廣仍然怕楊暕會做出什麼事來，分配給楊暕的工作人員，都是老弱病殘，使得齊王府看上去，既像一個養老院，更像是殘疾聯合會。楊廣發現太史令庾質的兒子還在齊王府下當公務員，就把庾質叫來，指責他：「你竟然讓兒子去侍奉齊王，這是對我忠誠度不夠的表現。」

庾質也是個硬骨頭，馬上回答：「臣事陛下，子事齊王，都是在忠誠陛下啊，哪敢有二心。」

楊廣大怒，這傢伙沒有一點政治敏感度，明明看到老子已經把楊暕打成對立面，你居然還忠於他。但又不好發作，只好下令，把這個沒有政治敏感度的太史令趕出朝廷，到合水當縣令。

第九章 帝威遠震，楊廣北巡制諸胡；西域連橫，裴矩經略展謀圖

1

當然，廢掉這個不爭氣兒子不是楊廣工作的重中之生。他工作的頭版頭條，還是到處遊玩、到處炫耀。

楊暕雖然讓他很鬱悶，但啟民可汗卻像個孝子一樣，對楊廣永遠是俯首低眉。他在後半輩子中，時刻都懷著感恩之心面對著大隋。他此時已經很老了，身體也不斷地疲軟下來，但他尊崇大隋之志卻老而彌堅。他不斷地向楊廣提出要讓突厥改穿中原的漢服。楊廣對他的這個請求多次否決之後，也有些感動，他於大業四年六月下詔，大肆地表揚了啟民可汗一番，說他一心一意尊奉朝廷教化，想改變戎俗，其志可嘉。以後可以在萬壽戍那裡修建城池，再在那裡修造房屋。他們所用的帷帳、床褥等物，都務必從優供應。楊廣的這個詔令，只是讓他們從帳蓬裡走了出來，仍然沒有答應讓他們易服。

大業四年八月，楊廣第二次北巡，來到恆嶽。這一次，他不再只滿足於在突厥和北方老百姓面前炫耀

了，他要讓老天也知道他在人間是如何的威加四海，讓老天知道現在人間在他的英明統治下是如何的繁榮昌盛。他跑到恆嶽上面舉行了祭祀儀式，在恆山之巔，宣布大赦天下。他做什麼事，都是把排場弄得盛大，所有河北道的地方領導者全部聚集恆山。裴矩更帶著西域十多個國家的代表前來助祭。讓老天爺知道，大隋萬方來朝不是傳說，而是真切地擺在這裡。不信，可以當場驗收。

楊廣在完成第二次北巡之後，又換個方向巡遊。

這一次，他向西隆重開路。

大業五年二月，過完春節之後，他帶著他的豪華巡遊大軍浩浩蕩蕩向長安出發。十一日他到達西京。他雖然有兩個首都，一個西京長安、一個東都洛陽，還有個準首都江都，在這些京都裡，他修建了大量豪華壯美的宮殿，可是他卻最不願意住在這些豪華的宮殿裡。他跟以前北魏的很多皇帝一樣，一有時間就往外跑。雖然都是往外跑，但內容不一樣。北魏皇帝跑出首都，都是為了打仗，一邊打擊境內的反魏勢力，一邊搶些物資——那時，他們的公務員沒有薪資，只好到處搶劫來維持幸福新生活。楊廣外出時，全國已經統一，剩下的周邊幾個勢力，基本上都是弱勢群體系列，最強悍的突厥都已經臣服得跟孝子一樣，其他西域各國，對大隋也都是服服貼貼，除了派使者過來讚美大隋天朝之外，誰也不敢動其他念頭，所以楊廣根本不用再打仗。他出巡完全都是為了炫耀、搶鏡頭，然後遊玩，過足當太平盛世皇帝的大癮。

他到長安之後，並沒有在長安城裡住幾天，他便又向西開路。

他這時突然記起自己的原籍——扶風。於是他又跑到扶風楊家的祖宅那裡，讓老祖宗也看看他們這個偉大孫子的榮光，哈哈，什麼叫衣錦還鄉，什麼叫光宗耀祖？這才是啊。當年項羽才拿下半壁江山，諸侯們還在磨刀霍霍，就弄什麼衣錦還鄉，簡直是太俗氣了。項羽啊，你在天之靈，花點時間往我這看看，這才叫衣錦還鄉，這才叫光宗耀祖。哈哈，項羽你看好了，再多多學習、深刻領會。

四月，楊廣的巡遊團隊一腳邁出臨津關，然後渡過黃河，來到西平。

在這裡，他突然心血來潮，覺得光玩耍，人家會說他太輕浮，那就嚴肅一番。於是就在這裡舉行了一次大規模的閱兵儀式。後來覺得光辦個閱兵儀式，還不過癮，就在那裡進行軍事部署，準備對吐谷渾弄個軍事行動——反正吐谷渾的伏允可汗就是個該打的傢伙。

在百忙的軍事部署中，他還擠出時間到拔延山舉行了一次大規模的圍獵活動。整整方圓二十里的地盤都劃入他的獵區。這一次，楊暕沒有搶了他們的風頭，別的人更沒有誰打的獵物比他多，讓他玩得很盡興。打完獵，請大家吃了大量N級國家保育類動物之後，他丟開剔牙的牙籤，就率領軍隊進入長寧谷，越過星嶺，來到浩亹川。當大軍一路狂奔、急行軍到這裡時，突然前頭部隊停住腳步。

楊廣一看，究竟怎麼回事？兵貴神速，哪能突然停下、打亂節奏？忙派人前去看個究竟，原來是浩亹川的橋沒有修好，工程隊還在那裡全力趕進度。

楊廣不由得大怒，把專案負責人都水使者黃亙和幾個監工叫來，責問他們為什麼這麼久沒有把橋修好，誤了軍機？那幾個人講了一大堆執行上的困難。楊廣冷笑道：「不殺你們的腦袋，這些困難會越來越多。只有砍掉你們，這些困難才能克服。」他下令這幾個傢伙全部軍法從事，然後任命了另外幾個人去監工。

過了幾天，這座橋這才宣布竣工，讓楊廣的大軍雄糾糾氣昂昂地跨過去。

在楊廣率大軍浩浩蕩蕩向西挺進的時候，伏允可汗當然也不會在那裡坐等人家來砍。他組織全部精兵據守袁川。

楊廣對伏允的防守只是冷笑幾聲。現在雙方的力量根本不在同一個等級上，伏允連鐵勒都打不過，哪能跟楊廣的豪華大軍對抗？楊廣到了指定地點之後，馬上下令軍隊，把伏允團團包圍。

伏允前一段剛被打了個兩連敗，那口氣還沒有緩過來，手下的士兵每個人還處於驚魂未定狀態，從上到下完全沒有戰鬥欲望。他知道，如果還在這裡死守下去，以他的水準以及手下這些戰士的戰鬥力，除了被對方全殲之外，真沒有第二條路可走了。於是，他趁著隋軍沒有把包圍圍死，帶著幾十幾個親信從缺口處逃出城外。他怕楊廣反應神速，還玩了個緩兵之計，派一個死黨打著他的旗號，在保車我真山那裡據守，騙楊廣派重兵去攻打，盡量消耗時間。

楊廣的確上當了一下，他看到保車我真山上伏允的旗幟迎風獵獵作響，馬上派張定和帶兵前往攻打。張定和領兵前去之後，一望山頭敵營，就那幾個士兵，稀稀落落地在那裡做戰鬥準備。他不由得哈哈大笑，這個頭功我拿了。現在是和平時期，戰功已經不容易找到，這次我一定要把這個戰功弄得有聲有色、名垂青史。他也不披甲，衝在最前頭，率先挺身登山。可是當他才到半山腰，突然一聲呼哨。他這才發覺不對勁了：四面都是敵人，每個人都已經拈弓搭箭向他瞄準過來。他心頭大駭，想退已經來不及了，心裡大叫：輕敵真是害死人啊。於是，輕敵的張定和就被射死在半山腰上。

隋兵看到主將光榮犧牲，也都有點愣住了。

幸好張定和的副手柳武建還很冷靜。不就是主官死了嘛？我們的部隊還在，戰鬥隊形也沒有亂，哪能退下來。而且他知道，以楊廣的性格，他現在不頂上去，回去也會被楊廣砍死。於是，他馬上負起主將責任，帶著大家繼續猛攻。吐谷渾兵本來就沒有多少戰鬥力，而且兵員數量也沒有幾個，能玩個陰謀詭計打死一個將軍，已經是意外收穫了，現在隋兵大舉進攻，他們立刻就抵敵不住，被柳武建全盤抄底，拿下了車我真山。

但沒有活捉到伏允。

楊廣這才知道，這個伏允也會玩金蟬脫殼的鬼把戲。不過，這個把戲只能救你一時，不能救你一世。他繼續圍困城中的吐谷渾兵。

城中吐谷渾兵的最高指揮官叫仙頭王。仙頭王的名號雖然很不錯，但實際能力卻菜得要命，他看到伏允可汗都逃得不見蹤影了，現在子弟兵們沒有一個有精神，根本沒有守下去的條件。於是在被困了多日之後，宣布投降。十多萬吐谷渾的男女老少都成了大隋的順民。

楊廣看到自己的戰績實在太巨大了，心情大是暢快。只是讓伏允逃跑了，這讓他心情有點不大開心，於是就又派梁默率人繼續追擊伏允，你既然能逃，老子就能追，看追的先累還是逃的先承受不了。

六月初二，梁默按照楊廣的指示，率兵向伏允逃跑的方向追擊。他顯然沒有汲取張定和那個血的教訓，繼續追得肆無忌憚，追得得意忘形，結果又一腳踏進伏允的埋伏圈裡，一陣頑抗之後，宣布兵敗，然後自己也光榮犧牲了。

楊廣心裡真的很生氣，追擊一個奄奄一息的逃犯，都還被人家埋伏了一下，而且還直接死在戰場上，大長敵人的威風。這樣的人也只有死了才乾淨。他又派劉權從伊吾道出兵。

劉權果然比梁默爭氣多了，一路狂奔，很快就直達青海，一場大戰，大獲全勝，擄敵一千多。伏允只好繼續跑，劉權銜尾而追，一直追到吐谷渾的首都伏俟城。

吐谷渾的勢力被楊廣打得頭也不敢抬。雖然楊廣沒有能抓到伏允，但吐谷渾已經被他全面擊跨，伏允也躲到党項那裡不敢冒頭，裴矩當年提出的策略終於得以實現，大隋通往西域的路不再堵塞，這讓楊廣越想越是興奮。

興奮的楊廣對身邊的蔡徵說：「自古天子有巡狩之禮，而江東諸帝多傅脂粉，坐深宮，不與百姓相見，此何理也。」那些南朝皇帝，天天只宅在深宮裡，作詩唱歌玩美女，從來不出來走一步，不知道老百姓長什麼樣，不滅亡那是豈有此理。楊廣終於為自己豪華出巡找到了歷史的根據。

蔡徵聽了楊廣的話，馬上迎合過去，說：「這就是他們都不能長久的原因。」好像大隋帝國一定會萬壽無疆。

2

六月十一日，心情無限爽快的楊廣終於來到張掖。

其實，楊廣此次西巡的終極目的並不是為了打吐谷渾。吐谷渾本來已經被隋兵打得抱頭鼠竄，連躲藏的地方都找不到了，曾遣使去向朝廷請降，只是他沒有答覆。當初很多人都不知道他為什麼不答覆吐谷渾，直到這時才清楚他是留下這股殘敵讓他打一下，以作立威西域的資本。他西巡的真正目的就是為了在這裡接見西域各國的首領。之前，他已經做足功課。他在西巡之前，就叫裴矩去說服高昌國的國王伯雅和伊吾吐屯設等人前來朝見他。當然，為了保證這些老大心甘情願跑來拜見他，他直接就授意裴矩一定對他們「啖以厚利」，也就是說，不惜在西域那些小國裡來個金錢外交。在黃燦燦的金子面前，那些小國寡民的老大，能不眼睛瞪圓才怪。

如楊廣所料，這些小國的老大果然禁不起裴矩金錢誘惑的攻勢，每個人看在錢財的份上，一臉微笑地接受了裴矩的邀請，此時已經全部來到張掖，等待楊廣的召見。當然，他們組團前來，也有懼怕大隋帝國軍威的成分。這幾年來，裴矩在西域連橫合縱，把鐵勒解決，又把西突厥解決，還把吐谷渾弄得很慘，這些老大都是看在眼裡，怕在心裡的。

六月十七日，絕對是楊廣歷史性的精彩時刻。

盛夏的燕支山，草木茂盛，生機勃勃。當年霍去病就在這裡與匈奴大戰，獲得斬首八千餘級的戰績，而那時霍驃騎手下只有一萬騎兵，卻打出了大漢的軍威、打出了一場經典之戰，使得匈奴人之後一聽到燕支山，就為之膽寒。

楊廣選此處為召見西域各國首領的地點，其用意顯而易見。

當天楊廣的車駕進入會見地點，拿過裴矩鉅額錢財的伯牙、吐屯設等西域二十七國的老大、使者都在道路的東側拜見大隋帝國的皇帝。他們事先都接受過裴矩的培訓，做過彩排，每個人的身上都穿著錦衣、佩戴著金銀玉飾，而且還在楊廣到來時，焚香奏樂、唱著西域歌、跳著西域舞，迎接偉大的大隋皇帝。

楊廣看著這些西域老大的表演，心頭充塞著非常大的滿足感。

燕支山盛夏的熱風吹在他的臉上。所有的人都能從那張臉上看出他那無邊無際的驕傲神采。是的，他沒有理由不驕傲，自有華夏帝王以來，哪個皇帝到過這個地方？秦始皇不斷地巡遊，但他到過這裡嗎？他只是到東海的岸邊，讓目光掠過洶湧波濤，希望看到他派出求長生不老藥的人乘風破浪而來、突然出現在他的面前。可是他望穿波濤，最後也悵然而歸，遺憾至死。漢武帝雖然痛擊匈奴，武功赫赫，但他到過這裡嗎？他見過二十七國西域老大向他歌舞獻頌過嗎？哈哈，這樣的歷史性壯舉，只有我楊廣做到了。朕開創了一個時代，開創了一個歷史。

楊廣這時興致大發，又下令張掖、武威的士女都穿上節日的盛裝，前來參加活動，所有到達現場的車馬都要裝飾得華麗整齊。當然這些盛裝和飾品都由郡縣負責徵收更換。眾多人民本來就喜歡湊熱鬧，現在又有這麼多免費政策，他們當然都擠著出來參加這個歷史性的時刻。一時間車輛和馬匹都把道路堵塞得滿滿的，花團錦簇了方圓幾十里，讓西域外賓們看得口水直流。中國之盛，果然顛覆了他們的想像。

當然，西域老大們也不是空手前來當觀眾的。吐屯設就在這次當面向楊廣表示，他願意把他統治的那一片熱土毫無保留地獻給大隋，從此劃歸大隋的版圖、成為大隋神聖不可侵犯的領土。

楊廣非常開心，第二天就下令設定西海、河源、鄯善、且末等郡。這個地帶最大的特點就是地廣人稀。於是楊廣下令把內陸那些吃牢飯的人都送到這裡來，讓他們拿著武器當這裡的邊防軍。然後任命劉權為軍事最高領導者，帶著這些邊防部隊大規模開發屯田。其主要任務就是，防禦還沒有全部消滅的吐谷渾，保證西域道路的暢通無阻。

楊廣當時就理解到，資料才是最有說服力的。他讓相關部門統計了一下，當時大隋境內有一百九十個郡，一千二百五十五個縣，戶口八百九十多萬，東西橫跨九千多里，南北則有一萬四千八百多里。他看了這個資料，自己給自己伸出大拇指：華夏之盛，極於此矣！

楊廣為了表彰裴矩巨大的功績，提拔他為銀青光祿大夫。大家知道，自漢末以來，中央政府對西域這些地方，都是失控的，直到這時，楊廣才牢牢地掌控著這條歷史上有名的絲綢之路。為了保障這個來之不易的成就，楊廣制定了個東部反哺西部的政策——蓋因當時西部仍然欠發達，物資十分缺乏，他就從西京諸縣及西北諸郡那裡排程物資，送往塞外。這些物資的數量非常龐大，史書的記載是「每歲鉅億萬計」。由於運輸線長，人口又不密集，道路難險，時不時還要碰上土匪的武裝搶劫，常常損失慘重。可是楊廣根本不管這些，他下令，凡是人畜送不到指定地點，就必須重新徵調，不能讓西域的老朋友們失望。西域老朋友們沒有失望，但那些擔負著向西域提供物資的老百姓們卻在不斷被徵用物資當中破了產。於是，大量的老百姓成為失業人員，大隋西部的百姓就此陷於困境。於是，剛剛處於巔峰的大隋就這樣一腳邁進了盛極而衰的轉捩點。

而這個點，就是始於關中。

當然，楊廣這時打死他也沒有理解他正大步走在亡國的大路上——歷史上有哪個王朝會在這樣的盛世中走入死胡同呢？他回望歷史，找不到一個先例，他抬眼而望，前景也是無限光明。

當然，這時他仍然在念念不忘著吐谷渾。他到過西部，知道西部為什麼自漢末以來，中央政府的指揮棒永遠指不到那裡，並不是那些王朝不想管那裡，而是因為那裡的情況太過複雜，而且路途艱險，要征服他們，成本太大。當年前秦帝國派呂光西征，直到前秦都完事了，他這才勉強收兵回國，其間險象環生，實在不堪回首。楊廣這次打吐谷渾，雖然主動權牢牢地掌握在手，但仍然打了兩次敗仗，損失了兩個將軍。再加上自然條件惡劣，真的不宜打仗。因此要讓吐谷渾不再製造麻煩，還是以夷制夷的政策有效——讓吐谷渾人自治為上上之策。當然，他是不可能讓伏允再當這個老大了，何況現在伏允也已經躲藏到党項人那裡，不敢冒頭。

楊廣記得當年伏允曾經派他一個兒子慕容順來中原入朝。當時楊廣多了個防範，把慕容順留在那裡沒有讓他回國。這時楊廣找不到其他人，就又把慕容順找來，任命他為吐谷渾可汗，把他送到玉門，然後讓他去收拾吐谷渾的殘局。他還找到了一個吐谷渾的大寶王尼洛周當慕容順的軍師。這個部署好像很不錯。可是當他們來到西平時，慕容順的部下就不服尼洛周了，他們根本沒有請示慕容順，就把尼洛周砍死。

慕容順看到這個血淋淋的場面，馬上就嚇呆了。他雖然身上流著純正的鮮卑血統，但鮮卑的血性已經全部蒸發得一乾二淨了，遠遠沒有他祖上那個一言不合就躍馬橫刀的蠻橫作風了。他看到倒在地上的尼洛周，就知道，這些人並不是恨尼洛周，而是在恨他，殺尼洛周是殺給他看的，是用鮮血來警告他的。於是，他就自動放棄權力，又打道回去，當長安居民。

楊廣看到慕容順又抱著頭回來，雖然臉色不大好看，但他也不願意再為這個事去傷腦筋了。他繼續炫耀著千古一帝的排場。

他辦完那次大規模的廣場活動之後，又把他的觀風行殿隆推出，在裡面擺了大量的奢侈品，然後把高昌王等西域的老大帶進來，讓他們看看，這個世界不但有這麼一個巨大的可以移動的豪華宮殿，而且他隨手就可以拿出這麼多的珍貴展品。然後，他在觀風行殿裡，大擺國宴，請這些國王大吃大喝。席間當然有娛樂專案助興：先是奏九部樂，然後那些魚龍雜戲上場，最後對各國代表都大肆地賞賜一番。於是，大家高興，他更興奮。

楊廣在這裡還聽到一個民間的傳說，說吐谷渾境內青海那裡不但風景優美，水清草豐，而且把母馬放到那裡，會得到龍種。於是，在當年的七月，楊廣拍板把那裡劃為馬場，把兩千多匹身強體壯全到育齡的母馬趕到青海的山谷中，然後派人去觀察，看看哪匹母馬被龍看中，從天上下來臨幸一下，讓楊廣大隋帝國的皇帝得到龍種。可是那些馬在青海的草原上跑了很多天，卻連龍的影子都沒有看到。最後，楊廣只好放棄了這個努力。

他不能在西部繼續待了下去了，畢竟他還記得他是大隋帝國的皇帝，他已經在這裡玩了幾個月。

他宣布車駕東還。

楊廣返回的路經過大鬥拔谷。這裡山路狹窄險峻，龐大的隊伍只能魚貫而出，擁擠前進。而且還突遇暴風雪，天昏地暗，條件變得更加惡劣，食物又供應不上來，於是大家都忍著飢餓、冒著風雪，努力往前，走了很長時間，都還沒有到達宿營地，大量的士兵都被凍死在地，馬驢更是凍死十之八九。曾經豪華無儔的巡遊隊伍，只過了一天的時間就七零八落，所過之處，人畜死屍相籍。後來，即使是後宮嬪妃和公主們都走散掉隊，與底層士兵們雜宿在山間。一直到九月，楊廣的車駕才進入西京。他三月西進之時，滿臉春風，躊躇滿志，以千古一帝的姿態昂然而出，半年之後，當他回到長安時，竟然是這般模樣，這是他始料未及的。雖然史書沒有記載他在回師途中的心情，但這樣的心情根本不用記載，我們也根本不必去看這些記載，就可以完全可以想見這位千古一帝在悽風苦雨的艱難爬涉中，看到士兵們不斷倒下、耳聞周邊呻吟呼號之聲時的心境。

儘管後來很多人都為楊廣此行進行辯解，說他西巡是為了國家的統一大業，是為了讓西域道路的安全。至於這些損失，那是開疆拓土所免不了的，是必須付出的代價。只是這些辯解者不會提到：他並沒有徹底征服吐谷渾，他只是把已經多次表示臣服大隋的吐谷渾打得很慘，而且他也在這裡打了兩場敗仗，而他撤兵之後，吐谷渾馬上就恢復原狀——他派慕容順回去「以吐谷制吐谷」的策略，在他還在西部時，就已經失敗，遠沒有達到一舉平定吐谷渾的策略目的。至於西域各國，這幾年來並沒有跟大隋產生多少次衝突，裴矩不計成本地大量給予甜頭，早就把他們全部收買完畢。他即使不到張掖舉行那場召見活動，西域各國也不會鬧出什麼事來，如果他要求那些人到長安入朝，那些人也會乖乖跑過來。而為此付出的代價卻是無法估量的。為了到西域炫耀，要求西部人民和北方人民無條件向西域各國提供物資，使得這些人民的負擔沉重不堪；他一路巡遊，又浪費了大量的人力物力，不說打仗時，雙邊士兵橫屍沙場，就是他車駕東還時的損失，也是怵目驚心的。他的這些揮霍無度的巡遊，也成為大隋走下坡路最大的推力。當然不可否認，他的西巡，對西域與中原的交通是有非常大的推動作用的。只是這樣的推動，一定要靠如此方式來進行嗎？

3

楊廣在長安休息了兩個月，精神面貌全面恢復之後，情緒又開始波動，覺得再這樣下去，他會憋出病來，於是又在大業五年的十一月「復幸東都」。

楊廣正在東都享受生活，突厥的啟民可汗卻宣布崩殂了。

啟民可汗自從接受大隋的統治以來，真的做到初心不忘，服服貼貼地當大隋的分支機構，讓北方的邊境和平了很多年。楊廣父子對他是心存感激的。楊廣聽說啟民可汗逝世之後，宣布停止自己的娛樂活動，並且停止上朝三天。啟民的兒子咄吉繼位，是為始畢可汗。雖然啟民可汗生前不斷申請讓他們換上漢服，以便全部漢化，但始畢可汗還是按照突厥的風俗，自己繼承老爸的汗位之後，還要繼承老爸的未亡人——義成公主。如果是之前，他一上位，按照北方游牧民族的傳統習慣，他直接就可以宣布義成公主是他的可賀敦了。但現在他們已經把大隋當成宗主國，這些事還得走一下過程，向楊廣上表，請求朝廷同意他「尚公主」。楊廣沒有不同意的理由，在第一時間就下詔「從其俗」。

楊廣自己一年大部分時間都在出巡瘋玩，所以也很想找到一些人才來幫他處理各項事務。他剛即位時，就發現內史侍郎薛道衡是個人才，很想把老薛收編過來，為己所用。楊廣身邊雖然奸佞不少，但他看薛道衡的眼光是很不錯的。薛道衡很早就以才學聞名於世，而且長期在機要部門任職，沒有出現過過錯，處理日常事務的工作是個好手。直到楊堅晚期他才出為襄州總管。楊廣一上位就馬上把他召回朝廷，準備啟用他為祕書監。薛道衡人品很不錯，對楊堅的知遇之恩心存感激，回到朝廷之後，還對楊堅感恩戴德，寫了一篇文章〈高祖文皇帝頌〉，然後上呈楊廣。如果是別的人，看到人家對自己的老爸歌功頌德，那是天大的高興，並把文章公開發表，以示嘉獎。可是楊廣不是別人，看到這篇雄文之後，一點也不高興。很多人以為，可能是老薛讚美不到位，用詞太保守，惹得楊廣滿臉不悅。其實楊廣生氣的原因並非於此。他瀏覽了一遍之後，就丟到一邊，對蘇威說：「這個老薛這麼用力去讚美先朝，這是像〈魚藻〉那樣，要諷刺一下朕吧？」他的意思就是，你現在在我的統治下，不歌頌我，卻去歌頌一個死去的老主管，你這不是在說我不如我爹了？他馬上下令，不再提拔薛道衡了，讓他去當司隸大夫，然後準備羅織他的罪名，把他做掉。

在很多時候，妄議朝廷、詛咒皇帝，是要被定罪的，可是還真沒有誰稱讚先帝而被處理過啊。

大家都面面相覷，這個時代怎麼了？

但這個疑問句也只能在肚子裡打轉，誰也不敢真的說出口。

薛道衡的新主管房顏忍不住私下對老薛說：「你得罪了皇上，必須馬上收斂一點，乖乖躲在家裡，杜絕賓客，做出面壁思過的樣子，讓皇上消消氣，也許可以度過難關。」

可是薛道衡卻不聽從。我好好地向先帝感恩，居然還成了罪過，難道誹謗先帝才是正確的？連這樣都要被清算，你還能躲得過他的屠刀嗎？

剛好當時議定新律令，大臣們討論了很久都不能決定下來，薛道衡居然對大家說：「如果高熲還活著，這個律令很快就可以決定下來。」

有人馬上就把薛道衡說的這個話轉達楊廣。

楊廣能不大怒嗎？稱讚他老爸，他都恨不得把薛道衡開除公職，現在居然還為高熲說話？高熲可是他親自弄倒的人啊。他大吼道：「你還在為高熲憤憤不平？既然你一定要處處跟朕作對，朕就滿足你的願望。」他立刻將薛道衡抓起來，移送相關部門定罪。

到了這個時候，那些投機分子馬上抓到了機會。

裴蘊是個標準的投機分子，馬上挺身而出，對薛道衡落井下石，對楊廣說：「薛道衡自負其才、自恃為先帝舊臣，而有無君之心，妄造禍端，有害於國。如果光看他的這些言行，罪名似乎不好下定論，但可以由此推斷他內心的真正想法，完全有理由判定他的悖逆之罪。」

楊廣一聽，這個裴蘊的理論水準真高，道：「裴愛卿說得太正確了。我年輕時，曾經跟他一起伐陳，他就把我當小孩子看，只跟高熲賀若弼他們專擅權威。到我即位之後，他心中就很不服，幸虧天下太平無事，他沒有機會謀反。你揭發他的悖逆，實在是深刻領會到了朕的意圖。」

大家聽到楊廣說出這個話來，馬上知道薛道衡的後果已經不是普通的嚴重了。但薛道衡卻還在那裡天真以為，自己不就是讚美幾句先帝嗎？雖然惹得楊廣不自在，但這無論如何也不會成為什麼罪名，至於說高熲要是還活著，廷臣就不會討論那麼久，也是一句公道話啊。這又能算什麼罪？他學貫古今，真的沒有看到歷史上寫這樣的文章、說這樣的話也會被治罪過。除非楊廣真的想當舛紂。他這時身為待罪人員，心裡很難受，就催促司法部門早些判決。他以為只要司法部門審理之後，把案情上奏皇帝，楊廣就會赦免他，讓他早點免除待罪的心情。

事實證明，以博學著名、在高層混了大半輩子的薛道衡實在是太天真了。他居然沒有從這件事中看出楊廣的真面目。他催促人家早定案後，又天真地認為，只要相關部門判他無罪，很多老朋友都會前來祝賀，給他壓壓驚，就吩咐家裡人做好飯菜，準備招待前來問候的客人。

然後他們一家坐等好消息。

消息很快就傳來，但不是好消息。

楊廣得到相關部門的上奏文件後，迅速批示，要求薛道衡自盡。

薛道衡這才知道自己的想法真是太簡單了。他心裡很不服，不願自盡。

楊廣冷冷一笑，現在不是你願不願意，而是朕同不同意。他揮揮手，說：「既然他自己沒有動手的能力，你們就代勞吧。難道你們還勒不死一個老書生？」

當幾個劊子手拿著行刑的繩子走向薛道衡時，他面對那幾個猙獰的面孔，面色慘白如紙，嘴唇動了幾下，終於無話可說——其實他現在有無盡的話要訴說，但他已經無話可說。

薛道衡被縊死之後，楊廣連他的家眷也放不過，把他們全部流放到邊遠地區。

那些正處於盛世之下狂歡的大隋人民聽到這個事情之後，無不目瞪口呆，覺得薛道衡真的太冤了，天下居然會有這樣的冤案，真是連小說都不敢寫啊。

楊廣本來是想把薛道衡當人才來重用，可是最後卻把這個人才殺死了。不過，他還是發現了一個人才。

4

這個人才就是給薛道衡落井下石的裴蘊。

裴蘊本來是南陳人，曾當過直閣將軍。他的父親叫裴忌，曾任南陳的譙州刺史。在呂梁之戰中兵敗，成為北周的俘擄。裴蘊的祖籍本來就是河東人，這時父親又在北方居住，所以裴蘊就不甘心當南朝的人。他把當時的國際國內形勢拿來認真地研究一下，很快就得出結論：南陳遲早會被大隋處理得一點也不剩。他們這些南陳的人最後都會成為大隋公民。他得出這個結論後，就暗地裡寫信給楊堅，意思是請楊堅早日派兵平定南方，他可以組織很多人當內應。

後來，南陳果然被楊堅一舉平定。楊堅平陳之後，特意召見了曾在南陳當過官的所謂「江南衣冠人士」。當楊堅看到裴蘊時，馬上想起了裴蘊當年曾經給他上表請求當內應的事，覺得他真不錯，當場破格提拔裴蘊為儀同。高熲覺得這樣的破格很不妥，就對楊堅說：「裴蘊並無尺寸之功，所受的恩寵卻超過了同輩。這樣做有點不妥。」楊堅不但不理高熲的進諫，反而又給裴蘊加官為上儀同。高熲又進諫。楊堅又給裴蘊加官，授開府之職。高熲看到自己每反對一次，裴蘊就被提拔一次，知道楊堅不是真的看重裴蘊，而是對自己已經有些反感了，就不再說什麼。之後，裴蘊又任多個州的刺史，政績都很不錯。在楊堅時代，裴蘊的官聲都很好，是當時有名的能吏。

楊廣知道他的名聲很好，即位後就任命裴蘊為太常少卿。大家知道，楊堅對聲色還是很嚴肅的，所以他在派牛弘定太常之樂時，非正聲清商及九部四儛之色，都全部清除，讓宮廷之樂很單調。而楊廣在這方面的愛好跟他老爸剛好相反。裴蘊一到就揣摩透楊廣的想法，到任之後，就逢迎楊廣聖意，上奏括天下樂家子弟，皆為樂戶，一下讓整個首都都變得熱鬧，每條街都是歌舞昇平的氣象。楊廣大悅，馬上提拔裴蘊為民部侍郎。

裴蘊到民部之後，又大顯了一番身手。當時，楊廣征役頻繁，再加上之前各州懶政，所以民間的名冊和戶籍漏洞很大。老百姓了為躲避征役、少交稅賦，很多人就竄改年齡——要麼把自己的年齡虛報成老人家，要麼就修改成未成年人，有的乾脆就漏報，好像這個世界根本沒有這個人。裴蘊到任後，馬上下文要求，各級官員重新查戶口，而且對每個人都要「面閱」——從個人面貌看你是老人還是小孩。如果查出一個人失實，就免除相關官員的職務。大家一看，這個辦法真厲害。

更厲害的辦法接著來。裴蘊又發表了個政策，鼓勵民間的人相互告密，誰告發出一個壯丁，被告發的人家就得替檢舉者納賦稅。你想想，這個政策一發表，老百姓們還閒嗎？於是，大家到處閃著明晃晃的目光找別人的碴。你可以躲得過官府，但你躲得過你鄰居那如炬的目光嗎？於是，全國人都不敢說謊了。這一年，各郡匯總上報到朝廷的人口中，男丁增加了二十萬三千人，新歸附註冊的人口六十四萬一千五百人。

楊廣一看，呵呵，又多了這麼多勞動力。他一臉笑容地對百官說：「前代的官員都是飯桶，又懶又沒有辦法，致使戶口嚴重失實。幸虧有朕有裴蘊，這才讓戶口得到證實。」

楊廣從此對裴蘊更加親密，沒幾天就授他御史大夫。成了御史大夫的裴蘊就進入了決策圈——楊廣讓他與裴矩和虞世基共同「參掌機密」。於是，楊廣身邊的三駕馬車都有一個共同的特點「善揣聖意。」

裴蘊也從楊堅時代的裴蘊變成了楊廣時代的裴蘊。楊堅時代的裴蘊是個能吏，而楊廣時代的裴蘊則善揣聖意，能精準地掌握楊廣的內心世界，對楊廣心裡的動靜，拿捏得妙到巔峰。如果楊廣想解決誰，還沒有說出自己的嘴巴，裴蘊就已經把那人弄成鐵案、定下罪名；如果楊廣想特赦誰，他也迎合楊廣的意思，不管那人犯有多大的罪惡，他都能找到法律依據，把那人從寬發落，直到把那人禮送出門。以法治國，到他這裡已經成為赤裸裸的以聖意治國了。他的標準就是：以聖意為依據、以聖意為準繩，其他的都讓開。楊廣一看，這個裴蘊真是朕的好大臣，於是把大大小小的案件都交給他辦理，他對案子定調之後，刑部和大理寺都不敢說半句話。他未做出決斷之前，這兩個部門就只能在那裡攏著袖子，坐等他的指示，然後依他的指示為標準作出判決。

裴蘊不但善揣上意，而且口才非常好，是個著名的辯手。他一發表演說，那真是口若懸河，抑揚頓挫，旁徵博引，在法庭之上，犯人的罪過是輕是重，全由他說了算。而且在此過程中，他歡迎大家跟他辯論，但真的沒有誰辯得過他。

楊廣對裴矩的表現也十分滿意，對大家說：「裴矩是最能領會朕意圖的人，凡是他奏報的，都是朕已經想好還沒有表露出來的心裡話。如果他不是一心為國家盡心盡力，哪能做到這一點？」大家一聽，就笑了，裴矩是為了國家？當然，現在誰愛國、誰為了國家，不是全國人民說了算，而是楊廣說了算，他說誰愛國、說誰為了國家、誰就是愛國者、誰就是在為國盡忠。

當然，除了裴蘊和裴矩以及虞世基之外，宇文述等人也深得楊廣的器重。宇文述是楊廣奪位的大功臣之一，但他從不恃功，而是繼續在楊廣面前夾著尾巴，一天到晚說的都是諂媚的話、做的都是諂媚的動作，以至這些動作已經自然而然，在他的身上展現得渾然天成，讓楊廣很高興。其他大臣都以他為榜樣，平時認真學習，見到楊廣時，都努力表現。另外一個得寵的人叫郭衍。他直接勸楊廣：「陛下千萬不要像先帝那樣，一天到晚都在處理國家大事，白白把自己累壞了。」

楊廣一聽，哈哈大笑：「郭愛卿，你真的很忠心。這麼多大臣中，你跟我是最同心的。」

楊廣天天聽著這些肉麻的話，心頭十分爽快，誰要是敢提點不同意讓他不爽，他就會生氣惱火，不斷地陷害對方。

他大造汾陽宮時，就是安排御史張衡拿圖紙給他審定的。張衡當時對民情還是很了解的，全國人民都已經累到了呼吸都有些困難的地步了，再弄下去，他們就會爆發，於是就乘機做楊廣的說客：「陛下，我們連年勞役繁多，老百姓已經有些累了。請陛下留意一下這方面的民情，是不是適當減輕一點勞役，讓大家可以稍微休息一下？」

張衡的這番話說得還是很小心的，可是楊廣卻已經受不了。但他也知道張衡的話是善意的，而且是有道理的，因此沒有當面指著張衡氣壯河山地大力駁斥，而是咬著牙在那裡不吭聲，直到張衡告辭後，才指著張衡的背影對身邊的人說：「張衡這傢伙太討厭了。他以為我得到天下，都是由他策劃出來的。老子是天選之子，沒有他，老子同樣是天子。」他還不厭其煩地說了張衡很多的過失，比如齊王楊暕經常在跟隨他出巡以及接受父老們拜見時，衣冠不整、大失體統，都是因為張衡身為主管部門的首腦不能糾正楊暕而引起的。楊廣把這些事說出來後，張衡就不能再在御史大夫這個職位上待下去了。於是，張衡就被貶為榆林太守。後來，張衡監督修建樓煩城，楊廣前去視察——如果是在正常情況下，這是皇帝在釋放一個消息，他的這個視察其實就是為這個專案的負責人站臺背書，預告著接受視察者將被重用。張衡是個政壇老戲骨，當然知道這個道理。他也滿懷信心地去拜見楊廣。他以為，當年他雖然進諫過楊廣，但現在他用心修建樓煩城，沒有偷工減料，沒有再為了老百姓而節儉民力，而且工程進度又提前，楊廣看到他痛定思痛、回頭是岸之後，心裡一定高興。

可是楊廣仍然不高興。他並不是對工程進度和工程品質不滿意，而是對張衡的形象不滿意。他本來以為，張衡在監督專案建設時，一定會天天早出晚歸地在工地上跑來跑去，無死角地進行監督，早已累死累活，工程竣工時，他就只剩下最後那幾口氣，人也瘦得眼眶深陷、只剩下那個竹竿一樣的骨架。沒想到，當張衡出現在他面前時，居然還保持著那副富貴形態，看上去心寬體胖，馬上認為他這幾天基本上都是吃好睡好，沒有擠時間來反省自責自己的錯誤，所以活得依然心安理得，過得無憂無慮，好像從來沒有犯過錯誤一樣，對自己的嚴格教導絲毫不放在心上，他對張衡道：「公甚肥澤，宜且還郡。」又讓張衡回去當榆林太守。張衡還有什麼辦法？誰叫你以前為老百姓著想而不為朕著想？你現在繼續到困難地區去為困難的百姓服務吧。

後來，楊廣又修建江都宮。楊廣雖然討厭張衡，但他也知道張衡對他是忠心的，而且工作是認真的，又會設計又會施工，的確是土木工程不可多得的人才，於是又派張衡去督役江都宮。很多人認為，如果張衡這次下定決心減肥，把自己的富貴體形變成瘦骨嶙峋，一定會東山再起。沒想到，張衡不但沒有減肥，反而又出現了新的過錯。

此時，楊素雖然已經死了，但他的那個兒子楊玄感已經長大成人，並靠著楊素的功勞成為禮部尚書。

楊廣就派禮部尚書楊玄感到江都視察江都宮的進度。

楊玄感來到江都之後，當然就跟張衡閒聊。兩人閒聊間，就閒聊到薛道衡。如果張衡的政治敏感度強，就會在這個時候旗幟鮮明地表示薛道衡該死。但他以為這是閒聊，自己跟楊玄感的交情也不錯，就說了心裡話：「薛道衡真為枉死。」

楊玄感聽到這句話後，心裡就笑了。他前來視察，江都宮做得再好，也只是張衡的成績，跟他一點關係都沒有，只有抓住張衡的過失，楊廣才對他另眼相看。現在老張自己將把柄遞給他，他不一把抓住，他真對不起張衡。

楊玄感回去之後，就把張衡的這句話轉告楊廣。楊廣咬著大牙，捏緊拳頭，恨不得把張衡一拳打碎。

正在這時，另一個歷史強者出場。

5

他就是王世充。

很多人都知道王世充，但很少人知道他並不是漢人，而是西域的胡人。那他為什麼又姓王？告訴你，他來就不是姓王，而是姓支。他的爺爺叫支頹耨，很早就死了，他的老爸叫支收。他爺爺死的時候，他的老爸還小，跟著他奶奶改嫁到霸城一個王姓的家裡，然後就改為姓王。支收雖然是個沒爸爸的孩子，但他還是很有志氣，出道之後，也混進了官職，最後官至汴州長史。

王世充生下來時，就已經不姓支而是直接姓王了，而且也算是一個官二代了——雖然當時他父親的職務不算很高，但一個州的長史也不很低了。這樣的家庭環境，讓他小時候可以讀到很多書。他也是個很愛讀書的好孩子。而且他愛好很多，涉獵頗廣，舉凡經史之類的文章，他都有研究，但他更愛好的卻是兵法和卜卦算命、推算天文曆法方面的知識。他的這些知識，基本上就是亂世的添亂知識。王世充年輕時還是很努力的，他透過戰功的累積，一步一步地往上爬，終於做到了儀同三司，不久又成為兵部員外郎。他不但在戰場上表現良好，而且那雙眼睛很能看透官場上的運作。他精通各種法律條文，口才也很好，放在今天當個大律師絕對是很優秀的，更要命的是，那雙眼睛還很能察言觀色，嘴裡能說主管喜歡的話，因此向朝廷進言陳事時，楊廣都聽得笑瞇瞇的。由於他精通律法，私心又重，所以經常利用自己的知識到處作弊，鑽法律的漏洞，而且做得隨心所欲，渾然天成。有很多次，別人看不過眼，站出來責罵他，他就當場跟人家展開辯論賽，而且言辭尖銳激烈，一路滔滔不絕下來，誰也奈何不了他——即使大家都知道他的邏輯有點狗屁不通，但就是爭論不過他，常常在爭論中被他帶到陷阱裡，最終無言以對。

楊廣卻認為他是個人才，派他去當江都丞，當張衡的助手。

王世充知道楊廣全心都在做基礎設施建設，誰能為楊廣修宮殿，誰的前途就大放光明。而且讓他覺得更開心的是，他的頂頭上司居然是張衡。因為他早就知道，張衡已經很讓楊廣不爽了。在這樣的人手下做事，只要你認真觀察，努力抓他的把柄，在適當的時機丟擲來，就完全可以把他打倒在地，再踏上一隻腳讓他永遠不得翻身，之後你就可以順利上位、取而代之。所以，當張衡努力去工地時，王世充只努力地找機會。

機會終於來了。

當他知道張衡對楊玄感說薛道衡冤枉時，就知道解決張衡就在此時。

他知道，楊廣現在需要張衡更多的證據，而且這個證據只有自己能夠提供。於是，他以最快的速度製作了張衡的抹黑資料，說張衡以節儉為名，頻頻減少宮中的設備和物品，這是對皇上的不敬啊。

楊廣果然大怒，你張衡仍然要為民請命，而跟朕過不去。他下令把張衡抓起來，然後套上枷鎖，牽著他到街道上示眾，準備示眾期滿之後，再將他斬首。可是過了不久，楊廣可能又想到張衡雖然很可恨，但他畢竟當過自己的謀主，為打倒哥哥出了大力，現在就因為這些事把他斬首，也有點不好意思。但他又覺得他太可恨了，居然要一心為老百姓著想，不為皇帝著想。既然你覺得老百姓好，那就你去當老百姓吧，以後永遠不要再見到你了。看看你為老百姓著想，老百姓能給你帶來什麼好處？於是，下令把張衡除名為民，放還田裡、然後提拔王世充為江都宮監，完全取代了張衡的職務。

當張衡苦著臉脫下官服，回原籍務農時，王世充面對著那張耀眼的委任狀哈哈大笑。當然，王世充並不因此就感到滿足，他的目光比這個遠大多了。

大業六年三月，楊廣又來到江都。

王世充雖然膽子很大，很能抓住機會，職務不斷地得到提拔，但因為他起點不高，所以拚到現在，職務仍然不算很高，跟楊廣接觸的機會並不多。這一次，楊廣巡幸江都宮，是王世充跟楊廣零距離接觸的好機會。王世充得以陪伴楊廣，那雙機會主義的眼睛就死盯著楊廣的臉色，用心研究楊廣的想法，只要楊廣心裡喜歡什麼他就馬上去做什麼。王世充不但天天說著楊廣喜歡的話，而且還迎合楊廣的愛好，不斷地完善江都宮，在宮裡雕鏤裝飾池臺，進獻珍稀物品。楊廣一看，他比原來宮中那些人強多了。他以前很多身邊的人，要麼只會溜鬚拍馬，要麼只會埋頭苦幹，哪比得上王世充這傢伙，又會說好聽的話，還能讀懂他的想法，而且辦事效率還這麼高，不寵信這樣的人你還去寵信誰？

於是，王世充很快就得到楊廣的寵信。

在王世充不斷沐浴皇恩浩蕩時，牛弘卻死掉了。牛弘的學問淵博，而且為人也還不錯，從楊堅以來就一直官居高位。大隋的一幫勳舊之臣，大多都被楊家父子猜忌，最後死得都很難看，只有牛弘官居高位，卻從不被懷疑，最後得到善終。很多人都覺得他是大隋朝廷的異數，大半輩子都在決策圈裡混，卻一直能夠屹立不倒，究竟有什麼法寶？其實他並沒有什麼法寶。他不被猜忌的重要原因，一定是他沒有什麼野心，另外一個重要的原因，就是他不是軍人出身，跟軍事武力完全沒有關連。而且，除了在制定禮樂時，堅持自己的原則外，辦事基本上沒有自己的原則，從來不出風頭，不管楊家父子從哪個側面看，牛弘除了學問精湛之外，完全沒有稜角，基本上是個人畜無害的人。這樣的人有人緣，又有人心，還會辦事，而且能辦好事，憑什麼去懷疑他？

牛弘一死，楊廣身邊就都是裴矩、裴蘊、虞世基、宇文述、王世充這些人了。

6

楊廣讓這些人幫他處理政務，自己則繼續瘋玩。

這時，他還沉浸在盛世的狂想當中，但底層很多人都已經忍無可忍了。

大業六年的正月初一，天準備亮時，幾十個肌肉發達的大漢，頭戴白帽，身穿白衣，一路焚香持花，嘴裡自稱是彌勒佛，出現在東都的大街上。當時，大家都在熟睡，做著除舊迎新的大夢，大街上並沒有人。這群穿著古怪的人在空無一人的大街上大步前進，一直來到建國門，然後昂然而進。

當時佛教已經深入人心，保全看到是彌勒佛來了，也不辯真偽，馬上納頭就拜，每個人心裡異常興奮，過大年的突然碰上彌勒佛，這可是我這麼多年來勤燒香換來的福報啊。哈哈，今年是庚午年，是馬年啊。我拜了真的彌勒佛後，受到彌勒佛的點化，一定會龍馬精神、馬到成功了。

「彌勒佛」們看到衛士們都在忙不迭地向他們叩頭，心裡非常開心，突然丟掉手中的香和花，面色一端，強搶了衛士們的兵器，大呼小叫著，向宮裡衝殺。

剛好這時楊暕出來，看到現場大亂，就知道出事了。他雖然被老爸整得狼狽不堪，準太子降成一個閒人，但他的武力很強，當場拔出佩刀，大喝上前，將當頭的人一刀斬下。從那些彌勒佛的打扮以及行動來看，他們顯然是經過精心策劃過的。但他們的抗壓性一點也不過硬，看到楊暕大刀飛舞而來，幾個同夥的腦袋被砍掉落在地下後，便都心頭大駭，全身軟化，毫無鬥志。楊暕帶著清醒過來的衛士們，把這群人全部「斬之」。

楊廣聞知後，也是害怕得渾身冒汗，下令相關部門，大肆搜捕，只要與之有一絲一毫關係的，通通都抓起來法辦。於是，受此牽連的有一千多家。

當然，楊廣的整個心情並沒有受到這個事件的影響，他繼續組織個盛大而隆重的新春活動，讓大家看看舉國歡慶的昇平氣象。他把諸藩酋長都請來到洛陽，參加大隋的慶新春活動。

大家大吃大喝十多天後，新春節目仍然不斷。

正月十五那天，楊廣在端門街舉行了一次空前的文藝匯演——大隋首屆百戲表演。這一場文藝匯演仍然緊緊圍繞「高級」這個關鍵詞，戲場周長整整五千步，演奏樂器的樂工有一萬八千人（你見過麼龐大的樂隊一起演奏嗎？），據說這個樂隊一起吹拉彈唱，聲聞十里，整個洛陽城都沉浸在音樂的海洋裡。而且，「自昏至旦，燈火光燭天地」，直到月末才宣告勝利結束，耗費的錢財，不可勝計。楊廣呵呵大笑，這才是大國過大年的樣子。從此之後，他每年都要求首都這樣慶新春。

那些外國元首來到洛陽、親身體驗了大隋人民過年的繁榮，都有點換了人間的感覺，紛紛要求以後跟大隋加強貿易往來，請求楊廣讓他們到豐都市場進行交易。

楊廣當然笑容滿面地答應了。哈哈，朕的這個文章做得好吧？

大家都知道，他的這個文章就是表面文章。

楊廣繼續做表面文章。這一次，把表面文章做到了豐都。他的表面文章做得的確很努力，而且幾乎做得滴水不漏。

當然，只是幾乎而已。

只要是表面文章，別人一認真，就必然看到漏洞百出——即使今天看不到，以後也會被發現。那些諸藩到了豐都之後，又是大開眼界，豐都的商業街真是太豪華了。

原來楊廣事先都把門市街道裝飾一新，風格一律統一，不但店鋪的裝修一樣，就是屋簷的式樣也是整齊劃一。整個街道放眼過去，跟兩列儀仗隊肅立差不多。店裡都掛設帷帳，而且都擺滿了各種珍稀商品，在店中忙碌的商人們更是服飾華麗，連賣菜的老人家也要用龍鬚席鋪地，簡直是全世界最豪華奢靡的商業城啊。如果是外國友人，只要經過小吃店，店主都必須傾情邀請他們進店入座，享受大隋人民的熱情招待，酒足飯飽之後，不但不能收費，還要對他們說：「大隋自皇上即位後，全民已經開始富強，酒食從來不收錢。」

胡人們一聽，傳說的天堂也不過如此啊。然後打著飽嗝，摸著大鬍子，一邊驚嘆一邊離開。不過，胡人們也有精明的。這些精明的人就不相信這個地方真的吃飯不要錢，他們丟掉牙籤之後，跑到那棵樹前面，指著纏樹的絲綢，對店主說：「我們一路過來，好像也還有很多沒有衣服穿的窮人。為什麼不把這些絲綢給他們做衣服，卻用來纏樹呢？難道樹也怕冷？」

幾個店主一聽，知道造假被人家揭穿了。這些店主倒還誠實，沒有厚著臉皮繼續往更蠢的方向解釋，而是在那裡紅著老臉「慚不能答」。

楊廣並沒有看到這個畫面，他以為那些胡人已經被他這種勞民傷財的作假糊弄住了。他繼續玩著自己的聰明。他雖然聲色犬馬，好玩好耍，但在上朝時卻神態莊重，絲毫不能從面容上看出他是一個玩心超強的人。他的文筆也很不錯，放在古代皇帝裡，絕對屬於才子皇帝系列，因此不管他說話，還是下詔都「辭義可觀」，顯得很水準。但他的內心世界卻是卻裝滿了「聲色」二字。他喜歡人多、大排場，但疑心又重，因此每次出巡，身邊的人都是僧、尼、道士、女道士，他稱之為四道場。另外幾個常隨親信，一個是蕭鉅，一個就是宇文皛。這兩個人能成為他的親信是有原因的，蕭鉅是蕭琮的姪子，跟蕭皇后是一家人；宇文皛由是楊廣妹妹廣平公主的兒子，也就是楊廣的外甥，從小就深得這個舅舅的寵愛，被收養在宮中。不管楊廣到哪裡，都把他帶在身邊，天天都陪著楊廣遊宴玩樂。

楊廣喜歡在苑中的林亭間大擺宴席，四道場的那些宗教界人士每次都是座上客。楊廣在宴席上的安排是這樣的：楊廣的長孫楊倓、蕭鉅、宇文皛以及後宮嬪妃同桌，宗教界的男女則為一席，楊廣則與最寵愛的美女共一席。當然，各席都是相連的，這才顯得上等級、有規模。楊廣即使在上朝時，心裡裝的都是苑中的酒席，每次上朝前，他都已經叫人擺好大桌，等他一散朝，就直奔大餐而去。一行人在那裡大力弘揚美食和酒文化，每個人都釋放自己的熱情，肆無忌憚地相互勸酒。沒多久，場面就進入混亂狀態。混亂之後，就是肆無忌憚，哪裡都敢伸進去，什麼事都敢做。其中玩得最嗨的就是宇文皛，他仗著舅父的無比寵愛，可以自由出入皇帝的寢宮和後宮——這兩個地方，除了被割掉下面的那些人之外，其他男性是不能進入的。宇文皛一邊為楊廣物色美女，一邊在後宮肆無忌憚地玩。即使是楊氏本家的美女，一旦被他發現，他也進獻給楊廣，而楊廣同樣笑納過去，毫無違和之感。於是，這對舅甥迅速成為同路人。宇文皛的色膽也越來越大。後宮那是美女成堆的地方，而且也是全地球最寂寞的所在，幾乎所有的女人都在渴望著男人的體貼。當宇文皛這個小白臉進來時，她們當然是發自內心的熱情，很快就跟他打成一片，即使是一些妃嬪、甚至是公主，都跑過來跟小帥哥發生關係。這種刺激的關係保持的時間一久，風聲當然就會傳出來，而且還傳到了蕭皇后的耳朵裡。

身為後宮最高領導者，蕭皇后聽到這些傳聞，當然很生氣：這是明顯地淫亂後宮啊。她雖然也是皇后，但權力遠比獨孤皇后少得多。她只有向楊廣告狀的權力，希望楊廣聽到後，對這幾個淫亂的主角嚴罰一番，弘揚一下後宮正氣。於是她就把這些事情很詳細地向楊廣匯報。她原本以為，楊廣再怎麼胡來，對這些事也會大發雷霆憤怒一番，然後黑著臉整頓後宮，直到後宮真正的風清氣正之後才罷休。沒想到，楊廣聽完之後，居然莞爾一笑，然後就沒有然後了。

這事很快讓宇文皛知道了。宇文皛雖然膽大妄為，敢做別人想都不敢想的事，但也知道自己淫亂後宮的罪名一成立，這顆腦袋就是鋼鐵打成的也保不住啊。他連續幾天都躲在自己的家裡，不敢再去見楊廣。他的哥哥宇文協也知道弟弟玩大了，就上奏說，宇文皛已經長大成人，不宜在待在宮裡了。

楊廣卻渾然不在乎，誰沒有點小過失？看人要看全面，不要老抓住一個辮子不放。我看宇文皛就是一個不錯的年輕人。於是，又把宇文皛召回宮中。他現在不但需要有人幫他處理政事，更需要宇文皛這樣的玩伴。玩伴也是人才啊。世界上最難得的就是人才。

7

喜歡大排場的皇帝最想做的就是開疆拓土，讓國家越來越地大物博，越來越幅員遼闊。楊廣之前已經把北面的突厥、西部的西域各國都擺平了，甚至連極南的赤土國都派人前來入朝了，但東部的流求還不服。大業三年，楊廣也像秦始皇一樣，派朱寬入海。當然秦始皇派徐福入海，是為了找到不死藥，而楊廣要尋方異俗，找到大量他中原人從沒有看到過的珍寶之物。朱寬經過多日海上顛簸，終於來到了流求。可是上島之後，見到流求人時，卻語言不通，無法交流，什麼異俗珍寶都沒有尋訪到。沒有拿到異俗珍寶的朱寬，便「掠一人而返」，算是拿了個人證物證回來，給楊廣個交代。

楊廣看到朱寬費了這麼多時間和精力，只抓回一個活人，心裡當然不爽。都大業三年了，怎麼還會有語言不通的問題？第二年，他又派朱寬過去。這一次，朱寬聘了翻譯，直接找到流求的國王，向國王遞交了國書，要求流求與大隋建立宗番關係。流求國王當然不同意，老子在東海獨立自主、逍遙自在，何等暢快，為什麼一定要去當你們的附庸，聽你們的教導，每年還得划船劈波斬浪向他們的納貢？吃飽撐著沒事做也不要做這個傻事啊。他斷然拒絕了朱寬的要求。

朱寬沒有辦法，只好跟他要了一套布甲回去交差。

楊廣大怒，看來這個流求老大比當年夜郎還自大，以為自己占了幾個小島就可以不把大隋天朝放在眼裡了。你以為有大海隔著，我就過不去了？

在楊廣指著那套布甲大發雷霆之時，剛好倭國的使者也在場。流求離倭國並不遠，倭國使者對流求的情況還是比較熟悉的。他看到這套布甲後，說：「這是夷邪久國人所用的物品。」當時倭國把流求稱為「夷邪久國」。

楊廣心頭就更惱火了，連一個倭國都稱之為「夷」的小國，居然也敢不服大隋？不服就要捱打。這是這個世界的定律。而且跨海作戰，也是史無前例的。以前秦始皇只能站在大海之濱，面朝大海，即使春暖花開、也無可奈何。現在我大手一揮，便可乘風破浪，雖遠必誅。

楊廣派虎賁中郎將陳稜為最高統帥、帶同朝請大夫張鎮周率一萬多人從東陽出發，再從義安出海，向流求駛去。

他們在海上航行整整一個多月，這才來到流求。

流求人突然看到這麼多大船前，而且大船上人員也很多。這些人長期在海島上營生，很少跟外人有往來，仗都沒打過多少，所以他們根本沒有理解到這個龐大的船隊是從大隋開過來的，是奉大隋皇帝的命令向他們展開軍事行動的。他們以為過來做生意的。他們紛紛跑到船上，跟隋軍做生意，用手中特產換取隋兵的銀子。

陳稜看到流求人臉上都是喜氣洋洋的神態，像在搶購年貨一樣，沒有一點警惕性，便乘機下船登陸。陳稜這次是有備而來，手下有很多來自東南亞的士兵，他也用了幾個崑崙奴當他的翻譯官，徹底消除了語言障礙。他讓這些東南亞兵到大街上宣傳，說跟大隋建立宗番關係是大勢所趨，是流求人民的最優選擇，也是流求人民的唯一選擇。

但流求國王歡斯渴剌兜不把陳稜的威脅和利誘當一回事，再一次旗幟鮮明地拒絕了陳稜的喊話。

陳稜只好宣布以武力來征服流求了。他派張鎮周為先鋒，殺向流求國的首都。

歡斯渴剌兜當然不會坐以待斃，率兵抵敵。可是流求兵在海裡捕海鮮很有一套，但戰鬥經驗卻完全不豐富，一上場就把業餘水準表現得很到位，被張鎮周打了個落花流水春去也。陳稜的主力部隊隨後趕到，直抵滑檀洞。守在這裡的是歡斯渴剌兜的兒子歡斯老模。歡斯渴剌兜的軍事能力很差，老模的戰場水準也談不上等級。老模跟陳稜對打了一陣，敗得比他老爸更難看——在陣前被隋兵砍死。

這天大霧瀰漫，天空一片烏黑，幾乎到伸手不見五指的地步。從大陸來的士兵，從沒有體驗到過這樣的天氣，不由得都嚇得臉色發白。

陳稜一看，如果此時流求人突然襲擊，後果將不堪設想。他也沒有辦法，他只好求神仙保佑了。他在海邊搭起祭壇，斬白馬祭海神。也不知是這個辦法有效果，還是天氣的原因，他祭過海神之後，馬上就雲開霧散，天空一片湛藍，大家瞬間就覺得這個世界真是太美好了，士氣也馬上大振。陳稜也是信心百倍，下令兵分五路，直向流求首都挺進。這時，歡斯渴剌兜手下還有幾千舉著漁叉當武器的士兵，誓死不降。

陳稜令張鎮周發起攻擊。張鎮周率兵一衝，流求兵大敗。

陳稜大軍緊追不放，來到歡斯渴剌兜大營前。

歡斯渴剌兜仍然不屈，帶著他剩下的部隊，打開柵欄出來迎敵。他揹著柵欄排兵，作出拚死的駕勢。

陳稜當然不怕，他挑選精兵，奮力出擊。這一次，歡斯渴剌兜的戰鬥力果然非同小可，大家都是拚命砍殺，戰鬥從辰時一直打到未時，全部參戰人員，一連揮刀砍人近八個小時，誰都沒有中場休息。

後來，歡斯渴剌兜自己先累了，他看到士兵們也很疲勞了，就下令撤回柵欄，等休息片刻，再出來打仗。他顯然是個軍事素人，根本沒有理解到，自己的部隊累了，敵人同樣累了，誰咬牙撐到最後，誰就是勝利者。現在需要做的，就是想盡一切辦法，鼓勵士氣、提升鬥志。如果此時撤退，心頭那口氣一鬆，就會真的什麼都完了。

陳稜本來也很疲軟了，看到敵人突然後撤，不由得非常開心，大喝道：「敵人已經敗退，我們乘勝追擊。」下令大家填滿壕溝，繼續猛攻。

流求兵雖然都躲在柵欄後面，但一口氣已經提不上來了，面對敵人的進攻，都疲軟得直不起腰。於是，隋兵大喊大叫著衝進了柵欄。

歡斯渴刺兜連逃跑的力氣也沒有了，癱倒在那裡。隋兵衝過來，把他一刀斬了。他的另一個兒子島槌也被活捉。陳稜在最後一戰中，打得太苦，差點不敢預料後果，這時得勝，心裡十分生氣，下令把流求國的宮室全部燒掉，然後擄其男女萬餘人登船，船上都裝滿了戰利品，然後奏凱而歸。

楊廣非常開心，於大業六年二月十三日舉行了一次隆重的獻俘儀式。

楊廣對這場跨海之戰是很滿意的，一向對百官小氣的他，這時終於大方了一番，現場賞賜百官，終於讓大家嘗到了年終獎金的味道。陳稜則被提拔為光右光祿大夫，張鎮周則為金大夫。

楊廣打了流求，而且打得十分順利，又是史上第一次遠海作戰，即使是漢武帝這樣雄才大略的皇帝，也無法與之相比。老子一邊到處巡幸玩樂，一邊到處征服，哈哈，一不小心就把秦皇漢武打趴在地上。

於是，他又醞釀了一場更艱難的戰爭。

盛世未竟的隋朝——仁政與苛政並存的開皇之年：

權力、背叛與人性，百姓的哀歌與將相的浮沉，一段你從未真正認識的隋朝史

作　　者：譚自安
發 行 人：黃振庭
出 版 者：複刻文化事業有限公司
發 行 者：崧燁文化事業有限公司
E-mail：sonbookservice@gmail.com
粉 絲 頁：https://www.facebook.com/sonbookss/
網　　址：https://sonbook.net/
地　　址：台北市中正區重慶南路一段 61 號 8 樓
8F., No.61, Sec. 1, Chongqing S. Rd., Zhongzheng Dist., Taipei City 100, Taiwan

電　　話：(02)2370-3310
傳　　真：(02)2388-1990
印　　刷：京峯數位服務有限公司
律師顧問：廣華律師事務所 張珮琦律師

定　　價：480 元
發行日期：2025 年 07 月第一版
◎本書以 POD 印製

國家圖書館出版品預行編目資料

盛世未竟的隋朝——仁政與苛政並存的開皇之年：權力、背叛與人性，百姓的哀歌與將相的浮沉，一段你從未真正認識的隋朝史 / 譚自安 著 . -- 第一版 . -- 臺北市：複刻文化事業有限公司 , 2025.07
面；　公分
POD 版
ISBN 978-626-428-162-1(平裝)
1.CST: 隋史 2.CST: 通俗史話
623.7　　　　114008140

電子書購買

爽讀 APP

臉書